LEBENSHILFE

Edna B. Foa/Reid Wilson

»Hör endlich auf damit«

Wie Sie sich von zwanghaftem Verhalten
und fixen Ideen befreien

Deutsche Erstausgabe

Wilhelm Heyne Verlag
München

HEYNE LEBENSHILFE
Band 17/121

Aus dem Amerikanischen
von Traudi Perlinger

Redaktion: Andrea Bubner

Wissenschaftliche Beratung: Dr. Hella Hiss

Titel der Originalausgabe:
STOP OBSESSING!

Copyright © 1991 by Dr. Edna Foa und Dr. Reid Wilson
Copyright © 1994 der deutschen Ausgabe
by Wilhelm Heyne Verlag GmbH & Co. KG, München
Printed in Germany 1994
Umschlagillustration: The Image Bank/Ric Schneider, München
Umschlaggestaltung: Christian Diener, München
Satz: Kort Satz GmbH, München
Druck und Bindung: Presse-Druck Augsburg

ISBN 3-453-07337-1

*Für all jene Patienten,
die bereit waren,
uns zu zeigen,
wie wir anderen helfen können.*

Inhalt

Vorwort 9

Einführung 11

TEIL I: Ihr Problem verstehen lernen 19

Kapitel 1   Leiden Sie unter Zwangsgedanken oder zwanghaftem Verhalten? 20

Kapitel 2   Das Leben von Zwangskranken: Wasch- und Putzzwang; Kontrollzwang; Wiederholungszwang; Ordnungszwang; Sammelzwang; Denkzwänge und Zwangsgedanken 47

Kapitel 3   Vorbereitung auf Ihr Selbsthilfeprogramm 76

TEIL II: Das einführende Selbsthilfe-Programm 93

Kapitel 4   Die Herausforderungen annehmen 94

Kapitel 5   Befürchtungen und Zwangsgedanken loslassen 103

Kapitel 6   Zwangsverhalten meistern 131

TEIL III: Das intensive Drei-Wochen-Programm 147

Kapitel 7   Therapieverfahren bei Zwangsritualen 148

Kapitel 8   Ihr Drei-Wochen-Selbsthilfe-Programm 178

Kapitel 9   Medikamentöse Behandlung 219

Kapitel 10 Abschluß des Programms: Ermutigende Fallberichte geheilter Zwangskranker 225

Adressen 268

Dieses Buch soll weder ärztliche Behandlung noch Medikation ersetzen: Es gibt keinen Ersatz für die Erfahrungen und das Wissen, die ein Fachpsychologe, der mit Zwangsstörungen vertraut ist, seinen Patienten vermitteln kann. Wir haben vielmehr die Hoffnung, daß dieses Buch die Therapie eines Facharztes ergänzt und jenen als Ratgeber und Hilfe dient, die keine Möglichkeit haben, sich an einen Experten mit Erfahrung auf diesem Gebiet psychischer Störungen zu wenden.

Um die Anonymität der genannten Personen zu wahren, wurden Namen und Einzelheiten, die zur Identifizierung führen könnten, in den Fallbeispielen geändert.

Vorwort

In den letzten Jahren fanden in der Erforschung psychischer Erkrankungen zwei bedeutende Entwicklungen statt. Erstens wurden große Fortschritte in der Erforschung der biologischen Ursachen vieler seelischer Störungen gemacht. Zweitens sind seriöse und eingehende klinische Untersuchungen an führenden Institutionen in den USA zu der Erkenntnis gelangt, daß bestimmte Medikamente erfolgreich bei der Behandlung einiger dieser Störungen eingesetzt werden können.

Parallel hierzu hat eine gleichermaßen bedeutende, wenn auch weniger beachtete Entwicklung stattgefunden: Es wurden psychologische Kurzzeit-Therapien entwickelt, die sich als durchaus wirkungsvoll erwiesen.

Dennoch ist es sehr schwierig, Erkenntnisse über die Wirksamkeit solcher Therapieverfahren einer breiten Öffentlichkeit zugänglich zu machen. Bislang gibt es keine großen, multinationalen Institutionen, die Ärzteschaft und Patienten über neue Verfahren unterrichten, wie das die Pharmaindustrie bei neuen Medikamenten praktiziert. Deshalb gibt es vorerst nur eine praktikable Methode, die besten Behandlungsformen einer breiten Öffentlichkeit zugänglich zu machen: das Selbsthilfe-Programm, präsentiert in Buchform. Bei Menschen, die unter verschiedenartigen Störungen leiden, haben die meisten Selbsthilfebücher allerdings leider keine nachweisbare Wirkung gezeigt. Diese Programme geben bestenfalls Gedanken, Empfindungen und gelegentlich fragwürdige ›Tips‹ des jeweiligen Experten wieder. Die geringe Anzahl von Selbsthilfebüchern, die Programme mit nachweisbarer Wirksamkeit anbieten, sind hingegen eine echte Hilfe. »*Hör endlich auf damit!*« gehört zu diesen Büchern.

Dieses Buch ist aus drei Gründen wichtig. Erstens wurden die hier dargelegten Programme über einen Zeitraum von mehr als zwanzig Jahren an großen Klinikzentren der USA praxisnah erprobt und haben sich als ausgezeichnete Therapieverfahren bei Zwangsneurosen erwiesen. Zweitens gehört Dr. Edna Foa, eine der Autorinnen dieses Buches, zu den führenden Wissenschaftlerinnen, die seit Jahren auf diesem Gebiet tätig sind. Durch langjährige Erfahrung in der Behandlung von zwanghaften Patienten hat sie bedeutende Erkenntnisse über die Therapieformen der Zwangserkrankung gewonnen. Der zweite Autor, Dr. Reid Wilson, Fachberater auf dem Spezialgebiet der Angstneurosen, ist dafür bekannt, derartige Behandlungsformen so ›benutzerfreundlich‹ wie möglich zu vermitteln. Der dritte Grund: Kaum eine andere seelische Störung braucht ein Buch wie dieses dringender als die Zwangserkrankung.

Bedauerlicherweise sind nur wenige Psychologen ausreichend geschult, um dieses verhaltenstherapeutische Verfahren anzuwenden, da es erst vor kurzem in die Lehrpläne medizinischer Fachschulen, psychologischer Ausbildungsprogramme und anderer Lehreinrichtungen aufgenommen wurde. Wird dieses Verfahren Patienten mit Zwangsstörungen empfohlen, muß davon ausgegangen werden, daß bislang nur wenige Experten damit vertraut sind. Dieses Buch löst das Problem, indem es das Verfahren in leicht zugänglicher Form vorstellt. In leichten Fällen kann der/die Betroffene das Programm alleine für sich selbst durcharbeiten. In schweren Fällen empfehlen die Autoren die Zusammenarbeit mit einem Psychotherapeuten, der die Durcharbeitung des intensiven Programms begleitend unterstützt. In jedem Fall stellt dieses Buch für Millionen von Menschen, die unter Zwangserkrankungen in all ihren Erscheinungsformen leiden, eine große Hilfe dar.

David H. Barlow, Ph. D., Professor für Psychologie und Leiter des Zentrums für Streß und Angststörungen, Abteilung Psychologie, University at Albany, State University of New York

Einführung

Der Fluch unaufhörlicher Ängste und Unsicherheiten begleitet uns seit Beginn der Menschheitsgeschichte. Dies ist der Preis, den wir dafür bezahlen, das einzige Lebewesen zu sein, das die Fähigkeit der Selbstbetrachtung besitzt und die Gabe, darüber nachzudenken, wie die Dinge sein *sollten*. Unter normalen Umständen kann dies zu großen Leistungen führen, doch manchmal entwickelt sich aus diesen Fähigkeiten, zu staunen, zu wollen, zu planen und zu fühlen auch großes Leid.

- Machen Sie sich Sorgen über Dinge, über die Sie keine Kontrolle haben?
- Denken Sie ständig daran, daß Ihnen etwas zustoßen könnte? Fällt es Ihnen schwer, solche Gedanken loszuwerden, so sehr Sie sich auch bemühen?
- Ärgern Sie sich, wenn die Dinge um Sie herum nicht perfekt sind?
- Wiederholen Sie Handlungen immer wieder ohne vernünftigen Grund?
- Suchen Sie immer wieder Bestätigung für diese Gedanken oder Handlungen bei Ihrer Familie oder bei Freunden?

Elise hat wieder einmal eine schlaflose Nacht vor sich. Der Aktienmarkt verzeichnete bei Börsenschluß einen geringfügigen Rückgang. Seit sechs Monaten befürchtet sie bei einer solchen Nachricht, ihre gesamten Ersparnisse bei einem Börsenkrach zu verlieren. Sie stellt sich vor, daß ihre Kinder dann nicht länger das College besuchen können, ihr Mann sie verläßt und sie ihren Job verliert und das Haus verkaufen muß. Heute nacht wird Elise diese Schreckensbilder und Befürchtungen endlos in ihrem Kopf herumwälzen, um dann irgendwann im Morgengrauen erschöpft einzuschlafen.

Fred war gerade dabei, sich zu rasieren, als er plötzlich glaubte, ein Knötchen seitlich an seinem Hals entdeckt zu haben. Er drückte mit den Fingern auf die Stelle und obwohl er nicht wirklich etwas spürte, beunruhigte sie ihn. Sein Vater war im Alter von 48 Jahren an Krebs gestorben. Fred war jetzt 46. Könnte es ein Tumor sein? Zwei Tage lang betastete er die Stelle immer wieder, konnte kaum an etwas anderes denken. Abends teilte er seine Befürchtung seiner Frau mit und bat sie, die Stelle an seinem Hals zu untersuchen. Da sie ähnliche Befürchtungen von früher kannte, versuchte sie ihn zu beruhigen. Aber das schien nichts zu nützen. Besorgt suchte Fred seinen Arzt zur fünften ›dringenden‹ Untersuchung in sechs Monaten auf.

Corenes Haus ist immer bereit für unerwartete Gäste: Die Küche ist makellos, Wohn- und Eßzimmer sind tadellos aufgeräumt und die Betten wie mit dem Zirkel gemacht. Um diese Sauberkeit und Ordnung nicht zu stören, müssen ihre Kinder die meiste Zeit draußen spielen. Wenn sie ins Haus kommen, um eine Kleinigkeit zu essen oder Spielsachen zu holen, müssen sie sich die Hände waschen. Vor dem Abendessen müssen sie baden und saubere Sachen anziehen. Wenn irgend jemand seine Kleider oder andere Dinge herumliegen läßt oder sie nicht an ihren richtigen Platz zurücklegt, wird er bestraft.

Paul scheint sein Selbstvertrauen am Arbeitsplatz verloren zu haben. Wenn er einen Brief schreibt, bittet er jedesmal einen Kollegen, ihn auf etwaige Fehler durchzulesen. Jede Addition prüft er sechs bis sieben Mal. Zu Hause hat er ähnliche Probleme – im Abstand von zehn Minuten prüft er, ob Fenster und Türen geschlossen und verriegelt sind, ob der Küchenherd abgedreht, das Bügeleisen ausgesteckt ist, ob er seine Schlüssel und seine Brille bei sich hat. Er überprüft den Herd ein zweites Mal, dann seine Schlüssel und seine Brille. Wenn er endlich das Haus verläßt, rüttelt er viermal am Riegel der Haustür, um sich zu vergewissern, daß sie auch wirklich geschlossen ist.

Unsere Welt ist nicht völlig sicher und vollkommen. Und kein Mensch ist frei von Fehlern und Kritik. Doch von Zeit zu Zeit erleben wir alle Tage, in denen wir übertriebene Furcht davor haben zu versagen, geliebte Dinge oder Menschen zu verlieren, dem Druck der Verantwortung nicht länger standzuhalten. Und irgendwann akzeptieren wir, daß wir nicht perfekt sind, daß wir Fehler machen dürfen, daß wir nicht erwarten können, die Zukunft vorherzusehen.

Oberflächlich betrachtet scheinen Elise, Fred, Corene und Paul lediglich übersteigert auf geringfügige Alltagsirritationen zu reagieren. Tief im Innern fühlen sie sich jedoch äußerst bedroht, weil sie unfähig sind, Ungewißheit und Unvollkommenheit zu tolerieren. Für etwa fünf Millionen Amerikaner ist aus diesem Wunsch nach Vorhersehbarkeit, Sicherheit und Vollkommenheit ein nicht endenwollender Alptraum geworden. Robin gibt uns ein Beispiel eines solchen gequälten Menschen.

Robin steht am Waschbecken im Bad und spült sich den Seifenschaum von den Unterarmen. Sie schüttelt das Wasser ab, dreht sich um, um das Badezimmer zu verlassen. Aber sie schafft es nicht. Ihre Hände sind immer noch ›unsauber‹. Sie dreht sich noch einmal um, greift zum Scheuerpulver und schüttet es auf ihre wundgescheuerten, blutenden Hände. Heute hat sie bereits acht Stunden mit diesem sinnlosen, qualvollen Waschritual zugebracht. Bevor sie sich abends erschöpft ins Bett legt, wird sie noch einige Stunden damit zubringen, ihre Hände zu schrubben, zu spülen und erneut zu schrubben. Morgen wird sie damit weitermachen wie jeden Tag: zehn Stunden zwanghaften Händewaschens.

Robin ist dreiundvierzig Jahre alt. Seit fünfundzwanzig Jahren leidet sie unter diesen Zwängen. Es begann ganz harmlos, kurz nach ihrer Hochzeit, und war in den ersten Jahren nur eine lästige Angewohnheit. Doch allmählich wuchs ihre Angst vor Bakterien, die in der Luft herumfliegen. Sie putzte das Haus immer öfter, vor allem Küche und Badezimmer. Ihre Angst beherrschte nicht nur ihr eigenes Leben, sondern auch das Leben ihrer Familie. Sie wusch sich und ihren kleinen Sohn unentwegt. Und sie bestand darauf, daß ihr Ehemann sich nach genau festgelegten Regeln reinigte, indem er jeden Finger einzeln einseifte und sich dann ausdauernd die Hände wusch.

Robins Bemühungen, das Haus keimfrei zu halten, waren selbstverständlich vergeblich. Es blieb nur eine Lösung, nämlich nahezu alle Zimmer im Haus abzuschließen, nicht mehr zu betreten. So konnte sie den ganzen Tag damit verbringen, ein oder zwei Räume gründlich zu putzen.

Nach sieben Jahren lebte die Familie ausschließlich in der Küche und benutzte das Badezimmer im ersten Stock. Kein anderer Raum im Haus durfte betreten werden. Drei Jahre lang hauste und aß die Familie in den beiden kleinen Räumen. Schließlich forderte Robins völlig verzweifelter Ehemann eine radikale Veränderung. Die Familie beschloß einen Neubeginn: das Haus wurde verkauft. Um sich vor der Bakterienverseuchung zu retten, wurde auch das Mobiliar verkauft, darunter einige antike Stücke, die Robin von ihrer Großmutter geerbt hatte. Ein vor kurzem neu gebautes Haus wurde gekauft und neue Möbel angeschafft. Nun konnte die Familie sich frei im ganzen Haus bewegen, und Robin bewältigte ihre Putzarbeiten.

Doch innerhalb eines Jahres hatte sich ihre Angst vor Verseuchung und Ansteckung erneut eingestellt. Ein Raum nach dem anderen mußte geschlossen werden, bis die Familie wieder ihr Leben in der Küche und im Badezimmer zubrachte.

Robin begab sich wegen ihrer Ängste nicht in Behandlung. Nach mehr als zwei Jahrzehnten lebt die Familie wie gehabt in zwei Zimmern, mittlerweile in ihrem dritten Haus. Die drei Kinder im Alter von 19, 15 und 14 Jahren sind nach wie vor dazu verdammt, mit ihren Eltern in der Küche zu ›wohnen‹.

In den letzten zwanzig Jahren haben Psychologen und Psychiater erforscht, wie man Menschen wirksam helfen kann, sich von solchen sinnlosen Befürchtungen und Zwängen zu befreien. An diesen Studien haben weltweit tausende Experten mit großem Erfolg teilgenommen.

Die Mehrheit der Betroffenen mußte die Hilfe von Spezialisten in Anspruch nehmen, um von neu gewonnenen Erkenntnissen zu profitieren. Dies war keine leichte Aufgabe, da Experten nur in wenigen großen Forschungszentren zu finden sind. Unsere Klinik erhält Anfragen nach Adressen aus allen Teilen der Vereinigten Staaten. Auf die meisten dieser Anfragen lautet die enttäuschende Antwort: »Es gibt keine Fachkräfte in Ihrer Gegend.«

Die *gute* Nachricht ist, daß viele Menschen, die an übersteigerten Angstgefühlen und an zwanghaften Verhaltensweisen leiden, sich heute selbst helfen können. Jüngste Untersuchungen haben ergeben, daß schriftliche Selbsthilfe-Anweisungen zur Überwindung von Zwangsstörungen ebenso wirksam sein können, wie eine Therapie bei einem Psychotherapeuten. Das Ziel dieses Buches besteht darin, Ihnen zu helfen, Ihre Zwänge und Ängste in Ihrem Alltagsleben loszuwerden. Die dargelegten Programme basieren auf den Ergebnissen zwanzigjähriger Studien, anhand derer auch Sie aufhören können, Ihre Zeit mit endlosen unnötigen Denkzwängen und Zwangshandlungen zu vergeuden. Sie werden lernen, wieder Freude am Leben in einer nicht vollkommenen Welt zu haben.

In den ersten Kapiteln dieses Buches werden wir Ihnen helfen, die Entwicklung von Zwangsgedanken und Zwangsverhalten verstehen zu lernen. Die Analyse dieser Entwicklung ist wichtig, um die Spezialtechniken zu erlernen, die wir in späteren Kapiteln erläutern. Je mehr Wissen Sie sich über Ihre Symptomatik aneignen, desto leichter wird es Ihnen fallen, die entsprechenden Schritte zu unternehmen, um diese Symptome loszuwerden.

In Kapitel 2 lernen Sie die schweren Formen von Zwangsverhalten kennen. Dieses Kapitel ist in sieben verschiedene Symptommuster unterteilt, wobei die Einteilung keinen Anspruch auf Vollständigkeit erhebt. Viele der Betroffenen leiden nicht nur unter einer bestimmten Form der Zwangsneurose. Um also die Planung Ihres Selbsthilfe-Programms zu erleichtern, werden wir im Verlauf dieses Buches die häufigsten Zwangsstörungen gesondert behandeln.

In Kapitel 3 lernen Sie, Ihr Zwangsverhalten zu analysieren. Anhand einer Reihe von Fragebogen werden wir Ihnen Anleitungen zu den Analyseverfahren geben. Ihre Antworten bilden die Grundlage für Ihr eigenes Selbsthilfe-Programm und helfen Ihnen, zu entscheiden, ob Sie die Anleitung eines Fachberaters brauchen, oder ob Sie die Anweisungen dieses Buches auch allein durchführen können. Die Fragen helfen Ihnen weiterhin, zu entscheiden, ob Sie Ihre Bemühungen nur auf das einführende Selbsthilfe-Programm (Teil II) beschränken oder zusätzlich das intensive Drei-Wochen-Programm (Teil III) durcharbeiten müssen.

Teil II erläutert das Programm, das Sie an den Anfang Ihres Selbsthilfe-Plans setzen sollten. Es ist auf Menschen mit quälenden Ängsten genauso zugeschnitten, wie auf solche mit schwerwiegenderen Symptomen. Sie lernen, Ihre Zwangsstörungen einzuordnen, Ihre Zwangsgedanken zuzulassen und Ihre Zwangshandlungen unter Kontrolle zu bringen. Diese Ziele erreichen Sie, wenn Sie die zahlreichen Techniken anwenden, die wir in den Kapiteln 4, 5 und 6 beschreiben. Die einzelnen Verfahren werden durch Fallbeispiele verdeutlicht, um Ihre Fähigkeit zu schulen, die Techniken auf Ihre eigene Symptomatik zu übertragen und anzuwenden.

Manche von Ihnen werden es schaffen, ihre übersteigerten Ängste und ihr Zwangsverhalten zu überwinden, indem sie die Anweisungen in Teil II befolgen. In diesem Fall brauchen die in Teil III dargelegten Methoden nicht angewandt zu werden. Wenn Sie nach Durcharbeitung von Teil II keine ausreichende Kontrolle über Ihre zwanghaften Gedanken und Verhaltensweisen gewonnen haben, wenden Sie sich dem in Teil III beschriebenen Programm zu. Teil III erläutert ausführlich ein intensives Drei-Wochen-Programm, das sich bei der Behandlung schwerer Zwangsneurosen mit großem Erfolg bewährt hat. In Kapitel 7 stellen wir ein kognitives Verhaltenstherapieprogramm für Zwangsstörungen vor, das bei dieser Erkrankung als das am besten geeignete Verfahren gilt. Es diente uns als Vorlage zur Erstellung eines intensiven Drei-Wochen-Selbsthilfe-Programms, das in Kapitel 8 dargelegt ist. Sie finden darin Anleitungen für ein auf Ihre Bedürfnisse abgestimmtes Selbsthilfe-Programm, mit dessen Hilfe Sie Ihre Zwangsvorstellungen und die Rituale, die sich Ihnen aufdrängen, verringern und Sie diese schließlich abstellen können. Wir empfehlen jedem, der die Anweisungen in Teil III befolgt, das Programm mit Hilfe eines guten Freundes, Familienmitglieds oder eines psychologischen Fachberaters durchzuführen.

Seit einigen Jahren haben sich auch einige Medikamente als hilfreich in der Behandlung von Zwangsneurosen erwiesen. Darüber sprechen wir in Kapitel 9.

Im letzten Kapitel veröffentlichen wir ermutigende Berichte von Zwangskranken, die intensive kognitive Verhaltenstherapie-Programme durchgearbeitet haben und ihre Symptome erfolgreich besiegen konnten. Die Betroffenen erzählen ihre Geschichte in der erklärten Hoffnung, daß auch Sie den Mut und die Entschlußkraft aufbringen, diese zerstörerische, aber durchaus heilbare psychische Erkrankung zu überwinden. Die Genannten haben es geschafft, und auch Sie können es schaffen.

Sie *können* Besserung finden. Die Zeit ist gekommen, die Vorstellung über Bord zu werfen, Ihre Zwangsstörungen seien zu schwer oder dauerten schon zu lange. Sie werden sich wundern, *wie* Sie diese alten, eingefahrenen Muster verändern können. Finden Sie heraus, was Sie mit den vielen Menschen gemeinsam haben, deren Erfolgsberichte in diesem Buch wiedergegeben werden. Und fassen Sie den Vorsatz, die vorgeschlagenen Techniken zu üben. Wenn Sie bereit sind, Zeit, Mut und Beharrlichkeit aufzubringen und die Hilfe jener in Anspruch zu nehmen, die Ihre Bemühungen unterstützen, können auch Sie sich ändern und ein unbeschwertes Leben führen.

Teil I

Ihr Problem
verstehen lernen

KAPITEL 1

Leiden Sie unter Zwangsgedanken oder zwanghaftem Verhalten?

Die meisten von uns wissen, wie unangenehm es sein kann, sich ständig über etwas Sorgen zu machen. Haben Sie das Haus verlassen, denken Sie plötzlich: *»Habe ich das Bügeleisen eigentlich ausgeschaltet?«* Sie versuchen, sich zu beruhigen, doch ein paar Sekunden später geht Ihnen derselbe Gedanke wieder durch den Kopf: *»Habe ich wirklich ausgeschaltet?«* Die schrecklichen Konsequenzen der befürchteten Unterlassung beginnen sich zu verselbständigen. *»Wenn ich es nicht ausgeschaltet habe, überhitzt es, fällt auf den Fußboden und setzt den Teppich in Brand. Dann brennt das ganze Haus ab!«* Minutenlang können Sie dieses Schreckensbild nicht loswerden, so sehr Sie sich auch bemühen.

Befürchtungen sind Gedanken, die Unbehagen und Ängste hervorrufen. Aber die unangenehmen Gedanken, die mit der Befürchtung einhergehen, ändern sich von einem Tag zum anderen. Wenn Sie Ihrem Chef auf dem Korridor begegnen und er lächelt Ihnen nicht zu, denken Sie besorgt: »Vielleicht ärgert er sich über mich.« Möglicherweise verfolgt Sie dieser Gedanke an diesem Tag noch stundenlang. Am nächsten Tag ist diese Befürchtung vergessen und wird von einer anderen ersetzt.

Zwangsgedanken hingegen sind ziemlich beständige Befürchtungen: Die gleichen Gedanken, Bilder oder Impulse kommen immer wieder, qualvoll, bedrohlich und häufig beschämend. Die Versuche des Betroffenen, sie abzuschütteln, sind meist erfolglos.

Die Inhalte solcher Gedanken sind individuell verschieden. Fred zum Beispiel hat ständig die hypochondrische Befürchtung, krank zu werden. Pauls Gedanken handeln von Versäumnissen, die schreckliche Konsequenzen haben: man hat vergessen, den Küchenherd auszuschalten und das Haus brennt ab;

oder man hat vergessen, das Haus nachts abzuschließen, ein Einbrecher dringt ein und bedroht die Familie. Schwerere Formen von Zwangsgedanken, wie bei Robin, drehen sich um die Angst vor Verseuchung und Ansteckung, etwa durch den Kontakt mit Bakterien beim Berühren von Gegenständen oder Menschen. Wieder andere handeln davon, von einem plötzlichen Zwang befallen zu werden, Gewaltakte zu begehen, beispielsweise den Ehepartner zu vergiften oder das eigene Kind zu erstechen.

Es ist nicht überraschend, daß die meisten von uns nach Wegen suchen, um ihre Befürchtungen und Zwänge, und sei es nur vorübergehend, loszuwerden. Wir hoffen darauf, die quälenden Gedanken abzuschütteln, bzw. die befürchteten schrecklichen Konsequenzen vermeiden zu können. Vielleicht gehören Sie zu den Menschen, die sich durch das ständige Wiederholen bestimmter Handlungen oder Gedanken Erleichterung verschaffen. Obgleich solches Verhalten sich ständig wiederholt und unerwünscht ist und man sich ihm nur schwer widersetzen kann, scheint es die einzige Möglichkeit für Sie zu sein, Ihre Befürchtungen zu kontrollieren. Jedesmal, wenn diese Ängste einsetzen, befällt Sie der Zwang, ein bestimmtes Ritual durchzuführen. Einfacher ausgedrückt: Zwangsgedanken sind Gedanken oder Bilder, die Ihr Unbehagen *hervorrufen*; zwanghafte Verhaltensweisen sind Handlungen oder Gedanken, die dieses Unbehagen verringern. Die Graphik auf der nächsten Seite veranschaulicht diese Abfolge.

Nachdem Paul zum Beispiel seine Haustür abgeschlossen hat, erheben sich bei ihm Zweifel, ob er sie auch tatsächlich zugesperrt hat. Ist die Tür nicht abgesperrt, könnte jemand ungehindert ins Haus eindringen und den Familienbesitz stehlen. Der Einbrecher könnte sich verstecken und ihn oder seine Kinder beim Nachhausekommen überfallen und verletzen. Um sich zu vergewissern, rüttelt Paul viermal am Türknauf, bevor er weggeht. Zwangshandlungen können lediglich lästig sein, wie Pauls wiederholtes Prüfen des Türriegels, aber sie können auch so zerstörerisch sein, wie Robins Waschzwang. Andere Rituale betreffen das Putzen, Berühren oder Kontrollieren von Gegenständen. Ordnen, Wiederholen von Handlungen, Wor-

ZWANGSGEDANKEN
wiederkehrende, negative
Gedanken, Bilder oder Impulse

UNBEHAGEN
Unsicherheit, Angst
Ekel, Scham

ZWANGSHANDLUNGEN
wiederkehrende Gedanken,
Bilder oder Handlungen

ERLEICHTERUNG
Unbehagen verschwindet
vorübergehend

Das Verhältnis zwischen Zwangsgedanken und Zwangshandlungen

ten, Sätzen, Zahlen oder Gebeten – das alles sind Maßnahmen, die ein inneres, quälendes Unbehagen verringern sollen.

Die *Zwangserkrankung* wird als Angstneurose angesehen. Zu dieser Gruppe psychischer Störungen gehören allgemeine Angstzustände, Phobien und hypochondrische Befürchtungen. Um die Diagnose einer Zwangsstörung stellen zu können, müssen Symptome vorhanden sein, die die entsprechenden Kriterien des »Diagnostischen und statistischen Leitfadens psychischer Störungen« der American Psychiatric Association erfüllen. Sie sollten darüber mit einem erfahrenen Psychotherapeuten sprechen. Eine Zwangsneurose liegt dann vor, wenn Zwangsgedanken oder Zwangshandlungen so ernsthafte Formen angenommen haben, daß sie die täglichen sozialen und beruflichen Aktivitäten beeinträchtigen, wie in Robins Fall. Früheren Expertenschätzungen zufolge litten nur 0,5% der Bevölkerung unter dieser psychischen Erkrankung. Jüngsten Studien zufolge ist ihr Anteil auf etwa 2,5% angestiegen. Man geht heute davon aus, daß etwa 5 Millionen Menschen in den Vereinigten Staaten unter einer Zwangsneurose leiden. Die Zahl der Betroffenen, die Symptome in abgemilderter Form aufweisen, die also die von der American Psychiatric Association erstellten Kriterien für die Diagnose einer Zwangsneurose nicht erfüllen, wird weit höher angesetzt.

Die in diesem Buch vorgestellten Selbsthilfe-Techniken helfen Ihnen nicht nur, wenn Sie unter einer ausgeprägten Zwangsneurose leiden; sie helfen auch bei milderen Formen der Erkrankung oder bei ständigen hypochondrischen Befürchtungen. Der Einfachheit halber werden im Verlauf dieses Buches alle Symptome – ob leichter oder schwerer – als Zwangsstörungen behandelt.

Kann Selbsthilfe funktionieren?

Obgleich viele Menschen unter übersteigerten Ängsten leiden, gab es bis vor kurzem keine Spezialprogramme, um den Angstgeplagten dieser Welt zu helfen – das Gleiche trifft auf Zwangskranke zu. Bis in die 70er Jahre bezeichneten die meisten psychologischen Lehrbücher die Heilungschancen der Zwangsneurose als eher gering. Während der letzten zwanzig Jahre haben klinische Forscher Versuche mit einer neuen Behandlungsform, der sogenannten *kognitiven Verhaltenstherapie*, bei einer Reihe psychischer Störungen gemacht. Diese Therapieform besteht aus spezifischen Techniken, die den Menschen helfen, sich von ihren unerwünschten Bildern, Gedanken und Vorstellungen zu befreien und gleichzeitig ihre Zwangshandlungen aufzugeben. Mit Unterstützung eines Fachpsychologen identifiziert und analysiert der Patient seine qualvollen Gedanken und lernt, sie durch positive zu ersetzen. Die Betroffenen erarbeiten Methoden, die es ihnen ermöglichen, die Angst vor den Bildern in ihrem Kopf zu bewältigen; sie lernen, sich auf Situationen einzulassen, die sie in der Vergangenheit vermieden haben.

Wenn auch Sie unter Zwangsstörungen leiden, stehen Ihre Chancen heute sehr gut, davon geheilt zu werden und ein normales Leben führen zu können. Durch die enormen Fortschritte der kognitiven Verhaltenstherapie der letzten Jahre können etwa 75% der Patienten mit schweren Zwangsstörungen wieder ein normales Leben führen. Nicht alle sind völlig von ihren Symptomen befreit, doch die meisten spüren, daß ihr Leben nach der Behandlung sich deutlich verbessert hat und die Verbesserung anhaltende, dauerhafte Wirkung zeigt.

Im Verlauf der Behandlung führt der Therapeut den Klienten durch ein strukturiertes, schrittweise aufgebautes Übungsprogramm. In den letzten zehn Jahren konnten Therapeuten die Zeitdauer der direkten Arbeit mit zwangskranken Patienten reduzieren und dennoch zufriedenstellende Ergebnisse verzeichnen. Untersuchungen in England haben ergeben, daß Patienten mit Zwangssstörungen, die unter minimaler fachlicher Anleitung schriftliche Selbsthilfe-Anweisungen durchführten, ihre Zwangsgedanken und Zwangshandlungen erfolgreich reduzieren konnten.

Wir haben dieses Buch geschrieben, um die in England durchgeführten Untersuchungen fortzusetzen, da wir der Überzeugung sind, daß viele Menschen, die an einer Angst- und Zwangsneurose leiden, ihre Symptome auch ohne direkte Hilfe einer psychologischen Fachkraft überwinden können. Wenn Sie unter einer gemäßigten Form einer dieser Störungen leiden, glauben wir mit Sicherheit, daß Sie eine erhebliche Besserung herbeiführen können, wenn Sie alleine mit diesem Buch arbeiten. Um größtmöglichen Nutzen aus den vorgestellten Selbsthilfeprogrammen zu ziehen, sollten Sie die Hilfe eines verständnisvollen Freundes oder eines Familienmitglieds in Anspruch nehmen.

Die Entscheidung, ob Sie ein Selbsthilfe-Programm oder eine psychologische Fachberatung wählen, richtet sich nach dem Schweregrad Ihrer Symptome. Wenn Ihre Zwangsgedanken intensiv und häufig auftreten und Ihr Zwangsverhalten anhaltend ist, raten wir Ihnen, die Hilfe eines Experten für psychische Störungen aufzusuchen, der Erfahrung in der Behandlung von Zwangserkrankungen hat. Der Fachpsychologe wird Ihnen helfen, die in diesem Buch dargelegten Selbsthilfe-Schritte durchzuführen. Die in Kapitel 3 erörterten Fragen nach der Häufigkeit auftretender Symptome werden Ihnen die Entscheidung erleichtern, ob Sie professionelle Hilfe in Anspruch nehmen sollen oder nicht.

Ob Sie alleine arbeiten oder zusammen mit einem Experten, Sie müssen bei dem von Ihnen gewählten Programm bleiben. Zwangsstörungen sind ihrem Wesen nach hartnäckig und intensiv, daher müssen Ihre Gegenmaßnahmen ebenso hartnäckig und intensiv sein. Wenn Sie halbherzig üben oder nicht regelmäßig an den neuerworbenen Techniken arbeiten, haben Sie keine großen Chancen, Ihre Symptome zu besiegen. Wenn Sie aber täglich ein strukturiertes Programm durchführen, werden Sie mit großer Wahrscheinlichkeit bereits nach wenigen Wochen Fortschritte erzielen.

Das Wichtigste, was Sie zu diesem Zeitpunkt wissen müssen, ist, daß Sie Besserung finden können. Tausende von Menschen haben kognitive Verhaltenstechniken angewandt, um ähnliche Störungen loszuwerden. Wir werden die Methoden beschreiben, mit denen Sie Ihre Symptome überwinden können, und wir werden Sie durch den Selbsthilfe-Prozeß begleiten.

Wir wissen, wie schmerzhaft es für Sie sein kann, diese Symptome allein durchzustehen. Die meisten Menschen kennen niemanden, mit dem sie frei über ihre Zwangsvorstellungen oder -handlungen sprechen können. Bis vor kurzem haftete dem Zwangskranken ein Stigma an. Es würde uns nicht wundern, wenn Sie bisher nicht den Mut aufgebracht haben, Ihre Störung mit jemandem zu besprechen, nicht einmal mit Verwandten oder engen Freunden.

Sie müssen nicht mehr still leiden. Suchen Sie sich eine/n zuverlässigen Freund/in, dem/der Sie Ihre Störungen anvertrauen können. Dann tun Sie den nächsten Schritt, der über die Erkenntnis und das Eingestehen Ihrer Störung hinausgeht: unternehmen Sie etwas, um die Störung in den Griff zu bekommen.

Dieses Buch wird Ihnen dabei helfen. Es ist mehr als eine Hilfe, die wir Ihnen anbieten: Wir zeigen Ihnen den Weg zur Heilung, einen Weg, den viele Ihrer Leidensgenossen vor Ihnen gegangen sind und der sie erfolgreich zum Ziel geführt hat. Finden Sie Ihre innere Stärke, erlangen Sie Schritt für Schritt wieder Kontrolle über Ihr Leben.

Welche Zwangssymptome weisen Sie auf?

Auf den folgenden Seiten beschreiben wir die sieben häufigsten Formen von Zwangsstörungen. Lesen Sie sie, um herauszufinden, ob sich Ihre Symptome darunter befinden. Sie werden feststellen, daß die meisten Zwänge nach den damit verbundenen Handlungen benannt sind (beispielsweise Kontrollzwang, Sammelzwang, Putz- und Waschzwang. Wie bereits dargelegt, weisen Betroffene meist mehr als nur eine Zwangshandlung auf.

Wasch- und Putzzwang. Diese Menschen sind von dem Gedanken besessen, durch die Berührung mit bestimmten Gegenständen oder in bestimmten Situationen verunreinigt bzw. verseucht zu werden. Beispiele sind Körperausscheidungen, Bakterien, Krankheiten und chemische Substanzen. Um jede mögliche Verunreinigung auszuschalten, sind die Betroffenen gezwungen, eine oder mehrere Zwangshandlungen vorzunehmen, etwa sich ständig die Hände zu waschen, lange zu duschen oder ihr Heim stundenlang zu putzen. Manchmal werden Wasch- oder Putzzwänge aber auch ausgeführt, um unerwünschte Schicksalsschläge, wie Tod oder Krankheit, abzuwenden.

Oftmals dient die Zwangshandlung aber nur dazu, ein Gefühl des Wohlbehagens zu vermitteln. Waschen und Putzen werden ständig wiederholt und sind von unterschiedlicher Zeitdauer, sie können eine halbe Stunde oder auch zehn Stunden und länger pro Tag dauern. Der Betroffene unterzieht sich außerdem großer Mühen, um den Kontakt mit unreinen Gegenständen zu vermeiden. Die Person schließt zum Beispiel bestimmte Räume im Haus ab oder vermeidet es, Gegenstände zu berühren, die zu Boden gefallen sind.

Menschen, die unter **Kontrollzwang** leiden, sind gezwungen, ständig etwas zu kontrollieren, um eine ›Katastrophe‹ zu verhindern. Die häufigste Form des Kontrollzwangs ist, sich zu vergewissern, ob der Gasherd oder elektrische Geräte ausgeschaltet sind, um keinen Brand zu verursachen; nachzuprüfen, ob Fenster und Türen verriegelt sind, damit kein Einbrecher eindringen kann; eine Arbeit immer wieder zu überprüfen, um Fehler und folglich Kritik zu vermeiden. Die Betroffenen kontrollieren eine Sache einmal und zweifeln sofort daran, die Kontrolle richtig ausgeführt zu haben, weshalb sie sich noch einmal vergewissern müssen. Manche Menschen sind stundenlang in diesem frustrierenden Kreislauf von Überprüfen, Zweifeln und erneutem Prüfen festgefahren. Um sich Erleichterung zu verschaffen, übertragen sie oft eine Aufgabe, etwa das Haus abzuschließen, an andere.

Wiederholungszwang. Hierbei werden bestimmte Handlungen ständig wiederholt. Sobald ein angstvoller Gedanke auftaucht, sehen sich die Betroffenen gezwungen, eine bestimmte Handlung zu wiederholen, um zu verhindern, daß der Gedanke in die Realität umgesetzt wird. Ebenso wie bei den kontrollierenden Menschen sehen sich diese gezwungen, mit ihren Wiederholungsritualen etwaige Katastrophen zu verhindern oder zu neutralisieren. Im Gegensatz zu jenen können die unter Wiederholungszwängen Leidenden jedoch keine logische Verbindung zwischen dem Zwangsgedanken und der Zwangshandlung herstellen.

Ihre Denkvorgänge weisen häufig magische Komponenten auf, so zum Beispiel bei einer Betroffenen, die den Tod des Ehepartners dadurch zu verhindern meint, daß sie sich immer wieder an- und auszieht, bis der Gedanke an den möglichen Tod des Ehepartners verschwunden ist.

Ordnungszwang charakterisiert Menschen, die ein bestimmtes, festes Ordnungssystem um sich herum brauchen, unter anderem bestimmte symmetrische Muster. Sie müssen beispielsweise ihr Bett pedantisch genau machen; es darf kein einziges Fältchen zu sehen sein. Oder sie ordnen ihre Tagesration an Vitaminen in einem speziellen Muster auf dem Küchentisch an und erneuern das Muster jedesmal, wenn sie eine Pille wegnehmen. Menschen mit Ordnungszwängen verbringen einen Großteil ihrer Zeit damit sicherzustellen, daß die Dinge am ›richtigen Platz‹ sind und bemerken sofort, wenn ein Muster zerstört wurde. Sie geraten oft in Wut, wenn jemand etwas daran verändert. Sie fürchten in der Regel kein bevorstehendes Unglück. Sie sind vielmehr durch ein generelles Unbehagen, das sich einstellt, wenn die Dinge nicht ›perfekt‹ geordnet sind, gezwungen, ihre Ordnungsrituale durchzuführen.

Sammler sind Menschen, die wertlose Gegenstände horten; es ist ihnen unmöglich, sich von diesen Besitztümern zu trennen. Ein Sammler geht beispielsweise eine Straße entlang und hebt Papierfetzen auf, die er zu Hause sortiert und einordnet, für den Fall, daß er/sie diese Papierfetzen irgendwann einmal braucht. Außenstehende sehen keinen Sinn in diesen Sammlungen, doch der Sammler mißt ihnen großen Wert bei und hält sie für wertvoll. Manche Betroffene sammeln jahrzehntelang Zeitungen, für den Fall, daß sie einen bestimmten Artikel wieder einmal brauchen. In schweren Fällen ist das ganze Haus des Patienten angefüllt mit solchen Sammelobjekten und es muß zusätzlicher Lagerraum angemietet werden.

Denkzwänge. Hierunter leiden Menschen, die immer wieder dieselben Gedanken oder Bilder aufgreifen, um ihren angsterzeugenden Gedanken oder Bildern den Zwangsgedanken entgegenzusetzen. Oberflächlich betrachtet weisen Patienten, die unter Denkzwängen leiden, kaum Unterschiede zu denen auf, die unter Zwangsgedanken leiden, da beide immer wieder dasselbe denken, ohne Zwangshandlungen ausführen zu müssen. Die Gedanken der von Zwangsvorstellungen Verfolgten *erzeugen* jedoch Ängste und Befürchtungen, während Menschen mit Denkzwängen durch ihre gedanklichen Rituale ihre Ängste *reduzieren*. Die Muster von Denkzwängen sind den Wiederholungszwängen vergleichbar, wobei die unter Denkzwängen Leidenden nur auf ritualisiertes *Wiederholungsdenken* fixiert sind, nicht aber auf ritualisierte *Handlungen*. Die häufigsten Denkzwänge sind Gebete, das Wiederholen bestimmter Worte, Sätze oder Zahlen. Stewart glaubte beispielsweise, die Zahl drei bringe ihm Unglück, während die Zahl sechs ihm Glück bringe. Wenn ein Gedanke, in dem die Zahl drei vorkam, sich in seinem Kopf festsetzte, wiederholte Stewart mehrmals die

Zahl sechs, um ein Unglück abzuwenden. Menschen mit Denkzwängen versuchen auch, sich genau an Ereignisse zu erinnern oder Listen im Kopf zu wiederholen, um sich in Sicherheit zu wiegen. Der 67jährige Dan verbrachte täglich viele Stunden mit Gedächtnistraining, indem er versuchte, sich an jede Einzelheit unwichtiger Vorfälle zu erinnern – um sich zu vergewissern, daß er nicht an der Alzheimerschen Krankheit litt.

Menschen mit **Befürchtungen** und **Zwangsgedanken** leiden an unkontrollierbaren, sich wiederholenden negativen Gedanken, die Unbehagen erzeugen. Im Gegensatz zu anderen Formen der Zwangsstörungen führen sie keine sich ständig wiederholenden Zwangshandlungen aus, wie Händewaschen oder ständiges Nachprüfen, ob Türen verschlossen sind. Sie leiden auch nicht unter Denkzwängen wie Beten oder Zählen. Ihre Befürchtungen können sich um völlig alltägliche Ereignisse drehen oder zutiefst furchterregende, gewalttätige und auch beschämende Gedankengänge sein. Häufige Beispiele sind ständige Befürchtungen um die eigene Gesundheit, die gedankliche Beschäftigung mit früheren traumatischen Begebenheiten, oder die Angst, bei einer zukünftigen Aufgabe zu versagen. Elise, von der bereits in der Einführung die Rede war, litt jeden Tag viele Stunden unter den Befürchtungen, ihre Ersparnisse in einem Börsenkrach zu verlieren und deshalb ihren Kindern keine ordentliche Ausbildung ermöglichen zu können. Ihre Befürchtungen waren jedoch nicht an Zwangshandlungen geknüpft, um sich vorübergehend Erleichterung zu verschaffen. In schweren Fällen haben die Betroffenen beschämende Vorstellungen von unangemessenem sexuellen Verhalten oder spüren den Impuls, sich selbst oder geliebte Menschen zu verletzen oder zu töten. Die Betroffenen grübeln Stunden und Tage darüber nach, ob solche Zwangsvorstellungen sich bewahrheiten könnten.

Anhand des folgenden Fragebogens können Sie die Art der Störung erkennen, die Ihnen am meisten zu schaffen macht. Lesen Sie die Aussagen sorgfältig durch und prüfen Sie, welche Punkte für Sie in Frage kommen. Treffen *zwei* oder mehr

Punkte einer Gruppe auf Sie zu, ist das ein Hinweis darauf, daß Sie diese Themen in Ihr Selbsthilfe-Programm aufnehmen müssen. Seien Sie nicht erstaunt, wenn mehr als ein Punkt in *mehreren* Gruppen auf Sie zutrifft. Viele Menschen weisen mehr als eine Form der Zwangsstörung auf.

A. Unter welchen Symptomen leiden Sie?
Kreuzen Sie jeden Punkt an, der Ihnen im letzten Monat zu schaffen gemacht hat.

Waschen und Putzen

_____ 1. Ich fasse bestimmte Dinge nicht an, aus Angst vor Verunreinigung und Ansteckung.

_____ 2. Es fällt mir schwer, Gegenstände anzufassen, die auf dem Fußboden liegen.

_____ 3. Ich putze meinen Haushalt sehr oft und gründlich.

_____ 4. Ich wasche meine Hände sehr oft und gründlich.

_____ 5. Ich dusche und bade sehr lange und gründlich.

_____ 6. Ich habe Angst vor Bakterien und Krankheiten.

Kontrollieren und Wiederholen

_____ 1. Ich muß häufig Dinge kontrollieren.

_____ 2. Es fällt mir schwer, eine Aufgabe zu Ende zu bringen, da ich immer wieder von vorne anfange.

_____ 3. Ich wiederhole Handlungen oft, um zu verhindern, daß etwas Schlimmes passiert.

_____ 4. Ich habe große Angst davor, Fehler zu machen.

_____ 5. Ich mache mir große Sorgen, daß jemand wegen mir zu Schaden kommt.

_____ 6. Bestimmte Gedanken, die mir durch den Kopf schießen, zwingen mich, etwas häufig zu wiederholen.

Ordnen

_____ 1. Gegenstände in meiner Umgebung müssen nach einem bestimmten Prinzip geordnet sein.

_____ 2. Ich verbringe viel Zeit damit, sicherzustellen, daß die Dinge am richtigen Platz sind.

_____ 3. Ich bemerke sofort, wenn meine Sachen nicht am richtigen Platz stehen.

_____ 4. Ich lege großen Wert darauf, daß mein Bett glattgestrichen und faltenlos ist.

_____ 5. Ich muß bestimmte Dinge nach einem bestimmten Muster anordnen.

_____ 6. Ich ärgere mich furchtbar, wenn meine Sachen von anderen umgestellt werden.

Sammeln

_____ 1. Ich werfe Dinge nicht gern weg.

_____ 2. Ich bringe manchmal scheinbar sinnlose Sachen mit nach Hause.

_____ 3. In meiner Wohnung hat sich im Laufe der Jahre ein wahres Sammelsurium angehäuft.

_____ 4. Ich habe es nicht gern, wenn andere Leute meine Sachen anfassen.

_____ 5. Es ist mir unmöglich, mich von Dingen zu trennen.

_____ 6. Andere halten meine Sammelleidenschaft für verrückt.

Denkzwänge

_____ 1. Es gibt mir ein gutes Gefühl, wenn ich bestimmte Worte oder Zahlen im Kopf wiederhole.

_____ 2. Ich muß mir oft bestimmte Dinge immer wieder sagen, um mich sicher zu fühlen.

_____ 3. Ich wiederhole oft Gebete in Gedanken, ohne zu beten.

_____ 4. ›Schlechte‹ Gedanken zwingen mich, ›gute‹ Gedanken zu haben.

_____ 5. Ich versuche, mich genau an Ereignisse zu erinnern; oder ich mache im Geist Listen, um unangenehme Folgen abzuwenden.

_____ 6. Manchmal kann ich nur ruhig bleiben, wenn ich die ›richtigen‹ Gedanken habe.

Befürchtungen und Zwangsgedanken

Wenn ich mich nicht gerade mit Zwangshandlungen oder mit Denkzwängen beschäftige:

_____ 1. Mich ängstigen oft unangenehme Gedanken, die mir gegen meinen Willen durch den Kopf gehen.

_____ 2. Ich zweifle oft, ob ich einfache Alltagsaufgaben richtig mache.

_____ 3. Ich habe keine Kontrolle über meine Gedanken.

_____ 4. Die Gedanken, die mir in den Sinn kommen, sind häufig beschämend, beängstigend, gewalttätig oder bizarr.

_____ 5. Ich habe Angst, daß meine schlechten Gedanken eintreffen könnten.

_____ 6. Wenn meine Befürchtungen einsetzen, werde ich sie nur schwer wieder los.

_____ 7. Kleine, unbedeutende Vorkommnisse lösen bei mir übersteigerte Ängste aus.

B. Wieviel Zeit haben Sie im letzten Monat durchschnittlich pro Tag mit folgenden Symptomen Ihres Zwangsverhaltens verbracht?

	Stunden	Minuten
Waschen und Putzen	_____	_____
Kontrollieren und Wiederholen	_____	_____
Ordnung schaffen	_____	_____
Sammeln	_____	_____
Denkzwänge	_____	_____
Befürchtungen und Zwangsdenken	_____	_____

Nun addieren Sie die Gesamtzahl der Stunden und Minuten, die Sie in Teil B eingetragen haben. Wenn Sie mehr als zwei Stunden täglich zwanghaft mit einem der genannten Symptome beschäftigt waren, brauchen Sie möglicherweise die Hilfe eines Experten, der Sie durch unser Programm begleitet. In Kapitel 3 werden wir Ihnen bei dieser Entscheidung helfen.

Häufig auftretende Merkmale bei Zwangskranken

Um Sie auf das in diesem Buch dargelegte Selbsthilfe-Programm vorzubereiten, möchten wir Ihnen zunächst helfen, Ihre Störung zu verstehen. Nachfolgend betrachten wir sieben Charakterzüge, die häufig bei Menschen mit Zwängen zu beobachten sind. Die ersten drei beziehen sich auf Zwangsgedanken und Befürchtungen; die anderen vier beziehen sich auf Menschen, die unter Zwangshandlungen leiden. Nicht alle Merkmale treten bei allen zwanghaften Menschen auf; seien Sie also nicht erstaunt, wenn Sie nur einige davon bei sich feststellen. Wenn Sie Tendenzen erkennen, die für Ihr Verhalten relevant sind, werden Sie beginnen, Ihre eigenen Symptome besser zu verstehen.

1. Ihre Befürchtungen und Gedanken drehen sich um ein Ereignis mit katastrophalen Folgen. Das nachhaltige Unbehagen, das mit einem Zwangsgedanken einhergeht, spiegelt häufig die Angst vor Schaden, der Sie oder andere trifft. Ein Mensch, der Ängste in bezug auf Geldangelegenheiten hat, stellt sich z. B. vor, seinen Job zu verlieren, weshalb er nicht länger in der Lage ist, seinen Zahlungsverpflichtungen nachzukommen. Sein Haus wird zwangsversteigert, sein Auto gepfändet. Er muß in eine kleine Wohnung ziehen und mit dem Bus zur Arbeit fahren. Da die Busverbindungen sehr schlecht sind, bekommt er keinen neuen Job, ist monatelang arbeitslos und endet wahrscheinlich im Obdachlosenasyl.

Der unter Kontrollzwang Leidende hat ähnliche Ängste, die sich auf die schrecklichen Folgen seiner Fehler oder Unachtsamkeiten beziehen. Wird er nach dem Grund seines Kontrollzwangs gefragt, lautet seine typische Antwort: »Ich kontrolliere Türen und Fenster, um zu verhindern, daß ein Einbrecher eindringt, meine Familie umbringt und mein Haus ausraubt. Wenn das passiert, ist es meine Schuld und die Leute werfen mir vor, leichtsinnig gewesen zu sein.« Eine unter Kontrollzwang leidende Frau mag antworten: »Wenn ich ein abgetipptes Manuskript nicht sieben bis acht Mal durchlese, wirft mein

Chef mir Fehler vor und stellt mich vor den anderen bloß.« In ähnlicher Weise ist ein Mensch, der sich zwanghaft wäscht, auf den gefürchteten Kontakt mit Schmutz und Verunreinigung fixiert. »Was passiert, wenn ich mich nicht lange genug wasche? Werde ich krank? Übertrage ich Krankheiten auf andere? Was passiert, wenn ich etwas anfasse und mich hinterher nicht wasche?«

2. Es gibt Zeiten, in denen Sie wissen, daß Ihre zwanghaften Befürchtungen irrational sind. Die meisten Angst- und Zwangsneurotiker würden zustimmen, daß ihre Zwangsgedanken grundlos sind. In Phasen, in denen sie nicht unter ihren Symptomen leiden, bestätigen sie, daß sie wahrscheinlich nicht ihr ganzes Geld bei einem Börsenkrach verlieren, daß sie nicht von ihrem Chef bloßgestellt werden, weil sie einen Tippfehler machen, und daß sie wahrscheinlich nicht krank werden, wenn sie ihre Hände nicht fünfmal hintereinander waschen. Wenn ihre Unsicherheiten einsetzen, machen ihnen diese möglichen Konsequenzen jedoch panische Angst.

Einige unter ihnen sind aber auch der festen Überzeugung, daß ihre Ängste der Realität entsprechen. So war Anthony beispielsweise von der Furcht besessen, er würde sich durch Kontakt mit Leukämiekranken mit der tödlichen Krankheit infizieren und sie auf seine Kinder und seine Frau übertragen. Als sein Vater einen Freund im Krankenhaus besuchte, glaubte Anthony, sein Vater habe sich mit Leukämie angesteckt. Vater und Sohn hatten denselben Zahnarzt. Anthony glaubte nun, sein Vater habe den tödlichen Krankheitserreger bereits auf den Zahnarzt übertragen. Deshalb wechselte er umgehend den Zahnarzt. Er war fest davon überzeugt, daß er seine eigene Familie mit der tödlichen Krankheit anstecken würde, wenn er sich weiterhin von diesem Zahnarzt behandeln ließe.

3. Sie versuchen, Ihren Zwangsgedanken zu widerstehen, doch das macht die Sache nur schlimmer. Da zwanghafte Gedanken oder Vorstellungen so viel Leid und Angst auslösen, möchten Sie sich von ihnen befreien. Wenn ein Gedanke Sie in Angst und Schrecken versetzt, tun Sie verständlicherweise alles, um ihn zu vertreiben. Je verbissener Sie den Gedanken jedoch bekämpfen, desto beharrlicher verfolgt er sie.

Das bedeutet, daß Ihre Zwangsgedanken teilweise durch einen Widerspruch verstärkt werden: Je mehr Sie dagegen ankämpfen, desto schwerer fällt es Ihnen, sie loszuwerden. Je mehr Sie Zwangsgedanken verbannen wollen, desto beharrlicher werden Sie von ihnen verfolgt. Einen vergleichbaren Konflikt erleben Menschen, die unter Schlaflosigkeit leiden: Je mehr Sie sich bemühen einzuschlafen, desto weniger gelingt es ihnen.

Warum ist das so? Wenn Sie einem Gedanken Widerstand entgegensetzen, bauen Sie eine spezielle ›Beziehung‹ zu ihm auf, eine Beziehung der Gegensätze. Was passiert, wenn Sie den Pluspol eines Magnets an den Minuspol eines zweiten Magnets halten?

Gegensätze ziehen sich an! Wenn Sie befürchten, daß ein bestimmter unangenehmer Gedanke wiederkehrt, begibt sich Ihr Körper in Abwehr und schüttet eine biochemische Substanz aus, das sogenannte *Epinephrin*. Diese Substanz bereitet Ihren Organismus auf Kampf vor: Ihre Muskeln verspannen sich, Herzschlag und Atmung werden beschleunigt, *Ihre Gedanken beginnen zu rasen*. Und welche Gedanken schießen Ihnen dabei automatisch durch den Kopf? Wie Sie die zwanghaften, unangenehmen Gedanken loswerden! Wenn Sie Angst bekommen und sich bemühen, bedrohliche Gedanken aus Ihrem Kopf zu verbannen, holen Ihre Körperreaktionen diese Gedanken wieder zurück.

Hier eine unvollständige Liste von Situationen, in denen Sie Ihre zwanghaften Gedanken und Handlungen gedanklich zurückholen:

- wenn Sie Ihre Zwangsgedanken fürchten,
- wenn Sie aktiv dagegen ankämpfen,
- wenn Sie sich bemühen, jede Situation zu vermeiden, die Sie an diese Gedanken erinnert,
- wenn Sie sich das Ziel setzen, ›nie wieder‹ einen anderen Zwangsgedanken zu haben,
- wenn Sie sich Sorgen darüber machen, wann Sie erneut von einem Zwangsgedanken heimgesucht werden.

Jede dieser Reaktionen ist eine Einladung an Ihre ängstlichen Gedanken, zurückzukehren und eine dynamische Spannung zwischen Ihnen und Ihrer Zwanghaftigkeit aufzubauen. Wenn Sie sich des Widerspruchs in Ihrem Zwangsdenken bewußt werden, haben Sie damit vermutlich den Grundstein gelegt, die Störung unter Kontrolle zu bekommen. Wenn Sie Methoden finden, mit denen Sie aufhören können, gegen Ihre zwanghaften Gedanken anzukämpfen, werden diese Gedanken an Häufigkeit und an Lebhaftigkeit abnehmen. In Kapitel 5 werden wir Ihnen zeigen, wie Sie dies bewerkstelligen.

4. Zwangsrituale verschaffen Ihnen vorübergehende Erleichterung. Wenn Sie befürchten, Sie könnten versehentlich den Küchenherd nicht ausgeschaltet haben, werden Sie sich vor Verlassen des Hauses vergewissern, ob er tatsächlich ausgeschaltet ist. Wenn Sie ein Mensch sind, der immer wieder von Schreckensvisionen heimgesucht wird, ein nicht ausgeschalteter Herd setze das Haus in Brand, werden Sie einen unwiderstehlichen Drang verspüren, dies zu überprüfen. Ein Blick auf die Schalter mag da nicht genügen, da Sie die Schreckensvisionen möglicher Konsequenzen so klar vor Augen haben. Manche Menschen entwickeln in solchen Situationen spezielle Verhaltensmuster, um ihre Befürchtungen zu beschwichtigen. So muß beispielsweise jeder Herdschalter fünfmal berührt und in Gedanken mitgezählt werden. Erst nachdem diese Rituale korrekt ausgeführt sind, kann der Betreffende das Haus verlassen. Auch beim nächsten Mal fühlt er sich gezwungen, das rituelle Muster zu wiederholen.

Stellen Sie sich vor, Chris, der Vater eines zweijährigen Jungen, ist gerade dabei, den Tisch für das Abendessen zu decken. Während er das Besteck verteilt, durchfährt ihn plötzlich der Impuls, seinen Sohn zu töten. Dieser Impuls jagt ihm einen furchtbaren Schrecken ein. Im Laufe der Zeit, wenn dieser Gedanke häufig wiederkehrt, legt Chris sich spezielle Verfahren zurecht, um dieser unerträglichen Furcht ein Ende zu setzen. Wenn er beispielsweise die Handgriffe wiederholt, die er im Augenblick des Zwangsgedankens ausführt, kann er die Schreckensvision ›löschen‹. Überkommt ihn also der Impuls zu töten, wenn Chris den Tisch deckt, sammelt er die Bestecke wieder ein, verläßt den Raum, betritt ihn wieder und beginnt von neuem, den Tisch sorgfältig zu decken. So verfährt er immer wieder, bis der Impuls abgeflaut ist. Nur dann kann er erleichtert aufatmen: »Ich werde es nicht tun, denn ich habe es gelöscht.« Jedesmal, wenn der Zwangsgedanke wiederkehrt, wird Chris seine Tätigkeit wiederholen, um den Impuls ›ungeschehen‹ zu machen, und damit Angst und Schuldgefühle zu beschwichtigen.

Diese Beispiele veranschaulichen, daß Angst, Scham und Schuldgefühle, durch Zwangsgedanken hervorgerufen, so schmerzhaft sein können, daß der Betroffene verzweifelt Erleichterung sucht. Zwangsrituale vermitteln diese Erleichterung und stellen ein Gefühl relativer Sicherheit wieder her, wenn auch nur für kurze Zeit. Die über die Zwangshandlung herbeigeführte Erleichterung motiviert den Betroffenen, immer wieder davon Gebrauch zu machen. Dennoch bieten sie keine dauerhafte Lösung. Bald stürmen die quälenden Gedanken wieder auf ihn ein und das gesamte Ritual muß von vorne beginnen.

5. Ihre Rituale umfassen in der Regel bestimmte Abläufe. Um das durch die Zwangsgedanken ausgelöste Unbehagen zu beenden, muß ein Betroffener typischerweise die Zwangshandlung nach einer bestimmten ritualisierten Gesetzmäßigkeit durchführen. Ständig kontrollierende Menschen, die befürchten, Sicherheitsvorkehrungen zu vernachlässigen, wenn sie das Haus verlassen, legen sich solche festen Muster zu. Charles überprüft jedes Fenster. Er beginnt in der Nordost-Ecke des Hauses und endet in der Küche. Dort überprüft er jeden Schalter sämtlicher Geräte im Uhrzeigersinn. Er drückt die Türen von Kühlschrank und Gefriertruhe zu, legt das Kabel des Toasters auf das Gerät, fährt mit der Hand über jede elektrische Steckdose und berührt jeden Schalter an Herd und Backrohr. Er holt die Schlüssel aus seiner Hosentasche und hält sie in der linken Hand. Wenn er aus der Haustür getreten ist, muß er noch einen Blick auf die Schlüssel in seiner Hand werfen, bevor er die Tür zuklappt und abschließt. Dabei steckt er den Schlüssel in das Sicherheitsschloß und wartet das klikkende Geräusch ab, wenn er das Schloß dreimal auf- und zuschließt – sicherheitshalber.

Menschen, die sich zwanghaft waschen und die ernsthafte Probleme mit ihrem Verhalten haben, fühlen sich getrieben, häufig zu duschen. Aber sie duschen nicht nur häufig und ausdauernd. Ihre Duschrituale sind extrem zeitraubend und umfassen bestimmte Abläufe und Wiederholungen, um ein Maximum an Sauberkeit zu garantieren. Wenn sie sich durch ›Fußbodenbakterien‹ verunreinigt glauben, beginnen sie, sich zuerst den Kopf zu waschen und arbeiten sich systematisch zu den Füßen vor. Damit verhindern sie, daß die Keime sich von den Beinen, die dem Fußboden näher sind, auf andere Körperteile ausbreiten. Wenn sie Ansteckung durch Körperausscheidungen wie Kot und Urin befürchten, beginnen sie ihre Waschungen wiederum mit dem Kopf, weiter zu Armen und Brust, setzen die Waschungen mit den Füßen und Beinen fort und reinigen zuletzt Genitalien und Analbereich.

In ähnlicher Form werden auch spezielle Rituale beim Händewaschen entwickelt. Jeder Finger wird einzeln mit einer genau festgelegten Anzahl von Waschungen bearbeitet, danach werden Nägel und Zwischenräume geschrubbt. Um die Wirksamkeit zu garantieren, dürfen diese rituellen Handlungsabläufe nicht unterbrochen werden. Wird die Prozedur unterbrochen oder vergißt der Betroffene, welche Stufe der Abfolge beendet ist, muß das gesamte Ritual wiederholt werden.

Zwangskranke geben sich nicht wie andere Leute damit zufrieden, ihre Hände einmal zu waschen, oder sich einmal zu vergewissern, ob die Haustür abgeschlossen ist, um ein Gefühl der Sicherheit zu haben. Sie sind gezwungen, diese Handlung ständig zu wiederholen. Wenn eine Betroffene auf dem Weg zum Strand plötzlich daran zweifelt, ob sie den Stecker des Bügeleisens aus der Steckdose gezogen hat, wird sie mit ziemlicher Sicherheit umkehren, um sich zu vergewissern, daß das Gerät ausgesteckt ist. Sie betritt den Raum, stellt mit Erleichterung fest, daß der Stecker herausgezogen ist und verläßt den Raum wieder. Bereits nach wenigen Schritten wird sie an ihrer Wahrnehmung zweifeln, umkehren und noch einmal nachprüfen. In schweren Fällen kann dieses Muster sich stundenlang hinziehen. Da Betroffene viele Male am Tag von zwanghaften Gedanken und Bildern befallen werden, besteht ihr Leben oft aus langwierigen, umständlichen Ritualen.

6. Sie versuchen, Zwangshandlungen zu widerstehen. Wenn ein Ritual kurz ist und den Alltag nicht beeinträchtigt, kommen viele Menschen ganz gut damit zurecht. Wir alle kennen wahrscheinlich Personen, die ihre Handtasche oder ihren Aktenkoffer überprüfen, bevor sie das Haus verlassen, um sich zu vergewissern, daß Geld, Lesebrille, Schlüssel, Schminkutensilien und andere Gegenstände, die sie glauben zu brauchen, an der richtigen Stelle sind. Manchen genügt es nicht, sich einmal zu vergewissern; sie müssen zwei- oder dreimal nachsehen. Eine Handtasche zu überprüfen dauert jedoch nicht länger als fünf Minuten, daher sind solche Symptome nicht ernsthaft beeinträchtigend, selbst wenn sie lästig sind.

In schweren Fällen kostet solches Zwangsverhalten viel Kraft und Energie. Es kann so beeinträchtigend sein, daß manche Betroffenen das dringende Bedürfnis haben, es loszuwerden. Wer sich unentwegt die Hände waschen muß, bis sie wundgescheuert sind und bluten, leidet furchtbare Qualen. Deshalb unterziehen sich manche Betroffene großer Mühen, um ihre Waschrituale hinauszuzögern. Andere vermeiden jede Berührung mit Gegenständen, um sich nicht waschen zu müssen. Im Extremfall stoppen Zwangskranke jegliche Aktivitäten, um ihre Wiederholungsrituale zu vermeiden. Eine vom Waschzwang befallene Frau fürchtete die Ansteckung mit ›Todeskeimen‹ und wusch und putzte unaufhörlich. Ihre Rituale wurden so zwanghaft und erbarmungslos, daß sie schließlich keinen Ausweg mehr sah, als den, ihr Bett nicht mehr zu verlassen.

7. Sie suchen die Unterstützung anderer, die Ihnen bei Ihren Ritualen helfen. Menschen mit schweren Zwängen sichern sich die Hilfe anderer, um sich Erleichterung zu verschaffen. Marge brauchte beispielsweise verbale Rückversicherung. Die geschiedene 29jährige Frau war von der Vorstellung besessen, sie könne ihren kleinen Sohn, wenn er krank würde, nicht schnell genug zum Arzt bringen und er müsse auf dem Weg ins Krankenhaus sterben. Erfüllt von dieser Angst, beobachtete Marge das Kind ständig, nahm Fiebermessungen vor und achtete unentwegt auf Frühzeichen einer beginnenden Erkrankung. Hatte der Junge eine verstopfte Nase, rief sie den Kinderarzt an und fragte um Rat. Diese Telefonate beschwichtigten ihre Ängste vorübergehend. Doch nach wenigen Stunden rief Marge den Arzt mit einer erneuten besorgten Frage an. Sie rief auch beinahe täglich die Beratungsstelle für Haushaltsgifte an, weil der Junge mit einem Wasch- oder Putzmittel in Berührung gekommen war oder von einem Teller gesessen hatte, der nicht sorgfältig genug nachgespült war.

Marge hatte kein Vertrauen in ihre Fähigkeit, ihren Sohn vor Gefahren zu schützen und suchte ständig Rat und Anleitung bei anderen. Dieses Ratsuchen ist ebenfalls eine Art Ritual und dient – wie alle Rituale – dazu, Ängste zu vermindern.

Eine weitere Maßnahme, mit der Zwangskranke andere in ihre Rituale einbeziehen, ist die Bitte an andere, sie in der Durchführung ihrer Rituale zu unterstützen oder sie zu veranlassen, diese Rituale statt ihrer durchzuführen. So zwingen etwa unter Waschzwang leidende Menschen Ehemann und Kinder zu übertriebenen Wasch- und Reinigungsritualen. Unter Kontrollzwang leidende übertragen die Verantwortung des Überprüfens von Fenstern und Türen einem Familienmitglied. Sobald sie die Verantwortung delegiert haben, fühlen Sie sich von diesem Zwang relativ befreit.

Der 15jährige Tony fühlte sich gezwungen, viele Dinge zuhause zu überprüfen: ob Türen und Fenster verschlossen waren, ob bestimmte Gegenstände im Kühlschrank im richtigen Fach standen, ob Bücher am richtigen Platz waren. Außerdem mußten sämtliche Gegenstände auf einer ebenen Fläche stehen. Da es ihm große Mühe bereitete, diese Aufgaben alleine durchzuführen, bat Tony seine Mutter, die Rituale gemeinsam mit ihm durchzuführen. Nur so verschaffte er sich Gewißheit, jede einzelne Aufgabe korrekt auszuführen.

Gelegentlich bitten Zwangskranke Familienmitglieder mitzuzählen, wie oft sie ihre Hände gewaschen haben. Wenn jemand sich gezwungen fühlt, seine Hände genau vierzigmal hintereinander zu waschen, sich aber während des Rituals verzählt, bedeutet das, wieder von vorne anfangen zu müssen. Daher ist pedantische Genauigkeit enorm wichtig. Es werden also Familienmitglieder eingespannt mitzuzählen, um sicherzugehen, daß die Aufgabe korrekt ausgeführt wird.

Wo liegen die Ursachen von Zwangssymptomen?

Sie haben sich bestimmt oft gefragt: »Wie kommt es, daß ich unter solchen Ängsten leide?« Die Antwort ist nicht einfach. Wir wissen heute viel über die Behandlung von Ängsten und Zwangsgedanken, doch Wissenschaftler und Psychologen sind sich bis heute nicht über die Ursachen dieser Störungen im klaren.

Manchen Theorien zufolge liegt dieser Störung eine biologische Ursache zugrunde, und gegenwärtig wird diese Möglichkeit in einer Reihe von Studien erforscht. Anhand der Positronen-Emissions-Tomographie (PET) und anderer bildgebender Verfahren hat sich gezeigt, daß Abnormitäten im Stirnlappen und den Stammganglien des Gehirns die Zwangssymptomatik beeinflussen können. Andere Studien weisen darauf hin, daß Abnormitäten bestimmter Neurotransmitter, das sind Botenstoffe des Gehirns, Einfluß darauf nehmen können. Eine dieser Substanzen, das Serotonin, trägt dazu bei, Stimmungen, Aggressionen und das Triebgeschehen zu regulieren. Neuronen, die auf Serotonin reagieren, befinden sich überall im Gehirn, treten jedoch vermehrt in Stirnlappen und den Stammganglien auf. Medikamente, die die Aufnahme von Serotonin beeinflussen, scheinen eine positive Wirkung in der Behandlung von Zwängen zu haben.

Der Gedanke, daß Zwangssymptome biologische Ursachen haben können, darf Sie jedoch nicht beunruhigen. Wissenschaftler haben herausgefunden, daß psychotherapeutische Maßnahmen Veränderungen von Verhaltensmustern bewirken können, die partiell auf biologische Ursachen zurückzuführen sind. So haben beispielsweise zahlreiche Studien bewiesen, daß Tiere durch Konditionierung abgerichtet werden können, gegen ihre angeborenen Instinkte zu handeln. Außerdem können unsere Gedanken, Emotionen und unser Verhalten langfristig unsere Gehirnchemie *beeinflussen*, so daß Abnormitäten manchmal bei Gehirnuntersuchungen mit bildgebenden Verfahren als vermeintliche Ursachen gesehen werden, nicht aber als Ergebnis langfristiger Zwangsstörungen.

Setzen Zwangsverhalten und Zwangsgedanken sich in Familien fort? Untersuchungen von Familiengeschichten geben darauf bisher keine schlüssige Antwort. Sie haben allerdings gezeigt, daß Verwandte von Zwangsneurotikern mit höherer Wahrscheinlichkeit Angst- oder Depressionsstörungen aufweisen als andere. Erstaunlicherweise leidet nur eine geringe Minderheit der Eltern von Zwangskranken gleichfalls an dieser Störung. Schätzungen über die Häufigkeit von Zwangskranken in Familiengeschichten sind nur schwer durchzuführen, da die Betroffenen in aller Regel dazu neigen, ihre Störung selbst vor der eigenen Familie geheimzuhalten.

Auch Untersuchungen der Lebensgeschichten von Zwangskranken geben darüber keine schlüssige Auskunft. Zwanghafte Menschen unterscheiden sich nicht durch besondere frühkindliche Erlebnisse von anderen Menschen. Tatsache ist, daß fast alle Kinder gewisse, zeitlich begrenzte Rituale entwickeln, um sich und ihre Bezugspersonen zu ›schützen‹. Sie treten nicht auf Pflasterritzen, damit »meiner Mami nichts passiert«. Oder sie wiederholen dasselbe Gebet immer wieder, um zu gewährleisten, daß Mama und Papa gesund bleiben. Sie halten die Luft an, wenn sie über Brücken gehen, heben die Füße, wenn sie mit dem Fahrrad über Eisenbahnschienen fahren, schweigen, wenn sie an Friedhöfen vorbeigehen, um die Toten nicht zu wecken. Wie bei Phobien legen die meisten Kinder diese magischen Schutzrituale im Laufe der Zeit ab. Nur wenige Kinder entwickeln schwerwiegende Symptome, die als Zwangsneurose diagnostiziert werden.

Zwangsstörungen treten meist in der späten Jugend und bei jungen Erwachsenen zutage. Warum scheint gerade diese Altersgruppe für die Entwicklung einer solchen Symptomatik besonders anfällig zu sein? Zwangskranke neigen zu Befürchtungen, sich selbst oder andere zu verletzen, weil sie ihre Pflichten vernachlässigen. Und genau in der Phase der späten Jugend und des frühen Erwachsenenlebens verzeichnen die Menschen ein Anwachsen ihrer Pflichten und Verantwortlichkeiten. Man ist auf Jobsuche, macht Heiratspläne, trägt sich mit dem Gedanken, eine Familie zu gründen und sich finanzielle Rücklagen zu schaffen. Mit wachsender Verantwortung steigt die Möglichkeit, Fehler zu machen, was ernste Konsequenzen nach sich ziehen kann. Menschen, die Zwangsstörungen entwickeln, nehmen negative Auswirkungen ihres Fehlverhaltens übersteigert wahr. Während die meisten Menschen das negative Ergebnis einer getroffenen Entscheidung als lästig und unangenehm empfinden, sieht der Zwangskranke darin eine Katastrophe. Es ist anzunehmen, daß vermehrte Verantwortlichkeiten bei jungen Erwachsenen, die für diese Störung anfällig sind, auf Zwangsverhalten förderlich wirken.

Haben Zwangsstörungen einmal eingesetzt, verschlimmern sie sich gewöhnlich im Laufe der Jahre. Manch einer erinnert sich nicht an den unmerklichen Beginn seiner Symptomatik. Betroffene sagen aus, daß ihre Störung innerhalb weniger Tage oder Wochen schwere Formen annahm. Viele Leidende berichten jedoch von einem Vorfall oder einem Gedanken, den sie mit dem raschen Anwachsen ihrer Zwänge in Verbindung bringen. So erinnerte sich ein Patient, daß er kurz, nachdem er einen Bericht über AIDS gehört hatte, ständig daran denken mußte, selbst an AIDS zu erkranken. Um sich vor diesem schrecklichen Schicksal zu schützen, vermehrte er seine täglichen Händewaschungen und begann, Menschen zu meiden, die seiner Meinung nach vom AIDS-Virus befallen sein konnten.

Es ist schwer verständlich, warum jemand nicht aufhören kann, an so schreckliche Dinge zu denken und sich die furchtbaren Folgen auszumalen. Experten für Zwangsstörungen bieten mehrere Erklärungen dafür an. Eine davon geht davon aus, daß ein Mensch, der seine Gedanken auf bestimmte Sachverhalte fixiert, sich unbewußt davor bewahrt, andere noch unangenehmere Gedanken zu haben. Joel, auf dessen Fall wir in Kapitel 2 näher eingehen werden, war beispielsweise von dem Gedanken besessen, er könne seine Tochter töten. Diese Befürchtungen überdeckten möglicherweise seine ambivalenten

Gefühle zur eigenen Vaterschaft. Das Eingeständnis solcher Gefühle hätte Joel vielleicht mehr Sorgen bereitet als der Impuls, sein Kind zu töten. Als liebevoller Vater kann er den Gedanken, seine Tochter zu töten, als absurd von sich weisen und ihn als irrationalen oder krankhaften Gedanken bezeichnen. Die Ambivalenz zu seiner Vaterschaft ist realistischer und daher für seine Selbstachtung und seine Wertmaßstäbe weitaus bedrohlicher. Auch das kann ein Grund für das Inkrafttreten von Zwangsvorstellungen sein: Um zu verhindern, daß eine seelisch schmerzvolle Vorstellung ins Bewußtsein dringt, fixiert man sich auf einen anderen schmerzvollen, dennoch weniger bedrohlichen Gedanken.

Die psychische Verfassung eines Menschen kann gleichermaßen Einfluß auf die Dauer seines Zwangsverhaltens nehmen. Die meisten von uns kennen die flüchtige Angst, die Kontrolle zu verlieren, etwa versehentlich ein Baby fallen zu lassen oder sich vor einen Zug zu werfen. So etwas weisen wir als irrationale, spontane Idee von uns und beruhigen uns damit, daß jeder einmal solche verrückten Gedanken hat. Wir schenken ihnen keine Beachtung; meist erinnern wir uns kurze Zeit später gar nicht mehr daran. Wenn Sie jedoch eine bestimmte psychische Struktur haben, die solchen Gedanken große Bedeutung beimißt – wenn Sie beispielsweise zu Scham- und Schuldgefühlen neigen oder wenig Vertrauen in Ihre Selbstkontrolle haben –, dann nehmen solche Gedanken bedrohliche Formen an. Sie fragen sich, warum Sie diese Gedanken haben und was sie bedeuten. Sie befürchten, die Kontrolle zu verlieren und werden äußerst unsicher. Nun beginnt ein Teufelskreis: Je mehr Ihre Ängste aufgrund des Zwangsgedankens anwachsen, desto mehr versuchen Sie, dagegen anzukämpfen. Wie bereits beschrieben, verstärken Sie mit Ihrem Widerstand die beharrliche Präsenz dieser Gedanken.

Auch geringe Selbstachtung mag dabei eine Rolle spielen. Wenn Sie eine hohe Meinung von sich haben, sind Sie besser darauf vorbereitet, den Konsequnzen Ihres Fehlverhaltens Widerstand zu leisten. Sie nehmen Fehler nicht als katastrophal war und müssen sich daher weniger krampfhaft bemühen, sie zu vermeiden. Wenn aber Ihre Selbstachtung gering ist, fühlen

Sie sich vermutlich durch Ihre eigenen Fehler vernichtet und bemühen sich wesentlich intensiver, derartiges in Zukunft zu vermeiden. Ihre vermehrten Bemühungen, sich vor negativen Gedanken zu schützen, fördern und verstärken Ihre zwanghaften Gedanken.

In der Medizin und der Psychologie wissen wir oft viel mehr über die Therapiemöglichkeiten einer psychischen Störung, als über ihre Ursachen. Während Experten unermüdlich damit beschäftigt sind, die Ursachen von Zwängen und Psychosen zu erforschen, ist deren Herkunft nach wie vor rätselhaft. Viel leichter zu verstehen ist hingegen, warum eine Störung anhält, wenn sie einmal eingesetzt hat. Glücklicherweise ist das alles, was Sie zum Verständnis brauchen, um gesund zu werden. Nach jahrelangen Forschungen haben Experten verläßliche und hochwirksame Techniken entwickelt, um die Symptome von Zwängen weitgehend auszuschalten. In Teil II und Teil III dieses Buches werden wir darlegen, wie diese Selbsthilfe-Techniken anzuwenden sind, um die Symptomatik Ihrer Zwangsstörung zu überwinden.

KAPITEL 2

Das Leben von Zwangskranken

Die Symptome einer Zwangsstörung werden häufig durch Isolation, Schamgefühle und das Gefühl, von niemandem verstanden zu werden, verstärkt. Vermutlich haben auch Sie manchmal gedacht: »Ich bin wohl der einzige Mensch auf der Welt, der diese Probleme hat.« Oder: »Niemand macht sich solche Gedanken wie ich.« In Wahrheit sind Sie aber nicht allein. Es gibt viele Menschen, die unter Zwangsstörungen leiden. Wenn Sie sich eingehend damit befassen, tun Sie einen ersten, wichtigen Schritt, um verstehen zu lernen, was Sie verändern können.

In diesem Kapitel wollen wir Ihnen erklären, welche Entwicklung jeder einzelne der sieben Haupttypen von Zwangskranken nimmt und wie sich seine Symptomatik fortsetzt. Für jeden Typ werden wir aufzeigen, wie sich die jeweiligen Symptome im Leben bestimmter Menschen ausgewirkt haben. Wir geben Ihnen außerdem eine Zusammenfassung der vier Primäraspekte der jeweiligen Zwangsstörung; typische Situationen, die Ängste oder Zwangsverhalten auslösen, das viele Betroffene vermeiden wollen; Gedanken, Bilder oder Impulse, die qualvoll sind; befürchtete Konsequenzen, die eintreten, falls bestimmte Situationen nicht gemieden oder bestimmte Rituale nicht ausgeführt werden; sowie Zwangshandlungen, die Sie möglicherweise entwickeln, wenn Ängste Sie befallen.

Befassen Sie sich mit den Abschnitten dieses Kapitels, die auf Ihre Symptome zugeschnitten sind, ob es sich um Waschen und Putzen, Kontrollieren, Wiederholen, Ordnen, Sammeln, um Denkzwänge oder Zwangsgedanken handelt. Diese Information wird Sie auf Kapitel 3 einstimmen: Die Vorbereitung auf Ihr Selbsthilfe-Programm.

Wasch- und Putzzwang

Fünfzehn Jahre lang war Libbys Leben von ihren Zwangsvorstellungen beherrscht. Es begann im Frühjahr 1973. Eines Morgens, als sie ihre vier Hamster füttern wollte, stellte sie fest, daß ein Tier über Nacht gestorben war. Natürlich machte sie sich Gedanken über die Todesursache.

»Vielleicht hatte er Tollwut«, dachte sie. »Wenn er an Tollwut gestorben ist, hat sich jeder, der mit ihm gespielt hat, angesteckt.« Bald fing Libby an zu glauben, das Nähzimmer, in dem die Hamster untergebracht waren, sei mit Tollwutbakterien verseucht. Ihre Angst verstärkte sich so sehr, daß kein Gegenstand in dem Zimmer berührt werden durfte. Um sich und ihre Familie zu schützen, versperrte sie die Tür, und niemand durfte den Raum betreten.

Mit dem Absperren der Tür glaubte Libby, verhindern zu können, daß die Tollwut sich weiter im Haus ausbreitete; einige Monate lang vergaß sie das Problem. Eines Tages, im Spätherbst, wollte sie Feuer im offenen Kamin im Wohnzimmer machen und stellte fest, daß der Abzug nicht funktionierte. Da entdeckte sie, daß der Abzug von einem toten Eichhörnchen blockiert war, woraus sie schloß, das Eichhörnchen müsse an Tollwut eingegangen sein. Von der Sekunde an war für sie das Wohnzimmer mit Tollwut verseucht. Obwohl die Putzfrau das ganze Zimmer einschließlich sämtlicher Möbel gründlich schrubbte und reinigte, weigerte Libby sich von da an, am offenen Kamin zu sitzen, und untersagte auch ihrem Ehemann, sich in der Nähe des Kamins aufzuhalten.

Bald weitete sich ihre Angst vor Tollwut auf jedes freilebende Tier aus. Zunächst weigerte Libby sich, unter Bäumen spazierenzugehen, weil ein Tier im Baum über ihr hocken und Speichel auf sie tropfen lassen könnte. Der Speichel würde in ihren Blutkreislauf gelangen und sie mit Tollwut verseuchen.

Ihre Angst dehnte sich auf Park- und Gartenanlagen aus, und bald auch auf ihre Katze. Wenn die Katze sich im Freien aufhielt, könnte sie von einem Eichhörnchen angegriffen und gekratzt werden. Die Katze wäre mit Tollwut angesteckt und würde die Krankheit auf die ganze Familie übertragen. Schweren Herzens entschloß sie sich schließlich, ihre Katze wegzugeben.

Libbys Angst verschlimmerte sich so sehr, daß sie sich selbst an heißen Sommertagen nicht ohne Strumpfhosen und Schuhe im Freien aufhielt. Auf diese Weise glaubte sie sich vor Verletzungen und Tollwutbazillen zu schützen, die durch Hautverletzungen in ihren Blutkreislauf gelangen könnten.

Von diesen Ängsten war sie zehn Jahre lang besessen. 1983 erkrankte Libbys Mutter an Krebs, und Libby hatte furchtbare Angst, durch den Kontakt mit ihrer Mutter gleichfalls an Krebs zu erkranken. Trotz ihrer Befürchtungen pflegte Libby ihre Mutter mehrere Monate bis zu ihrem Tod.

Nach dem Tod der Mutter glaubte Libby, sämtliche Kleider, die sie während der Monate der Pflege ihrer Mutter getragen hatte, seien mit Krebserregern verseucht und warf alles weg. Sie glaubte auch, alle Gegenstände seien verseucht, die sie von ihrer Mutter geerbt hatte. Dinge, die zum Wegwerfen zu schade waren, wie das Familiensilber, wurden in einer Kiste im Keller verstaut.

Zwei Jahre, bevor sie sich in Behandlung begab, entwickelte Libby eine weitere Zwangsvorstellung: Sie war besessen von AIDS-Angst. Sie konnte den Blumenladen, in dem sie immer ihre Blumen gekauft hatte, nicht mehr betreten, weil sie der Überzeugung war, der Besitzer sei AIDS-krank.

Auch von ihrem langjährigen Friseur mußte sie sich trennen, weil sie auch ihn verdächtigte, AIDS zu haben. Sie begab sich auf die Suche nach einem neuen Friseur, in der Hoffnung, einen Schönheitssalon zu finden, der nicht mit AIDS verseucht war. Schließlich fand sie einen verheirateten Friseur mit Kindern, der ihr ungefährlich erschien. Für den Fall, daß ihre Vermutung falsch war, benutzte Libby nie die Toilette im Frisiersalon.

Jedesmal, wenn Libby nachhause kam, wusch sie sich sorgfältig. Ihre Duschrituale dauerten zwischen einer Stunde und eineinhalb Stunden. Sie schrubbte jeden Zentimeter ihres Körpers sorgfältig, begann mit den Beinen und endete mit der Kopfmassage. Wenn ihr Ehemann von einem Angelausflug nach Hause kam, mußte er sich ausführlichen Waschungen nach ihren genauen Anweisungen unterziehen.

Als sie sich schließlich in Behandlung begab, litt Libby unter allen drei Formen ihrer ursprünglichen Zwangsvorstellung, sich mit einer Krankheit zu infizieren. Jede der drei Ängste – vor Tollwut, Krebs und AIDS – erforderte mehrere Wochen Therapie, die aus drei Behandlungssitzungen pro Woche bestanden. Nach Ablauf der Behandlung war Libby von sämtlichen Symptomen befreit. Sie spürte nur noch selten den Drang, sich lange zu waschen, ging gern im Wald und im Park spazieren und benutzte das Silberbesteck ihrer Mutter ohne Bedenken.

Libbys Zwangsverhalten ist bei zwanghaften Menschen weit verbreitet: der Wasch- und Putzzwang. Menschen mit diesem Zwang glauben, daß sie durch den Kontakt mit bestimmten Gegenständen oder in bestimmten Situationen ›verseucht‹ oder ›schmutzig‹ werden. Kommt ein solcher Kontakt zustande, nehmen manche sogar eine unangenehme Empfindung direkt auf der Haut wahr. Und sie haben den unwiderstehlichen Drang, dieses Gefühl loszuwerden.

Die häufigsten Zwangsgedanken und Ängste vor einer Ansteckung beziehen sich auf Körperausscheidungen wie Kot und Urin, Menstruationsblut und Schweiß. In vielen Fällen sind diese Ängste verbunden mit der Vorstellung, Körperausscheidungen seien mit Bazillen verseucht und müßten daher gemieden werden. So fürchten manche Menschen beispielsweise, der Aufenthalt in öffentlichen Toiletten würde sie der Ansteckung einer Krankheit aussetzen, die sie wiederum auf andere übertragen. Manche haben keine spezielle Krankheit vor Augen – nur ein vages Gefühl, einer Gefahr ausgesetzt zu sein. Die tatsächliche Ansteckungsgefahr ist sehr gering, doch der Zwangskranke empfindet und handelt, als drohe ihm akute Lebensgefahr.

Das Bedürfnis, jeden Kontakt mit Bakterien zu vermeiden, ist verständlich. Angenommen, Sie haben das Gefühl, Hunde verbreiten gefährliche Krankheitserreger, die auch auf Menschen übertragen werden können. Die natürliche Folge ist, daß Sie Hunde meiden, weil Sie nicht mit einer Krankheit angesteckt werden wollen, die von Hunden übertragen wird. Ebensowenig wollen Sie diese Keime auf die Menschen Ihrer Umgebung übertragen, etwa auf Ihre Kinder.

Zwangskranke können sich aber nicht erfolgreich vor Bakterien schützen, wenn sie den Kontakt mit Hunden meiden. Ein ausgeprägtes Merkmal dieser Störung ist die Überzeugung, daß die Ansteckung sich auch ohne körperlichen Kontakt von einem Objekt zum anderen vollzieht. Angenommen Sie befürchten, Hunde seien Krankheitsüberträger. Sie meiden daher nicht nur den Kontakt mit Hunden, Sie meiden auch Häuser, in denen es Hunde gibt. Sie meiden Straßen und Parks, in denen Hunde ausgeführt werden. Die Kette der Gefahrensituationen ist endlos fortzusetzen; Ihre ganze Umgebung kann gefährlich sein.

Irgendwann können Sie der Ansteckung nicht mehr entgehen, indem Sie einfach bestimmte Örtlichkeiten meiden. Sie versuchen, die Bakterien durch Ihr aktives Handeln unschädlich zu machen: Sie waschen und reinigen sich und Ihre Umgebung ausgiebig.

Gemeinsame Merkmale bei Wasch- und Putzzwängen

Situationen, die Unbehagen oder den Drang zum Zwangsverhalten auslösen und daher gemieden werden:
- alles, was ›Keime‹ enthält, z. B. öffentliche Toiletten, Abfall,
- alles, was ›verseucht‹ sein könnte, z. B. jemand aus der Verwandtschaft, die Heimatstadt,
- alles, was ›schmutzig‹ ist, z. B. Kot, Urin, Menstruationsblut, Schweiß, der Fußboden,
- alles, was eine Gefahr für die Gesundheit darstellt, z. B. Chemikalien, Asbest.

Gedanken, Bilder, Impulse, die Ängste auslösen:
- »Ich bin verseucht.«
- »Ich werde mich anstecken.«
- »Wenn ich das anfasse, bin ich verunreinigt.«
- »Ich weiß nicht, ob ich mich gründlich genug gewaschen habe.«

Befürchtete Konsequenzen, wenn eine Gefahr nicht gemieden oder durch Zwangshandlungen verdrängt wird:
- »Ich oder jemand anders wird verseucht, dadurch sind meine Sicherheit und Gesundheit gefährdet.«
- »Ich oder ein anderer wird krank oder stirbt.«
- »Ich werde immer Angst haben.«
- »Ich verliere den Verstand und werde wahnsinnig.«

Häufige Zwangshandlungen:
- Händewaschen,
- Duschen und Baden,
- Kleider wechseln und waschen,
- Gegenstände und Oberflächen reinigen.

Sie waschen sich, Sie waschen Ihre Kinder, Sie zwingen Ihren Ehemann oder Ihre Ehefrau, sich zu waschen. Nur auf diese Weise können Sie ein Gefühl von Sauberkeit und Sicherheit wiederherstellen. Aber auch Waschen bringt keine langfristige Abhilfe. So vorsichtig Sie auch sein mögen, es ist unvermeidbar, daß Sie versehentlich verseuchte Dinge berühren. Und Ihre Kinder sind ganz bestimmt nicht vorsichtig genug. Leute kommen zu Besuch, die mit Keimen verseucht sind und verseuchen Ihr Heim. Also putzen Sie alles im Haus, was verunreinigt sein könnte. Sie waschen, putzen und desinfizieren unablässig das ganze Haus, um eine saubere, sichere Umgebung zu haben. Diese Schilderung veranschaulicht Ihnen, auf welche Weise Zwangskranke von ihren Zwangsritualen besessen sind und nur dadurch ein Gefühl von Sicherheit erlangen und bewahren können.

Andere Ängste vor Verseuchung haben nichts mit Krankheitskeimen und Ansteckung zu tun. Betrachten wir Geraldines Fall, die keine Angst vor Keimen hatte und sich keine durch Verseuchung verursachte Katastrophen ausmalte. Geraldines Störung begann im sechsten Monat ihrer Schwangerschaft, als ihr zweites Kind unterwegs war. Während eines Besuchs legte Geraldines Mutter ihre Hand auf den Bauch der Tochter und sagte: »Das Baby wächst aber schnell.« Plötzlich fühlte Geraldine sich verseucht und schmutzig, vor allem an der Stelle, die ihre Mutter berührt hatte.

Innerhalb von zwei Monaten verschlimmerte sich dieses Gefühl drastisch. Sie mied nicht nur ihre Mutter, sondern alles, was von ihr hätte verseucht sein können. So glaubte sie, die Post sei verseucht, weil sämtliche Briefe gemeinsam im Zentralpostamt gesammelt und sortiert wurden. Da ihre Briefe in Berührung mit den Briefen ihrer Mutter gekommen sein konnten, bestand die Gefahr, daß die Post, die sie erhielt, indirekt von ihrer Mutter berührt worden war.

Geldscheine waren ebenfalls ein Problem. Da Geld durch so viele Hände ging, konnte Geraldine nicht sicher sein, daß die Scheine nicht irgendwann von den Händen ihrer Mutter berührt worden waren. Sie wusch sämtliche Geldscheine mit Lysol. Dadurch bleichten die Scheine aus, und sie geriet beim Bezahlen in Geschäften in erhebliche Schwierigkeiten. Sie sah sich also gezwungen, mit gewaschenen Münzen zu bezahlen.

Es gab ein noch größeres Problem: Ein Nachbar ihrer Mutter arbeitete in der Fabrik, in der auch Geraldines Ehemann Bob arbeitete. Für Geraldine war die Fabrik verseucht, folglich auch ihr Mann. Um ihre Ehe zu retten, erarbeitete Geraldine ein genau einzuhaltendes Reinigungsprogramm. Jeden Tag beim Verlassen der Firma rief Bob zuhause an, damit Geraldine die nötigen Vorbereitungen treffen konnte. Bei seiner Ankunft öffnete Geraldine ihm Garten- und Haustür, damit er die Türklinken nicht ›verunreinigte‹. Bob begab sich direkt ins Untergeschoß, zog seine verseuchten Kleider aus, steckte sie in die Waschmaschine, nahm ein Bad und begab sich nackt hinauf in den ersten Stock, wo seine Frau ihn mit frischer Wäsche und sauberen Kleidern empfing. Erst jetzt war Bob ›sauber‹ und durfte ins Haus.

Sechs Jahre lang mied Geraldine jede persönliche Begegnung mit ihrer Mutter. Selbst wenn sie miteinander telefonierten, fühlte sie sich verseucht, als würde das Gift durch die Telefonleitung dringen. Deshalb zog sie sich vor einem Anruf bei ihrer Mutter aus und setzte sich nackt auf einen Stuhl. Auf diese Weise waren zwar ihr Körper und der Stuhl verseucht, aber unmittelbar nach dem Gespräch konnte sie ein reinigendes Bad nehmen.

Diese umständlichen Rituale dauerten an, bis Geraldine sich

wegen ihrer Störung in Behandlung begab. Mit enormer Willenskraft und Beharrlichkeit gelang es ihr, sich innerhalb von zehn Tagen von ihrer Störung zu befreien. Heute, elf Jahre nach der Behandlung, sind keine weiteren Symptome aufgetreten. Sie hat eine normale Beziehung zu ihrer Mutter und nur noch schwache Erinnerungen an ihren langen, erbitterten Kampf gegen die vermeintliche Verseuchung.

Auch Susan fürchtete keine Ansteckung durch Krankheitskeime. Sie füchtete Verseuchung durch alles, was mit ihrer Heimatstadt zu tun hatte. Als Susan sich in Behandlung begab, war sie 32 Jahre alt und hatte seit sechs Jahren weder ihre Mutter, ihre Geschwister noch irgendeinen anderen Verwandten gesehen, da sie alle in ihrer Heimatstadt wohnten, dem Ursprungsherd der gefürchteten Verseuchung. Sie mied selbst den Umgang mit Verwandten, die in anderen Städten lebten, weil diese gelegentlich Kontakt mit den Verwandten in ihrer Heimatstadt hatten.

Die Störung begann, als die dreizehnjährige Susan am Weihnachtstag auf den Speicher ging, um Christbaumschmuck zu holen. Plötzlich überkam sie die starke Empfindung, alles dort sei verseucht. Der Speicher, das Gerümpel und besonders der Christbaumschmuck waren plötzlich ›schmutzig‹. Bald war das ganze Haus verseucht, dann die Nachbarschaft. Susan war gezwungen, sich und ihre Umgebung unentwegt zu waschen und zu putzen. Sie verweigerte der Familie den Zutritt zu ihrem Zimmer, um einen sicheren Zufluchtsort zu haben, an den sie sich zurückziehen konnte. Während Geraldine die Verseuchung als starkes, unangenehmes Gefühl auf der Haut spürte, schilderte Susan ihr Gefühl der Verseuchung als tiefe Depression, die sie umhüllte, begleitet von einem Schmerz in der Brust. Dieser Schmerz und die tiefe Taurigkeit waren so quälend, daß Susan sich ständig waschen und reinigen mußte, um ihr seelisches Gleichgewicht wiederzufinden.

Mit achtzehn verließ Susan ihre Heimatstadt, um das College zu besuchen. Sobald sie von zuhause weg war, betrachtete sie ihre gesamte Heimatstadt als verseucht, und damit alle Menschen und Häuser. so glaubte sie beispielsweise auch, daß die Mäntel verseucht seien, die in der dort ansässigen Mantelfabrik produziert wurden. Folglich waren Modegeschäfte verseucht, in denen Mäntel aus ihrer Heimatstadt verkauft wurden. Die Zwangsstörung verschlimmerte sich, nachdem sie geheiratet hatte und ihr erstes Kind zur Welt kam, obwohl sie in einer anderen Stadt lebte. Sie dachte sich aus, die Spielkameradinnen ihrer Tochter könnten verseucht sein, weil ihre Eltern Kleider in Geschäften kauften, in denen auch die Mäntel aus der Fabrik ihrer Heimatstadt angeboten wurden. Susan glaubte, die Verseuchung könne durch indirekten Kontakt übertragen werden, daher waren sämtliche Textilien in solchen Geschäften verseucht. In ihrer Heimatstadt wurde ein Getreideprodukt hergestellt, das in den Supermärkten verkauft wurde. Also machten ihr alle Supermärkte Angst, die dieses Produkt anboten.

Susan dachte sich ein ausgeklügeltes System aus, um Lebensmittel einkaufen zu können. Sie fand heraus, in welchen Geschäften das Getreideprodukt verkauft wurde und in welchen Regalen es stand. Sie beschränkte ihre Einkäufe auf Lebensmittel, die in Regalen am anderen Ende des Supermarktes standen. Durch diese Beschränkungen war sie gezwungen, ihre Wocheneinkäufe in mehreren Supermärkten zu erledigen.

Susans Leben war sechs lange Jahre vollständig von Ängsten, Waschen und Putzen ausgefüllt, bis sie sich endlich in Behandlung begab. Nach Abschluß der Behandlung war sie von sämtlichen Zwangsritualen befreit und konnte zu einem normalen Leben in einem Beruf, der ihr Erfüllung brachte, zurückfinden. Sie konnte ihre Heimatstadt und ihre Eltern problemlos besuchen. An dieser Normalität hat sich bis heute, acht Jahre nach der Therapie, nichts geändert.

Kontrollzwang

David war 27, als er sich in Behandlung begab. Er war Buchhalter, verheiratet und hatte ein kleines Kind. Seine Zwangsstörungen hatten sich in seiner Jugend entwickelt. Schon in der Schule war er sehr leistungsorientiert und bereitete sich sorgfältig auf Prüfungen vor. Er las einen Abschnitt in einem Buch immer wieder, um sich zu vergewissern, daß er den Inhalt auch richtig verstanden hatte. Aufsätze las er immer wieder durch, um sie nach Fehlern zu überprüfen. Das Korrigieren einer Arbeit bedeutete für David nicht nur, sie einige Male nach Satzaufbau und Grammatikfehlern durchzulesen. Er las jede Zeile dutzendmal, bevor er sich die nächste vornahm. Er war besessen von dem Gedanken, den ›perfekten‹ Aufsatz abliefern zu müssen.

Nachdem David verheiratet war und ein Haus gekauft hatte, weiteten seine Kontrollzwänge sich aus und nahmen an Intensität zu. Selbst die normalsten Alltagspflichten überforderten ihn. Bevor er das Haus verließ oder zu Bett ging, überprüfte er den Küchenherd und sämtliche Geräte wiederholte Male. Er vergewisserte sich sieben- bis achtmal, ob Fenster und Türen verriegelt waren. Er fürchtete, das Haus könne abbrennen oder ein Einbrecher könne seinen Besitz stehlen, wenn er nicht sämtliche Rituale minuziös wiederholte.

Mit der Zeit entwickelte David weitere Ängste und Kontrollzwänge. Jede seiner Handlungen war von der Angst begleitet, er könne andere verletzen. Beim Autofahren befürchtete er, versehentlich einen Fußgänger zu überfahren. Fuhr er über ein Schlagloch, glaubte er, über einen Menschen gefahren zu sein und sah sich gezwungen, umzukehren und nachzuschauen. Er fürchtete, der Verletzte liege mitten auf der Straße und müsse verbluten. Um diese grauenhafte Möglichkeit auszuschließen, mied er es, sich ans Steuer zu setzen. Mußte er trotzdem einmal selbst fahren, kehrte David immer wieder um und suchte die gefahrene Strecke nach dem Verletzten ab. Auf der Suche glaubte David, ein zweites Mal über den Körper des Verletzten zu fahren – oder einen anderen Fußgänger verletzt zu haben. Besessen von der Vorstellung dieser grauenvollen Vorgänge, geriet David während der Suche in einen Zustand blanken Entsetzens.

Nach zwei oder drei Stunden brach er die Suche ab, nicht weil er sich vergewissert hatte, daß seine Befürchtungen grundlos waren, sondern weil er körperlich und psychisch erschöpft war. Er zwang sich, nach Hause zu fahren und versuchte sich einzureden, es sei kein schreckliches Unglück geschehen. Doch damit hatten seine Qualen kein Ende. Nachdem er den Wagen vor dem Haus geparkt hatte, überprüfte er die Reifen nach Blutspuren. Am nächsten Tag suchte er in der Zeitung nach einer Meldung und erwartete, in den Nachrichten von einem tödlichen Unfall zu hören, bei dem der Täter Fahrerflucht begangen hatte.

Davids Angst, Menschen mit dem Auto zu überfahren, weitete sich zu der überwältigenden Furcht aus, irgendein Lebewesen zu töten. Bevor er beispielsweise die Klospülung betätigte, prüfte er nach, ob ein Tier in der Kloschüssel herumkrabbelte, das er versehentlich wegspülen könnte. Selbst ein Spaziergang wurde ihm zur Qual. Wenn er glaubte, auf einen Käfer getreten zu sein, suchte er nach dem verletzten Insekt.

Diese Angststörung wirkte sich auch nachteilig auf Davids Beziehung zu seiner kleinen Tochter aus. Nahm er das Kind auf den Arm, fürchtete er, es fallenzulassen, wenn er es über Beton oder Steinböden trug. Die Kleine würde mit dem Hinterkopf aufschlagen und sterben. Aus diesem Grund war David stets darauf bedacht, sie nur über weiche Teppiche zu tragen, nie über harte Fußböden. Wegen seiner gräßlichen Angst, das Kind könne die Treppen hinunterfallen, prüfte er dutzendmal am Tag, ob die Tür zum Keller verschlossen und gesichert sei.

Zu dem Zeitpunkt, als David sich in Behandlung begab, verbrachte er fünf bis sechs Stunden pro Tag damit, von einer Befürchtung in die nächste getrieben zu werden. Immer wieder traf er neue, verbesserte Sicherheitsvorkehrungen im Bemühen, ein Unglück abzuwenden. Der gemeinsame Nenner aller Zwangshandlungen war seine Angst, ein Lebewesen zu verletzen. Der Gedanke, eine Fliege zu töten, war für ihn ebenso entsetzlich wie der Gedanke, seine Tochter auf einen Steinboden fallenzulassen.

David unterzog sich erfolgreich einer kurzen Intensivtherapie, wie in Kapitel 7 beschrieben, und ist heute, acht Jahre später, nach wie vor beschwerdefrei. Heute verbringt er täglich etwa zehn Minuten mit Kontrollhandlungen, die sich vorwiegend auf das Sichern von Türen und Fenstern seines Hauses beschränken.

Die zweite große Gruppe der Zwangskranken sind solche, die, wie David, wiederholt Dinge überprüfen, um Katastrophen zu verhindern. Kontrollzwang und Waschzwang unterscheiden sich hinsichtlich der Gründe ihres Zwangsverhaltens. Viele Menschen, die sich zwanghaft waschen, tun dies, um Verseuchung und Verunreinigung zu beseitigen und um ein Gefühl körperlichen und emotionalen Wohlbefindens wiederherzustellen. Menschen, die ständig kontrollieren müssen, tun dies, um bevorstehende Katastrophen abzuwenden.

Die häufigsten Katastrophen beziehen sich für die Betroffenen auf ihre direkte Umgebung. Es wird überprüft, ob Fenster und Türen verriegelt sind, um zu verhindern, daß Einbrecher eindringen und den Ehepartner und die Kinder töten. Man ist gezwungen, die Wasserhähne im Hause zu kontrollieren, um eine Überschwemmung auszuschließen, oder die Elektrogeräte immer wieder zu überprüfen, um zu verhindern, daß ein Feuer ausbricht. Der Kontrollierende glaubt, solche möglichen Katastrophen seien seine Schuld, da er nicht alle Geräte wirklich sorgfältig überprüft hat.

Die Katastrophen können sowohl emotionaler als auch physischer Natur sein, wenn man sich etwa von anderen überwacht, kritisiert oder verachtet fühlt. Richard fürchtete beispielsweise, er könnte beim Ausstellen eines Schecks versehentlich schreiben: »Ich bin ein Betrüger.« Dabei war er alles andere als das; er erinnerte sich an keine unehrliche Handlung in seinem Leben, hatte nie wissentlich die Unwahrheit gesagt. Dennoch hatte er entsetzliche Angst davor, er könnte sich durch einen Fehler als Schwindler entlarven.

Daher war Richard gezwungen, einen Scheck immer wieder durchzulesen, bevor er ihn unterzeichnete. Es kostete ihn große Mühe, den Scheck in einen Umschlag zu stecken und zuzukleben. Wenn er den Umschlag verschlossen hatte, war er meist gezwungen, ihn wieder zu öffnen und seine Unterschrift zu überprüfen. Er verbrachte viele Stunden damit, Schecks auszuschreiben, und war oft nicht fähig, sie in den Briefkasten zu werfen. Auf diese Weise zahlte er viele Rechnungen erst mit monatelanger Verspätung und handelte sich damit erheblichen Ärger ein.

Viele Kontrollhandlungen sind die Übersteigerung normalen Verhaltens. Viele Menschen machen sich Gedanken darüber, ob sie Fenster und Türen verschlossen haben – die meisten von uns prüfen, ob sie die Haustür verriegelt haben, bevor sie zu Bett gehen. Zwanghafte Menschen hingegen haben übersteigerte Ängste, es könne ein Unglück geschehen, wenn sie nicht extrem umsichtig sind. (»Irgendjemand wird sicher einbrechen und meine Familie töten.«) Sie übertreiben auch die schrecklichen Folgen. (»Es ist grauenhaft, von meinem Chef kritisiert zu werden.«) Aufgrund dieser übersteigerten Ängste macht sie der Gedanke, nicht ausreichend überprüft zu haben, halb wahnsinnig. (»Habe ich den Herd wirklich sorgfältig kontrolliert?«)

Gemeinsame Merkmale bei Kontrollzwängen

Situationen, die Ängste oder Zwangshandlungen auslösen und daher gemieden werden:
- einen Fehler zu machen, z. B. einen falschen Betrag in ein Scheckformular einzutragen oder ein Wort falsch zu schreiben.
- jede Situation, die der eigenen Person oder anderen schaden kann, etwa:
- das Haus zu verlassen, ohne nachzuprüfen, ob Türen und Fenster verriegelt sind,
- Nahrung zu sich zu nehmen, ohne sie auf Schadstoffe zu untersuchen,
- mit dem Auto zu nahe an Fußgänger heranzufahren und dabei
- riskieren, einen Menschen zu überfahren,
- das Haus zu verlassen, ohne Elektrogeräte auszuschalten,
- den Medizinschrank nicht abzuschließen.

Gedanken, Bilder, Impulse, die Ängste auslösen:
- »Habe ich die Fenster geschlossen?«
- »Habe ich meinem kranken Kind zu viele Tabletten gegeben?«
- »Habe ich die Handbremse im Wagen angezogen?«
- »Habe ich einen Fußgänger angefahren?«
- »Es könnte ein Glassplitter ins Essen geraten sein.«

Befürchtete Konsequenzen, wenn eine Gefahr nicht gemieden oder durch Zwangshandlungen verdrängt wird:
- »Es wird ein schreckliches Unglück geschehen.«
- »Jemand wird einbrechen, mich berauben und meine Familie verletzen.«
- »Mein Haus wird abbrennen.«
- »Meine Lieben werden verletzt oder sterben.«
- »Ich werde kritisiert, ausgelacht oder gedemütigt.«

Häufige Zwangshandlungen:
- wiederholtes Überprüfen von Türen, Fenstern, Wasserhähnen, Elektrogeräten, der Handbremse im Auto,
- wiederholtes Kontrollieren und Durchlesen von Briefen und Formularen, bevor sie abgeschickt werden,
- ständiges Überprüfen von Fahrstrecken,
- wiederholtes Durchspielen der eigenen Handlungen im Geist (gedankliches Kontrollieren).

Das Kontrollieren kann manchmal so extrem sein, daß der Betroffene sich zum Exzentriker entwickelt. Mary war gezwungen, alles, was sie machte, von morgens bis abends zwanghaft zu überprüfen. Ihre größte Angst war, jemand in ihrer Nähe brauche Hilfe und sie würde es zu spät bemerken. Sie war beispielsweise ständig besorgt, irgendwo könne ein ausgesetztes Baby liegen, das sterben müsse, wenn sie es nicht fände. Beim Einkauf in einem großen Warenhaus kontrollierte sie immer wieder, ob nicht ein Baby hinter einer Tür, in einem Flur oder in einem Müllcontainer ausgesetzt sei, war sich dabei aber zugleich im klaren darüber, daß sie kein Baby finden würde.

Marys Zwangsvorstellungen beschränkten sich nicht auf Babys. Wenn sie durch den Wald spazieren ging, sah jeder Schatten unter einem Gebüsch wie ein Mensch aus, der auf der Erde lag. Sie mußte sich diesem Schatten nähern, um sich zu vergewissern, daß es kein Mensch war, erst dann konnte sie beruhigt weitergehen. Doch schon nach wenigen Schritten mußte sie umkehren und nochmal nachsehen.

Der ständige Zweifel – habe ich auch wirklich genau nachgesehen? – ist oft lähmend. Mary untersuchte einen Schrank genauestens, ob dort vielleicht ein Baby ausgesetzt war, und vergewisserte sich, daß keines dort war. Eine Minute später zweifelte sie an ihrer Sorgfalt und dachte: »Vielleicht war ich nicht sorgsam genug. Ich seh einfach nochmal nach, vielleicht ist ja doch ein Baby in dem Schrank versteckt.« Dem gleichen Zwang unterliegt der Kontrollierer, der befürchtet, jemand könne in sein Haus einbrechen. Immer wieder muß er am Türknauf rütteln, um sicherzustellen, daß die Tür wirklich abgeschlossen ist. Nach ein paar Schritten setzt der Zweifel ein: »Habe ich die Tür wirklich überprüft? Ist sie tatsächlich abgeschlossen?« Dieses wiederholte Kontrollieren und Zweifeln läßt zunächst auf eine gestörte Merkfähigkeit des Betreffenden schließen. Psychologische Studien haben jedoch keinerlei Hinweise auf ein mangelhaft funktionierendes Gedächtnis bei Zwangskranken ergeben. Die schlechte Merkfähigkeit taucht nur im Zusammenhang mit ihren Kontrollhandlungen auf. Die übersteigerten Befürchtungen wegen der folgenschweren Konsequenzen einer nicht abgesperrten Tür erzeugt ein solches Maß an Unsicherheit, daß an der Zuverlässigkeit des eigenen Gedächtnisses gezweifelt wird.

Unter Kontrollzwang leidende Menschen sind mit einem extremen Verantwortungsgefühl und der Angst belastet, sie könnten ihrer Pflicht nicht genügend nachkommen. Daher müssen sie in ihrer Wohnung zwanghaft Türen, Fenster, Gasherd und Elektrogeräte überprüfen, um ihre Familie zu beschützen. Verbringen Sie aber eine Nacht im Haus eines Fremden, sehen sie sich nicht zu solchen Handlungen gezwungen, da nun der Eigentümer die Verantwortung für die Sicherheit des Hauses und seiner Bewohner trägt.

Wiederholungszwang

Paul wuchs in einer katholischen Familie auf, die sich stark in kirchlichen Aktivitäten engagierte. Er selbst war Ministrant, befolgte die Gebote der Kirche, ging regelmäßig zur Beichte und Heiligen Kommunion, Paul war als Kind und Jugendlicher körperlich nicht sehr gut entwickelt. Er war zart gebaut, und aufgrund einer Hormonschwäche entwickelte sich sein Körper nicht normal. Der Spott seiner Klassenkameraden verstärkte sein Minderwertigkeitsgefühl. Seinem Glauben blieb er aber stets treu.

Pauls Zwangsstörungen setzten etwa im Alter von achtzehn Jahren ein. Beim Verlassen der Kirche nach der Heiligen Messe durchfuhr ihn der Gedanke, er könne die Statue der Jungfrau Maria vom Sockel stoßen. Der Gedanke schoß ihm ganz deutlich durch den Kopf, obwohl er nur einen kurzen Moment andauerte. Paul bekam große Angst, daß Gott ihn für diese blasphemischen Impulse bestrafen würde.

Im Laufe der Zeit wurde er immer häufiger von der Vorstellung verfolgt, er könne die Marienstatue umstürzen, oder die Statue liege zerschmettert auf den Steinfliesen. Auch seine Angst vor der Strafe Gottes wuchs zunehmend. Er fühlte sich beschämt und schuldig, vor allem wenn ihm die Bilder während der Heiligen Messe unkontrolliert durch den Kopf schossen. Das lenkte ihn so sehr ab, daß er sich nicht auf den Gottesdienst konzentrieren konnte.

Paul machte die Feststellung, daß seine Ängste und seine Scham abflauten, wenn er während seiner Zwangsvorstellungen die gleichen Handlungen häufig wiederholte. Aus Gründen, die er nicht erklären hätte können, erwiesen sich jeweils vier Wiederholungen als besonders nützlich. Der Vorgang war allerdings nicht einfach. Um sicherzustellen, daß das Wiederholungsritual sein Unbehagen verringerte, wenn auch nur vorübergehend, mußte er es in einer genau vorgeschriebenen Weise durchführen. Stellte sich die Vorstellung der umstürzenden Marienstatue beispielsweise ein, wenn er sich frisierte, mußte er die Bürste in der linken Hand halten und mit jeweils vier kurzen Strichen die Haare erst oben, dann am Hinterkopf, dann links seitlich und zuletzt rechts nach hinten kämmen. Wurde diese Abfolge unterbrochen, war Paul gezwungen, von vorn anzufangen. Während des gesamten Vorgangs durfte er nicht an die Marienstatue denken. Hielt er sich nicht diese Regeln, mußte er alles wiederholen. Paul hatte sich auch ein Denkritual zurechtgelegt: er bat im Gebet um Vergebung in einer genau festgelegten, strikt einzuhaltenden Form. Auch die Gebete wurden viermal wiederholt, wobei genaue Intonationen und Pausen einzuhalten waren.

Obwohl Paul von seinen Zwangsgedanken und Zwangshandlungen sehr in Anspruch genommen war, studierte er Jura und machte seine Abschlußexamen. Zum Zeitpunkt, als er sich in Behandlung begab, arbeitete er mit geringem Erfolg als Rechtsanwalt.

Sein beruflicher Mißerfolg lag zum Teil an seiner Zwangsstörung. Er verbrachte sieben bis acht Stunden pro Tag mit seinen Bemühungen, seine Zwangsgedanken des Umstürzens der Marienstatue loszuwerden oder mit seinen Gebetsritualen dagegen anzukämpfen.

Sowohl beim Wiederholungszwang, als auch beim Wasch- und Kontrollzwang, sind die Betroffenen getrieben, eine bestimmte Handlung zu wiederholen, um befürchtete Katastrophen abzuwenden. Beim Wiederholungszwang jedoch stellen die Betroffenen keine logische Verbindung zwischen ihrem Zwangsgedanken und ihrem Ritual her. Denken Sie an Waschrituale:

Wenn Sie Angst vor Keimen auf Ihrer Haut oder in Ihrer Umgebung haben, ist es logisch, daß Sie die Keime abwaschen. Wenn Sie unter Kontrollzwängen leiden und Angst haben, ein Einbrecher könne in Ihr Haus eindringen, werden Sie Sicherheitsvorkehrungen treffen und dafür sorgen, daß Fenster und Türen verriegelt sind. Wiederholungszwänge haben eher magische als logische Bedeutung.

Gemeinsame Merkmale bei Wiederholungszwängen

Situationen, die Ängste oder Zwangshandlungen auslösen und daher gemieden werden:
(Häufig wirkt keine äußere Situation als Angstauslöser.)
- nicht die ›richtige‹ Anzahl von Wiederholungen einer Handlung einzuhalten,
- einen Raum zu verlassen und einen anderen Raum zu betreten,
- Dinge ›falsch‹ zu machen.

Gedanken, Bilder, Impulse, die Ängste auslösen:
Jeder Gedanke und jedes Bild, das Angst, Scham, Schuld oder Ekel hervorruft, wie:
- »Mein Mann wird einen Unfall haben.«
- »Mein Nachbar ist ein böser Mensch.«
- »Ich könnte gemeine Dinge von mir geben.«
- »Meine Eltern werden sterben.«
- »Meine Tochter wird die Schule nicht schaffen.«
- »Sie (eine Freundin) ist gemein.«
- »Ich bin ein sündiger Mensch.«

Befürchtete Konsequenzen, wenn eine Gefahr nicht gemieden oder durch Zwangshandlungen verdrängt wird:
- »Es wird ein Unglück geschehen.«
- »Mich oder meine Lieben wird ein Schicksalsschlag treffen.«
- »Ich werde bestraft werden.«
- »Ich werde oder ein anderer wird vom Pech verfolgt.«
- »Alle werden mich hassen und verachten.«

Häufige Zwangshandlungen:
- Eine Handlung wird so lange wiederholt, bis man das Gefühl hat, jetzt ist sie ›richtig‹.
- Eine Handlung wird so lange wiederholt, bis der ›schlechte‹ Gedanke verschwunden ist.

Nancy zog sich beispielsweise hundertmal am Tag in einer bestimmten Reihenfolge an und aus. Sie begann mit den Strümpfen und arbeitete sich nach oben bis zur Bluse. Der Grund für dieses Zwangsritual war die Vorstellung, ihr Ehemann oder ihre Tochter könnten in einen Unfall verwickelt sein. Um ihre Lieben vor einem Unfalltod zu schützen, mußte Nancy sich an- und ausziehen, bis die Zwangsvorstellung sich auflöste. Wie die meisten Zwangskranken antwortete sie auf die Frage, wie hoch die Wahrscheinlichkeit sei, daß ihr Ehemann und ihre Tochter durch einen Unfall ums Leben kämen, falls sie das Ritual nicht ausführe: »Wenn ich logisch darüber nachdenke, weiß ich, daß es keinen Sinn ergibt, andererseits habe ich das

Gefühl, Erfolg damit zu haben.« Auch ohne logischen Zusammenhang ist die Verbindung zwischen Zwangsgedanken und Zwangshandlung beim Wiederholungszwang ebenso gegeben wie bei Kontroll- oder Waschzwängen: Die Zwangshandlungen werden vorgenommen, um eine drohende Katastrophe abzuwenden.

Ordnungszwang

Die 35jährige Sarah war gezwungen, alles in ihrem Haus ständig neu zu ordnen. Sie mußte alle Gegenstände in den Schränken nach einem bestimmten System einordnen. Hemden mußten in bestimmter Reihenfolge in einem bestimmten Winkel im Schrank hängen. Wenn die Kinder etwas aus ihren Schränken nahmen oder in ihren Schubladen Unordnung schafften, brachte sie das völlig aus dem Häuschen. Sie war den ganzen Tag damit beschäftigt, ein Zimmer nach dem anderen so zu ordnen, daß alles wieder genau an seinem Platz war. Außerdem mußten die Bettüberwürfe in jedem Zimmer ganz exakt ausgerichtet sein. Zeigte sich auch nur die geringste Falte, mußte das Bett neu gemacht werden. Sie brachte oft eine ganze Stunde damit zu, ein einziges Bett perfekt zu machen.

Ein weiterer Ordnungszwang bezog sich auf das Ordnen von Tabletten, Zeitungen und Bleistiften nach einem höchst komplizierten Muster. Die Tabletten wurden beispielsweise in Form von Blüten auf dem Tisch ausgelegt. Wenn jemand eine Pille berührte, regte sie sich sehr darüber auf und ordnete das Bild neu. Dieser Vorgang konnte Stunden dauern. Die Symmetrie beizubehalten war ihr äußerst wichtig. Jedesmal, wenn sie eine Pille nahm, ordnete Sarah das Muster neu, damit die rechte und die linke Seite exakt übereinstimmten. Zwanghafte ›Ordnungsfanatiker‹ sind häufig gedrängt, Gegenstände in einem bestimmten Muster zu arrangieren. Den meisten Betroffenen ist der Sinn dieser Rituale und ihre tiefere Logik nicht wirklich klar. Sie unterliegen nicht dem Zwang, ein schreckliches Unglück abwenden zu müssen. Sie sind nur vom Perfektionsdrang besessen: »Es muß eben alles an seinem Platz sein!«

Gemeinsame Merkmale bei Ordnungszwängen

Situationen, die Ängste oder Zwangshandlungen auslösen:
- Gegenstände, die nicht nach einem exakten Prinzip geordnet sind wie Bettlaken, Kleider, Arzneimittel, Bleistifte oder Zeitungen,
- jemand, der diese Gegenstände berührt oder verstellt,
- Dinge, die nicht symmetrisch angeordnet sind,
- Dinge, die nicht perfekt sind.

Gedanken, Bilder, Impulse, die Ängste auslösen:
- »Wenn Dinge nicht an ihrem Platz sind.«
- »Wenn Dinge einander auf falsche Weise berühren.«
- »Die Bettdecke wirft Falten.«

Befürchtete Konsequenzen, wenn eine Gefahr nicht gemieden oder durch Zwangshandlungen verdrängt wird:
- »Es macht mich krank, wenn ich die Dinge nicht richtig ordne.«
- Seltener: »Es geschieht ein Unglück, wenn die Dinge nicht an ihrem richtigen Platz liegen.«

Häufige Zwangshandlungen:
- Gegenstände in der näheren Umgebung werden ›zurechtgerückt‹,
- Gegenstände werden symmetrisch oder nach bestimmten Regeln geordnet.

Wenn Sie einen unter Ordnungszwang leidenden Menschen fragen, warum er ein bestimmtes Ordnungsprinzip gewählt hat, wird er Ihnen keinen logischen Grund nennen können. Seine Ordnung hält er nun einmal für die einzig richtige. Dieser Ordnungssinn hat nichts damit zu tun, daß ein normaler Mensch gern Ordnung auf seinem Schreibtisch macht; hat nichts zu tun mit der Mutter, die beim Anblick des Chaos im Zimmer ihrer Tochter von dem Teenager verlangt, aufzuräumen. Der zwanghafte Ordnende hat eine so starre Vorstellung von Exaktheit, daß ihn ein Gegenstand, der nur wenige Millimeter verrückt ist, aus der Fassung bringt. Er ist erst dann zufrieden, wenn der Gegenstand einen halben Zentimeter nach links oder rechts gerückt wird. Für manche von ihnen haben Ordnungsrituale eine magische Schutzwirkung, wie dies auch bei Wiederholungszwängen der Fall ist. Der Betroffene denkt dann beispielsweise: »Wenn ich die Gegenstände in diesem Zimmer genau ordne, wird meiner Großmutter nichts zustoßen.«

Sammelzwang

Menschen, die unter Sammelzwang leiden, horten Gegenstände, die den meisten Menschen wertlos erscheinen. Es fällt ihnen ungemein schwer, etwas wegzuwerfen, weil sie denken, diese Dinge eines Tages vielleicht brauchen zu können. Wir alle haben Gerümpel im Keller, auf dem Speicher, von dem wir wissen, wir brauchen es nie wieder, werfen es aber nicht weg, »weil man ja nie wissen kann«. Das Sammeln wird dann zur Störung, wenn die Sammelleidenschaft das Alltagsleben bestimmt, und wenn die Sammlungen so groß geworden sind, daß der Wohnraum dadurch eingeschränkt ist.

Im Gegensatz zu den unter Wasch-, Kontroll- und Wiederholungszwang leidenden Menschen fühlen sich die meisten Sammler nicht durch ihr Verhalten beeinträchtigt und leben gern inmitten von Bergen angesammelten Unrats. Da sie gegen ihre Störung nicht ankämpfen, begeben sie sich seltener als andere Zwangskranke in Behandlung. Irgendwann hat die Familie jedoch die Nase voll davon, von sinnlosen Bergen erdrückt zu werden; der Betroffene wird bedrängt, etwas gegen seine Störung zu unternehmen.

Blanche kam im Zeitraum von zwei Jahren mehrmals zu uns in die Klinik, um sich Rat zu holen. Ihr Ehemann Peter hatte über dreißig Jahre lang seine Sammelleidenschaft gepflegt. Sie war verzweifelt, weil Peters Zwangsverhalten ihr Leben immer mehr beeinträchtigte. Das Paar war gezwungen, eine zweite Wohnung anzumieten, um gehortete Zeitungen, von der Straße aufgesammelte Papierfetzen und sämtliche Quittungen für jeden Gegenstand, den er in dreißig Jahren gekauft hatte, unterzubringen. Als die zweite Wohnung voll war, stapelte Peter seine Schätze in der Garage, später im Gästezimmer, dann in einem zweiten Gästezimmer. Bald war der gesamte Wohnbereich der Familie vollgestopft mit seinem Kram. Er aber weigerte sich hartnäckig, irgendetwas davon wegzuwerfen. Einmal warf Blanche ein paar Stapel alter Zeitungen weg, worauf Peter rasend vor Wut zur Müllhalde fuhr und alles wieder zurückholte.

Peter war nicht an einer Behandlung interessiert, da er sein Verhalten nicht für unvernünftig hielt. Ihm war klar, daß seine Frau sich darüber ärgerte, meinte aber, sie müsse ja nicht hinsehen, wenn seine Zeitungsstapel sie störten. Er sei eben ein Exzentriker, der seiner Sammelleidenschaft frönte. Schließlich gäbe es viele Exzentriker.

Zwanghaft Sammelnde leiden nicht unter ihrem Verhalten wie andere Zwangskranke. Menschen, die unter Wasch- oder Kontrollzwängen leiden, fühlen sich sehr unbehaglich, wenn sie sich bevorstehende Katastrophen vorstellen. Und sie leiden unter ihren Zwangsritualen. Ein von Waschzwang Betroffener ist keineswegs begeistert, sich den ganzen Tag die Hände waschen zu müssen. Ähnlich ergeht es demjenigen, der jedesmal, bevor er das Haus verlassen hat, 45 Minuten in der Küche verbringt, um sich zu vergewissern, ob der Gasherd wirklich abgeschaltet ist. Menschen, die vom Wasch- oder Kontrollzwang befallen sind, wären ihre Leiden lieber heute als morgen los.

Der typisch zwanghafte Sammler hingegen setzt seiner Sammelleidenschaft keinen Widerstand entgegen. Wird er aber gedrängt, sich von seinen angehäuften ›Schätzen‹ zu trennen, befällt ihn die gleiche Unruhe wie alle anderen unter Zwang leidenden Betroffenen, die daran gehindert werden, ihre Zwangshandlungen auszuführen. Sein Unbehagen bezieht sich auf seine Ängste, etwas nicht zur Hand zu haben, das er einmal brauchen könnte.

Gemeinsame Merkmale bei Sammelzwängen
Situationen, die Ängste oder Zwangshandlungen auslösen:
- etwas wegzuwerfen,
- jemand anders sichtet und sortiert seine ›Sammlung‹ neu,

- etwas liegenzulassen, das man später brauchen könnte.

Gedanken, Bilder, Impulse, die Ängste auslösen:
- »Was passiert, wenn ich etwas eines Tages brauche und es nicht finden kann?«
- »Was passiert, wenn ich etwas wegwerfe und später brauche?«

Befürchtete Konsequenzen, wenn nicht vermieden oder verdrängt wird:
- »Ich werde etwas nicht finden, das ich dringend brauche.«
- »Es ist mir etwas abhanden gekommen, das ich jetzt dringend brauche.«

Häufige Zwangshandlungen:
- das Sammeln sinnloser Gegenstände,
- die ›Sammlungen‹ nach bestimmten Prinzipien ordnen.

Ist dem Betroffenen die Beziehung zu einem anderen Menschen sehr wichtig und droht diese Beziehung wegen seines Sammelzwangs zu zerbrechen, kann eine Behandlung erfolgreich verlaufen. Donna, eine unserer Patientinnen, hortete verschiedene Dinge, darunter Zeitungen, Zeitschriften und Taschenbücher. Sie suchte sogar im Abfall anderer Leute nach Zeitungen. Donna gestattete niemandem Zutritt in ihre Wohnung, aus Angst, man könnte ihre Sammlung durcheinanderbringen. Früher, als sie noch Besucher in ihre Wohnung ließ, brachten diese jedesmal ihre kostbare Ordnung durcheinander. Dann war sie stundenlang damit beschäftigt, den ursprünglichen Zustand wiederherzustellen. Donnas Freund ertrug irgendwann ihre Störung nicht länger und drohte damit, die Beziehung zu beenden, wenn sie sich nicht ändere. Diese Drohung motivierte Donna, sich in Behandlung zu begeben, und sie schaffte es, ihren zwanghaften Sammeltrieb zu besiegen.

Denkzwänge, chronisches Sich-Sorgen-Machen und Zwangsgedanken

Denkzwänge, chronisches Sich-Sorgen-Machen und Zwangsgedanken unterscheiden sich von den anderen Zwangsstörungen dadurch, daß sie nicht mit klar umschriebenen Zwangshandlungen einhergehen. Ihre Symptome sind ähnlich, daher fassen wir diese Störungen in einer Gruppe zusammen. Ein Merkmal unterscheidet sie voneinander: Menschen mit Zwangsgedanken versuchen, diese durch innere Dialoge abzumildern. Menschen mit Denkzwängen sind gedrängt, spezielle und exakte mentale Denkprozesse durchzuführen, um Erleichterung von ihren Zwangsgedanken zu erfahren.

Denkzwänge

Die bisher geschilderten Zwangserkrankungen können an ihren Verhaltensweisen erkannt und eingestuft werden: Waschen und Putzen, Kontrollieren, Wiederholungshandlungen, Ordnung schaffen und Sammeln bestimmter Gegenstände. Manche Rituale beinhalten hingegen die Wiederholung von Gedanken und Bildern, nicht von Handlungen.

Bob, von Denkzwängen heimgesucht, hatte große Angst davor, andere Menschen zu kränken oder im Gespräch etwas Unhöfliches zu sagen. Jedesmal, wenn er glaubte, unhöflich gewesen zu sein, fühlte er sich schuldig und schämte sich. Um diesem Unbehagen entgegenzuwirken, suchte er Zuflucht zu einem umständlichen Denkritual. Zunächst ließ er ein Gespräch hinterher noch einmal im Geiste ablaufen. Er übte schonungslose Selbstkritik und machte sich bittere Vorwürfe, die Gefühle eines anderen verletzt zu haben, weil er zu wenig gelächelt hatte oder nicht höflich genug war oder den Gefühlen des anderen nicht genügend Aufmerksamkeit geschenkt hatte. Vielleicht hatte er auch einen anderen ungeduldig mitten im Satz unterbrochen. Solches Verhalten rief Bobs Selbstkritik hervor und machte ihn sehr unglücklich. Um sich Erleichterung zu verschaffen, betete er zu Gott um Vergebung. Anfang war Bob lediglich ein übereifriger Selbstkritiker. Später wurden seine Gebete zunehmend ritualisiert und arteten schließlich in Zwanghaftigkeit aus.

Bob entwickelte ein System in seinen Gebeten, die er in einer bestimmten Reihenfolge aufsagte, mit einer genau festgelegten Betonung für jedes Wort. Es mußten auch Pausen von bestimmter Länge nach jedem Satz eingehalten werden. Machte er einen Betonungsfehler, vergaß ein Wort oder hielt die Pausen nicht genau ein, mußte er von vorn anfangen. Bob betete stundenlang, um sich von dem Gedanken zu befreien, daß er ein schlechter Mensch sei, der andere Leute kränkte.

Denkrituale wie zwanghaftes Beten oder Zählen sind weit verbreitet und begleiten häufig Zwangshandlungen wie Pauls Wiederholungsrituale. Andere Zwangskranke erstellen im Geiste lange Listen mit Aufgaben, die sie durchführen müssen, und rufen sich diese Listen immer wieder ins Gedächtnis zurück, aus Angst, eine Aufgabe zu vergessen. Wieder andere stellen sich vor, daß sie jede Tür und jedes Fenster daraufhin überprüft haben, ob es geschlossen ist. Sie rufen sich dieses Bild immer wieder ins Gedächtnis zurück, versuchen sich an jede Einzelheit ihrer Tätigkeit zu erinnern. Dadurch versuchen sie ihre Zweifel zu beschwichtigen und ihr Bedürfnis, Dinge tatsächlich nachzuprüfen, im Zaum zu halten. Denkzwänge und Zwangshandlungen verfolgen den gleichen Zweck. Beide werden ausgeführt, um innere Ängste zu verringern und ein Gefühl der Sicherheit wiederherzustellen.

Chronisches Sich-Sorgen-Machen und Zwangsgedanken. Diese Gruppe ergeht sich in einer Form inneren Dialogs, der den Denkzwängen sehr nahekommt. Ein negativer Gedanke kommt ins Bewußtsein und löst Angst aus. Ihm folgt ein beruhigender Gedanke, der diese Angst beschwichtigt. Wir alle kennen solche Dialoge. Bei Zwangsgedanken wachsen die Ängste jedoch ins Extrem und beherrschen die Denkvorgänge des Betreffenden.

Don hatte in Vietnam gekämpft und mußte unentwegt an einen gefallenen Kameraden denken. Er glaubte, er hätte seinen Freund retten können, wenn er sich richtig verhalten hätte. In seiner Zwangsvorstellung ließ er zunächst die Vorgänge vor seinem inneren Auge noch einmal ablaufen, wie die Bombe neben ihm einschlug, die seinen Freund tötete. Dann machte er sich Vorwürfe, ihm nicht zu Hilfe geeilt zu sein. An diesem Punkt meldete sich eine zweite Stimme zu Wort und sagte: »Niemand hätte es besser machen können. Du hast dein Möglichstes getan.« Diese beruhigende Stimme verschaffte ihm kurzfristig Erleichterung. Doch dann meldete sich die erste Stimme wieder: »Nein, du hast nicht dein Möglichstes getan. Du weißt genau, daß du ihn hättest retten können.« Dieser innere Kampf setzte sich oft stundenlang fort und kostete ihn schließlich den Job.

Einem zwanghaften inneren Dialog folgen zwar keine Zwangshandlungen, er enthält jedoch ein Grundprinzip der Zwangsstörung. Die erste Stimme, streng und kritisch, spiegelt einen Zwangsgedanken, da sie Unbehagen auslöst. Die zweite, beruhigende Stimme kommt einer Zwangshandlung gleich, da ihr Zweck darin liegt, das Unbehagen abzubauen. Die einzige fehlende Komponente ist die *präzise* Art des typischen Zwangsrituals. Der genaue Inhalt kann sich von Fall zu Fall verändern – hierin unterscheidet sich der Zwangsgedanke vom Denkritual.

Denkmuster von Zwangsgedanken oder chronischen Sorgen können Gewissensbisse wegen vergangener Verfehlungen zum Inhalt haben. Manche Zwangskranke leiden unter schuldauslösenden Impulsen oder Bildern. Sehr häufig dreht sich der Zwangsgedanke darum, einen lieben Menschen zu töten; etwa seinen Ehepartner oder sein Kind mit dem Messer abzuschlachten. Dann meldet sich eine Stimme und sagt: »Ein Mensch, der sich so etwas ausdenkt, ist auch fähig, danach zu handeln.« Worauf die andere Stimme sich tröstend meldet: »Nein, du wirst nicht danach handeln. Du bist nicht wahnsinnig. Du bist ein guter Mensch. Dazu bist du nicht fähig.« »Wie soll ich wissen, daß ich nicht dazu fähig bin? Möglicherweise tue ich es doch«, entgegnet die zwanghafte Stimme. Dieser beunruhigende Dialog setzt sich fort, bis der Zwangsgedanke schließlich abflaut, um wenige Stunden später wiederzukehren.

Gemeinsame Merkmale bei Denkzwängen, chronischem Sich-Sorgen-Machen und Zwangsgedanken
Situationen, die Ängste oder Zwangshandlungen auslösen und daher gemieden werden:

- jede Situation, in der jemand zu Schaden kommen könnte,
- jede Situation, in der ein Zwangsneurotiker einen ›schlimmen‹ Fehler begehen könnte,
- jeder Ort, der besorgniserregende Gedanken hervorruft.

Gedanken, Bilder, Impulse, die Ängste auslösen:
- Strenge Selbstkritik oder Kritik anderer,
- die Vorstellung, einen Irrtum begangen oder etwas falsch gemacht zu haben,
- Schuldgefühle oder Gewissensbisse wegen vergangener Handlungen,
- Gedanken an eine zukünftige unangenehme Erfahrung,
- Gedanken oder Vorstellungen, jemand zu verletzen oder zu töten,
- Gedanken, eine unmoralische oder sexuell perverse Handlung zu begehen,
- Angst davor, eine Beleidigung oder eine Obszönität auszusprechen,
- Angst, etwas Peinliches zu tun,
- Angst davor, ein Verbrechen zu begehen.

Befürchtete Konsequenzen, wenn nicht vermieden oder verdrängt wird:
- »Ich werde versagen.«
- »Ich werde bestraft.«
- »Etwas Schreckliches wird geschehen.«
- »Ich werde vom Pech verfolgt.«
- »Ich werde jemand versehentlich verletzen oder töten.«
- »Ich werde eine Sünde begehen.«
- »Ich werde die Kontrolle verlieren und wahnsinnig werden.«
- »Ich werde gedemütigt.«
- »Ich werde immer unglücklich sein und mich immer ärgern.«

Häufige Denkzwänge:
- In Gedanken Gebete zu wiederholen,
- in Gedanken zu zählen,

- in Gedanken Listen aufzustellen,
- sich Vorkommnisse ins Gedächtnis zurückzurufen,
- Stereotype Sätze in Gedanken wiederholen wie: »Gott ist gut.«

Der Zwangsgedanke, einem anderen Schaden zuzufügen, wird uns durch Joel beispielgebend vorgeführt, einem 32jährigen erfolgreichen und anerkannten Architekten. Als seine Zwangssymptome zum ersten Mal auftauchten, war er zwei Jahre glücklich verheiratet und stolzer Vater einer einjährigen Tochter. Eines Abends war Joel allein zu Hause und paßte auf seine Tochter auf. Als er sich über das schlafende Kind in der Wiege beugte, überkam ihn plötzlich der Impuls, es zu töten.

Joel geriet in Panik: Sein Herz raste, ihm wurde schwindlig, seine Knie wurden weich, und er begann zu zittern. Dieser quälende Gedanke suchte ihn noch mehrmals in dieser Nacht heim und raubte ihm den Schlaf. Nach dieser Schreckensnacht wurde Joel bis zu fünfzigmal am Tag von dem Gedanken überfallen, seine Tochter zu töten. Er sagte sich: »Oh mein Gott, wie kann ich so etwas denken? Wenn ich diese Gedanken zulasse, verselbständigen sie sich möglicherweise, und ich töte meine Tochter tatsächlich. Das darf ich nicht zulassen.« Als diese Gedanken ihn weiterhin verfolgten, fürchtete er, irgendwann die Kontrolle zu verlieren und sie in die Tat umzusetzen, obgleich ihm der Gedanke, seine Tochter zu töten, unerträgliche Qualen bereitete.

Wie in Kapitel 1 beschrieben, kehrt ein Zwangsgedanke umso häufiger und heftiger zurück, je mehr man dagegen ankämpft. Wir nennen das eine paradoxe Wirkung, etwas, das wir alle von Zeit zu Zeit erleben. Wenn Ihnen beispielsweise jemand befiehlt: »Denke nicht an einen roten Elefanten«, werden Sie automatisch an einen roten Elefanten denken. Joel erging es nicht anders. Sein Versuch, den bedrohlichen Gedanken zu unterdrücken, machte seine Zwangsgedanken nur noch schlimmer. Er befahl sich selbst: »Du darfst nicht daran denken, dein Kind zu töten« – und konnte an nichts anderes mehr denken.

Joels Befürchtungen verstärkten sich, nachdem er im Radio die Geschichte einer schizophrenen Frau gehört hatte, die ihre

Kinder umgebracht hatte. Diese Geschichte bestärkte ihn darin, auch er könne seine Tochter töten. Im Verlauf des nächsten Jahres verschlimmerte sich Joels Zustand erheblich. Und jedesmal, wenn er von einem Mordfall hörte, wurde er in seiner Überzeugung bestärkt, er werde irgendwann seine Tochter töten. Er entwickelte außerdem den Zwangsgedanken, sich selbst zu töten. Beim Autofahren fühlte er plötzlich den Drang, das Lenkrad herumzureißen und gegen einen Brückenpfeiler oder einen Baum zu fahren. Doch diese Gedanken waren nicht so stark wie die, seine Tochter zu töten.

Als Joel von der kognitiven Verhaltenstherapie hörte, beschloß er, etwas gegen seine Störung zu tun. Der Wendepunkt in der Therapie trat mit seiner Bereitschaft ein, seine Impulse zu akzeptieren, statt zu versuchen, sie zu verdrängen; damit kehrte er die paradoxe Wirkung um, die seine Zwangsgedanken verstärkten. In Kapitel 4 werden wir uns eingehend mit diesem Umkehrprozeß befassen. In Kapitel 10 wird Joel berichten, wie es ihm gelang, seine Zwangsgedanken zu überwinden.

KAPITEL 3

Vorbereitung auf Ihr Selbsthilfeprogramm

Wenn Sie unter ständigen Zwangsgedanken oder Zwangshandlungen leiden, sind Sie sich der lästigen und zermürbenden Symptomatik schmerzlich bewußt. Sie kennen die vergeblichen Versuche, Ihre Befürchtungen und Ängste mit Hilfe sinnloser Verhaltensweisen zu bekämpfen, um sich Erleichterung zu verschaffen. Sie wissen, daß der Kreislauf bald wieder von vorne beginnt und können dennoch nichts dagegen unternehmen.

Sie sind so sehr in Ihr Problem verstrickt, daß es Ihnen nicht leicht fällt, die Sachverhalte objektiv zu beurteilen. Dieses Kapitel soll Ihnen helfen, Ihre Zwangssymptome einzuordnen. Das hier dargelegte Schritt-für-Schritt-Programm ist einem speziell gegen Zwangsstörungen entwickelten Therapieprogramm entnommen, das in den letzten zwanzig Jahren erfolgreich erprobt wurde.

Zwangsgedanken

Ihre Zwangsgedanken können in drei Abschnitte eingeteilt werden. Der erste Teil betrifft die Angst, die Sie empfinden, wenn Sie mit bestimmten Situationen oder Gegenständen konfrontiert sind. Der zweite Teil behandelt die Gedanken, Bilder oder Impulse, die bei Ihnen Unruhe, Angst oder Scham auslösen. Im dritten Teil geht es um die Überzeugung, daß Ihre Befürchtung eintrifft, falls Sie sich oder andere nicht durch Zwangshandlungen schützen, etwa ständig Wörter oder Zahlen wiederholen, bestimmte Situationen vermeiden oder dem Zwangsgedanken auf andere Weise widerstehen.

Hier einige bekannte Situationen, die Unruhe und Ängste auslösen können: Sie machen sich immer Sorgen, wenn Ihre heranwachsende Tochter abends ausgeht. Oder Sie haben Angst, die Wohnungstür nicht abgeschlossen zu haben, daß die Elektrogeräte nicht abgeschaltet sind, Sie einen Fußgänger verletzt haben, wenn Sie über ein Schlagloch gefahren sind. Oder Sie befürchten, sich mit einer Krankheit angesteckt zu haben, wenn Sie eine öffentliche Toilette benutzen. Sie fürchten sich vor Umweltgiften, wenn Sie Möbelpolitur auftragen, ein Insektenspray benutzen, Dinge vom Fußboden aufheben oder Türklinken in öffentlichen Gebäuden anfassen. Es mag Ihnen auch ungemein schwerfallen, einen nutzlosen Papierfetzen auf der Straße liegenzulassen.

Denken Sie jetzt darüber nach, was auf Sie zutrifft, was Ihre Befürchtungen auslöst. Schreiben Sie zehn bis fünfzehn Situationen oder Sachverhalte auf, die große Unruhe, Ängste oder Schamgefühle bei Ihnen auslösen, Situationen, die den stärksten Drang zu einem bestimmten, wiederkehrenden Verhalten bei Ihnen auslösen. Wenn Sie das getan haben, nehmen Sie sich nachfolgende Tabelle 1 vor. Die Zahlenangaben in der rechten Spalte nennen den Grad der Angst, die Sie empfinden, wenn Sie einer Situation oder einem Sachverhalt begegnen. Die Skala reicht von 0 bis 100. 0 bedeutet, daß eine genannte Situation, ein Sachverhalt oder Gegenstand keinerlei Ängste in Ihnen auslöst. Die Zahl 100 bedeutet, daß die Situation höchst bedrohlich ist und ein Höchstmaß an Angst und Unruhe auslöst. Nun bewerten Sie die genannten Situationen nach ihrem Grad der ausgelösten Angst. Situationen, die nur geringe Angst hervorrufen, werden mit 10 oder 20 bewertet. Löst eine Situation stärkere Ängste aus, wird sie mit etwa 50 bewertet. Wenn Sie einen Sachverhalt als sehr bedrohlich einordnen, liegt die Zahl bei 70 oder 80.

Übertragen Sie die Situationen aus der von Ihnen erstellten Liste, die zumindest mittleres Unbehagen oder Angst auslösen, also Situationen, die Sie mit etwa 50 Grad auf der Skala bewerten, in Tabelle 1. Vervollständigen Sie die Liste und tragen die Situationen oder Sachverhalte ein, die das Maß an Angst hervorrufen, das in der rechten Spalte angegeben ist. Sind Sie beispielsweise von dem Kontrollzwang betroffen, beim Autofahren immer wieder die gefahrene Strecke zu kontrollieren,

Tabelle 1:
Situationen, die bei mir Unruhe, Angst oder den Drang zu einem Zwangsverhalten auslösen

	Grad der Angst (0 – 100)*
1. _____	circa 50
2. _____	circa 60
3. _____	circa 65
4. _____	circa 70
5. _____	circa 75
6. _____	circa 80
7. _____	circa 85
8. _____	circa 90
9. _____	circa 95
10. _____	circa 100

*0 = keine Angst; 100 = größte Angst

bewerten Sie den Grad Ihrer Nervosität, wenn Sie auf einer belebten Straße mit vielen Fußgängern fahren müssen, ohne in den Rückspiegel sehen zu können. Wenn diese Situation das Schlimmste ist, was Sie sich vorstellen können, machen Sie eine entsprechende Eintragung bei etwa 100 Grad. Eine leere Landstraße entlangfahren ruft möglicherweise nur mäßige Angst hervor. Wenn das so ist, machen Sie eine entsprechende Eintragung bei etwa 50 Grad. Notieren Sie bis zu 10 Situationen.

Manche Menschen werden nicht durch tatsächliche Situationen oder Sachverhalte in Angst versetzt. Ihre Nervosität und Unruhe wird nur durch Gedanken, Bilder oder Impulse ausgelöst. Wenn Ihre Zwangsstörung dieser Art ist, überspringen Sie Tabelle 1 und wenden sich Tabelle 2 zu.

Die zweite Komponente von Zwangsgedanken bezieht sich auf Gedanken, Bilder oder Impulse, die bei Ihnen Unruhe, Angst und Scham auslösen. Beispiele dieser Denkweisen und Impulse sind etwa der Gedanke, sich selbst Schaden zuzufügen, indem Sie gegen einen Baum fahren, der Gedanke: »Ich bin verseucht« oder »Habe ich die Wohnungstür abgesperrt?« Die Abstufung der Unruhezustände ist keine leichte Aufgabe, nehmen Sie sich also Zeit, die zwanghaften Gedanken zu analysieren, die Ihnen am häufigsten in der letzten Woche durch den Kopf gegangen sind. Nehmen Sie Tabelle 2 zur Hand und tragen Sie Ihre Zwangsvorstellungen je nach Gewichtung in die entsprechende Zeile ein und gehen Sie dabei nach den in Tabelle 1 gegebenen Anweisungen vor.

Der dritte Teil von Zwangsgedanken bezieht sich darauf, daß Ihre Befürchtung eintritt, wenn Sie sich und andere *nicht* durch Denkzwänge schützen, indem Sie etwa Worte und Zahlen im Geist wiederholen, bestimmte Situationen meiden oder den Zwangsgedanken auf andere Weise bekämpfen. Wenn Sie Prüfungsangst haben, fürchten Sie möglicherweise, die wichtigsten Punkte Ihres Lernstoffes zu vergessen, wenn Sie das Material nicht ständig wiederholen. Wenn Sie unter Kontrollzwang leiden, machen Sie sich Sorgen, ein Einbrecher dringe in Ihr Haus ein, raube Ihren Besitz und füge Ihrer Familie Leid zu, nur weil Sie sich nicht vergewissert haben, ob Türen und Fenster wirklich verriegelt sind. Oder Sie sind von dem Zwang besessen, Ihr Haus könne abbrennen, weil Sie Herd oder Elektrogeräte nicht ausreichend überprüft haben. Wenn Sie unter Wiederholungszwängen leiden, haben Sie vielleicht Angst, Sie oder Ihre Lieben könnten einen schweren Unfall erleiden, wenn Sie Handlungen, Zahlen oder Worte nicht in bestimmter Reihenfolge wiederholen.

Wenn Sie unter Waschzwang leiden, haben Sie möglicherweise Angst, Sie könnten sich nach dem Umgang mit Haus-

Tabelle 2:
Gedanken, Bilder oder Impulse, die Angst bei mir auslösen

	Grad der Angst (0 – 100)*
1. _____	circa 50
2. _____	circa 70
3. _____	circa 80
4. _____	circa 90
5. _____	circa 95
6. _____	circa 100

*0 = keine Angst; 100 = größte Angst

haltsreinigern die Hände nicht sorgfältig genug waschen und sich und Ihre Familie vergiften. Oder Sie glauben, sich mit Krankheitserregern anzustecken, wenn Sie sich nach dem Benutzen der Toilette die Hände nicht sorgfältig genug waschen.

Manche Zwangskranke befürchten keine speziellen bevorstehenden Katastrophen. Sie befürchten nur, sich äußerst unbehaglich zu fühlen, wenn sie nicht waschen, putzen, prüfen oder ordnen. Andere fürchten, es könne ein Unglück geschehen, ohne genau zu wissen, was das sein könnte.

Denken Sie jetzt darüber nach, welche Konsequenzen Sie befürchten, wenn Sie Ihre Zwangshandlungen nicht ausführen oder Ihr Zwangsdenken nicht einhalten. Tragen Sie diese Ängste in Tabelle 3 ein. Achten Sie beim Notieren der befürchteten Konsequenzen darauf, daß es davon zwei Arten gibt. Erstens die Konsequenzen, die aus einer äußeren Situation hervorgehen, etwa in einer Prüfung zu versagen, einen Einbruch zu provozieren, weil die Haustür nicht verriegelt ist, oder sich zu infi-

Tabelle 3:
Befürchtete Konsequenzen, wenn nicht vermieden oder verdrängt wird

	Grad meiner Angst (50 – 100)*	Wie stark ist meine Überzeugung, daß etwas wirklich eintritt (0 – 100)**
A. Konsequenzen aufgrund äußerer Situationen		
1. _____	_____	_____
2. _____	_____	_____
3. _____	_____	_____
4. _____	_____	_____
B. Konsequenzen aufgrund meiner Gedanken oder Impulse		
1. _____	_____	_____
2. _____	_____	_____
3. _____	_____	_____
4. _____	_____	_____

*) 50 = mäßige Angst; 100 = größte Angst;
**) 0 = glaube nicht, daß etwas eintrifft; 100 = trifft mit Sicherheit ein

zieren, weil Sie einen unreinen Gegenstand berührt haben. Zweitens jene Konsequenzen, die durch Ihre Gedanken oder Impulse entstehen, etwa: »Ich ersteche aus Versehen mein Kind«, »Ich drehe durch und werde wahnsinnig«, oder »Ich werde immer wieder vom Pech verfolgt und immer unglücklich sein«. Denken Sie an Konsequenzen, die 50 bis 100 Grad auf Ihrer Bewertungsskala auslösen und tragen Sie diese Konsequenzen in Tabelle 3 ein. Tragen Sie neben jeder Besorgnis eine Zahl zwischen 50 und 100 ein, um den Grad Ihrer Angst zu bewerten.

Nun wollen wir Sie zu einer weiteren Bewertung jeder Konsequenz veranlassen. Bewerten Sie, mit welcher Wahrscheinlichkeit *Ihrer Meinung nach* eine befürchtete Konsequenz *eintritt*, wenn Sie aufhören zu ritualisieren oder den Zwangsgedanken zu bekämpfen. Es ist wichtig, daß Sie hierbei ruhig bleiben und eine möglichst rationale Entscheidung treffen, in welchem Maße Ihre Befürchtungen tatsächlich eintreffen werden. Verwenden Sie wieder die Skala 0 bis 100. 0 bedeutet: »Ich glaube keinesfalls, daß etwas eintritt, auch wenn ich große Angst habe.« 100 heißt: »Ich bin fest davon überzeugt, daß es eintritt.«

Sie haben festgestellt, daß Sie bestimmte Gegenstände, Situationen, Gedanken oder Aktivitäten vermeiden. Viele Betroffene, die unter Waschzwang leiden, weil sie Angst vor ansteckenden Keimen haben, benutzen keine öffentlichen Toiletten. David, von dem in Kapitel 2 die Rede war, vermied es, alleine Auto zu fahren oder seine kleine Tochter über Steinfußböden zu tragen. Von Ordnungszwang betroffene Menschen vermeiden es, Gäste einzuladen, weil sie ihre Ordnung zerstören könnten. Und der Vater, der Angst davor hat, seine Tochter zu erstechen, wird sämtliche Küchenmesser verstecken.

Welche Situationen vermeiden Sie, um ein gewisses Maß an Sicherheit herzustellen? Tragen Sie Situationen, Gegenstände, Gedanken oder Aktivitäten in Tabelle 4 ein. Tragen Sie daneben ein, wie oft Sie diese Situationen vermeiden, und benutzen die Skala 0 bis 100. 0 bedeutet: »Ich vermeide nie.« 100 bedeutet: »Ich vermeide immer.« Natürlich gibt es hier wie bei allen Skalen Zwischenstufen. Wenn Sie eine Situation einmal ver-

Tabelle 4:
Situationen, die ich vermeide, um mich sicher zu fühlen

	Grad meiner Vermeidung (0 – 100)*
1.	
2.	
3.	
4.	
5.	
6.	

*) 0 = Ich vermeide nie; 100 = Ich vermeide immer

meiden, das nächste Mal nicht, schreiben Sie eine 50 daneben. Diese Übung hilft Ihnen zu identifizieren, welche Situationen Sie gern vermeiden, und wird Ihnen helfen, Ihr Selbsthilfeprogramm in Kapitel 7 zu planen und zu erstellen.

Wie Sie Ihre Zwangshandlungen analysieren

Sie wissen nun wesentlich mehr über Ihre Ängste und Zwangsgedanken, da Sie die Symptome nach unterschiedlichen Komponenten eingeteilt haben. Als nächstes wenden wir uns Ihren Zwangshandlungen zu, die wir auch Rituale nennen. In Tabelle 5 finden Sie eine Liste von Zwangshandlungen und Gedanken. Kreuzen Sie jede Zwangshandlung an, die Sie ausführen. Nun bewerten Sie die Rituale, die Sie angekreuzt haben und setzen hinter das häufigste Ritual eine 1, hinter das zweithäufigste Ritual eine 2 etc.

Beginnen Sie mit dem Ritual, das den meisten Zeitaufwand beansprucht, beschreiben Sie die häufigste Handlung, die Sie bei diesem Ritual ausführen, und schätzen Sie, wieviel Zeit Sie an einem normalen Tag damit verbringen. Wenn Sie beispielsweise unter Waschzwang leiden: Wie oft waschen Sie sich tagsüber die Hände? Wie lange dauert jedes Händewaschen? Waschen Sie nur die Hände oder auch die Unterarme? Wie häufig duschen Sie? Wie lange dauert jede Dusche? Welche Reinigungsmittel verwenden Sie? Wenn Sie ein Putzteufel sind: Welche Gegenstände putzen Sie am häufigsten? Wieviel Zeit verbringen Sie damit, Ihre Kleider zu reinigen? Die Kleidung anderer, Möbel, Fußböden, Waschbecken, Toiletten? Wenn Sie zwanghaft kontrollieren müssen, nennen Sie das, was Sie am häufigsten prüfen:

Türen, Fenster, Elektrogeräte, Licht im Haus oder im Büro, Ihren Wagen, die Strecke, die Sie gerade gefahren sind, Ihr Scheckbuch, ausgefüllte Formulare.

Wenn Sie unter Ordnungszwang leiden, beschreiben Sie genau, was Sie ordnen. Streichen Sie das Bett lange und sorgfältig glatt? Bürsten Sie Kleider ständig aus? Hängen Sie Bilder gerade? Ordnen Sie andere Dinge im Haus? Schubladen? Ordnen Sie Gegenstände symmetrisch und millimetergenau?

In späteren Kapiteln wird Ihnen dieses Informationsmaterial helfen, Ihr eigenes Selbsthilfeprogramm zu gestalten. Das wird Ihnen die Entscheidung erleichtern, welche Merkmale Ihrer Rituale Sie verändern können und mit welchen Ritualen Sie sich zuerst befassen sollten.

Wie Sie Zwangsgedanken und Zwangshandlungen von anderen psychischen Störungen unterscheiden

Nun denken Sie über die Zusammenhänge zwischen Ihren Zwangsgedanken und Zwangshandlungen nach. Führen Sie Rituale wie Händewaschen aus, um Ihre Angst vor Krankheit zu

Tabelle 5:
Zwangshandlungen und Denkzwänge

Zwangshandlung	Rangordnung
_____ Waschen	_____
_____ Putzen	_____
_____ Kontrollieren	_____
_____ Wiederholungshandlungen	_____
_____ Gegenstände ordnen	_____
_____ Sammeln	_____
_____ Beten	_____
_____ Denkrituale	_____
_____ ›Gute‹ Zahlen	_____
_____ Gedankliches Auflisten oder	_____
_____ Erinnern	_____
_____ Sonstiges	_____

Handlungsablauf meiner Rituale	Täglicher Zeitaufwand
Ritual Nr. 1: _____	_____
Handlung: _____	
Ritual Nr. 2: _____	_____
Handlung: _____	
Ritual Nr. 3: _____	_____
Handlung: _____	
Ritual Nr. 4: _____	_____
Handlung: _____	

mildern? Oder wiederholen Sie Handlungen, wie auf den Tisch klopfen oder sich immer wieder durchs Haar streichen, ohne zu wissen, warum Sie es tun? Ihre Antworten auf diese Fragen sind sehr wichtig.

Unser Selbsthilfeprogramm ist auf Menschen zugeschnitten, die glauben, ihre Ängste und Zwangshandlungen seien übersteigert und lästig, und denen bewußt ist, daß ihre Zwangshandlungen und Vermeidungen dazu dienen, ihre Ängste zu verringern.

Wenn Sie nicht erkennen, daß Ihr Zwangsverhalten Sie davor bewahrt, von Ihren Befürchtungen überwältigt zu werden, und Ihre Zwangshandlungen automatisch ablaufen, dann schlagen wir Ihnen vor, einen Fachpsychologen um Anleitung aufzusuchen. Ein geschulter Psychologe kann Ihnen helfen, festzustellen, ob Ihre Symptome auf eine anderweitige Störung zurückzuführen sind.

Viele Patienten, die unter andersgearteten psychischen Störungen leiden, haben sich ebenfalls die Wiederholung starrer Handlungsabläufe zur Gewohnheit gemacht. Schizophrene weisen beispielsweise Wiederholungshandlungen auf, wenn sie ihre Hände auf bestimmte Art und Weise bewegen oder sich einen ›steifen‹ Gang angeeignet haben.

Auch Patienten mit organischen Störungen, wie Hirnschädigungen oder geistiger Behinderung weisen ähnliche stereotype Bewegungen auf. Das Verhalten des Zwangskranken *unterscheidet* sich jedoch in vieler Hinsicht von anderen Wiederholungshandlungen. Die Zwangshandlung des Zwangskranken dient dem Zweck, einen zwanghaften Gedanken oder eine Vorstellung zu neutralisieren; sie zielt direkt darauf ab, zwanghafte Befürchtungen zu beschwichtigen oder eine drohende Katastrophe abzuwenden.

Menschen, die aufgrund anderer psychischer Störungen Rituale durchführen, haben meist keine logische Erklärung für ihr Vorgehen. Nur Zwangskranke können mit plausiblen Erklärungen Bezüge zwischen Zwangsdenken und -handeln herstellen – sie leiden unter ständigen unangenehmen Gedanken (Zwangsdenken) und ergreifen wiederholt Maßnahmen (Zwangshandlung), um sich Erleichterung zu verschaffen.

Auch Zwangshandlungen unterscheiden sich in ihrer Struktur von Gewohnheiten anderweitig psychisch gestörter Menschen, etwa: ständiges Essen, Nägelbeißen, die Sucht, sich immer wieder Haare auszureißen, die sogenannte Trichotillomanie.

Diese Handlungen werden nicht begangen, um übersteigerte Unruhe, Ängste oder Schamgefühle auszugleichen. Die Betroffenen beschwören keine Katastrophe herauf, wenn sie dem Drang widerstehen, ihre nervösen Gewohnheiten auszuführen.

Eßsüchtige spüren beispielsweise häufig ein allgemeines Anwachsen innerer Spannungen, hieraus entsteht das Bedürfnis zu essen. Sie widerstehen zunächst dem Gang zum Kühlschrank, geben schließlich doch nach und stopfen sich mit Essen voll.

Dieses übermäßige Essen verschafft ihnen vorübergehende Erleichterung von ihrer Anspannung, auch wenn sie hinterher Schuld- oder Schamgefühle entwickeln oder die Folgen ihrer Eßsucht bedauern.

Im Gegensatz zu Eßsüchtigen versuchen Zwangskranke nicht, sich durch ihr Zwangsverhalten bloß Erleichterung von einer *allgemeinen* Spannung zu verschaffen. Sie leiden unter einer *spezifischen* Angst, von der sie sich befreien wollen, und sie befürchten häufig *spezifische* Konsequenzen, wenn sie ihre Ritualhandlung nicht durchführen, etwa: »Wenn ich mir die Hände nicht wasche, stecke ich mich an und werde krank.« Oder: »Wenn ich die Elektrogeräte nicht überprüfe, brennt das Haus ab.« Die Zwangshandlungen zielen direkt darauf ab, Zwangsgedanken zu vertreiben oder befürchtete Folgen zu verhindern.

Ein weiterer Irrtum, der bei der Diagnose der Zwangskrankheit auftreten kann, bezieht sich auf die zwanghafte Persönlichkeit. Wir alle kennen Menschen, die unentwegt nach Vollkommenheit streben, die sich strikte, häufig unerreichbare Normen setzen, die extremen Wert auf Detailgenauigkeit legen, sich starre Lebensprinzipien auferlegen, von denen sie nur äußerst ungern abweichen.

Menschen mit zwanghafter Persönlichkeitsstruktur sind

übertrieben auf Sauberkeit und Ordnung bedacht, und achten peinlich genau darauf, keine Fehler zu machen. Die Persönlichkeit dieser Menschen weist dem äußeren Anschein nach Ähnlichkeiten mit Zwangskranken auf. Auch manche zwanghaften Menschen haben zwanghafte Persönlichkeitsstrukturen; andere wiederum nicht. Das heißt, nicht jeder ordentliche, peinlich auf Sauberkeit bedachte Mensch ist ein Zwangskranker.

Ebensowenig sind alle Zwangskranken übertrieben sauber und ordentlich. Wenn Sie beispielsweise das Haus einer unter Waschzwang leidenden Patientin betreten, finden Sie möglicherweise Unordnung und Schmutz vor, weil die Frau so sehr mit ihren Ritualen gegen ihre Angst vor Ansteckung beschäftigt ist, daß ihr keine Zeit bleibt, die Wohnung sauber zu halten.

Viele dieser Betroffenen, auch Robin, die wir in der Einführung kennengelernt haben, putzen ihr Haus deshalb nicht, weil sie befürchten, ansteckende Krankheitserreger und Mikroben im ganzen Haus zu verbreiten.

An dieser Stelle möchten wir noch einmal betonen, daß die meisten Zwangskranken die Fähigkeit besitzen zu erkennen, daß sowohl ihre Zwangsgedanken als auch ihre Zwangshandlungen größtenteils sinnlos sind. Obgleich sie viel Energie darauf verwenden, sich Sorgen wegen etwaiger Katastrophen zu machen, und versuchen, sich und andere vor Schaden zu bewahren, sind sie sich bewußt, daß ihre Zwangsgedanken in ihrem eigenen Kopf entstehen und ihnen nicht von einer äußeren Macht aufgezwungen wurden.

Sie wissen, daß sie für ihre Zwangshandlungen selbst verantwortlich sind, selbst wenn sie glauben, keine Kontrolle darüber zu haben. Die meisten erkennen, daß ihre Zwangsgedanken und -handlungen irrational sind, und bemühen sich, ihnen zu widerstehen.

Eine weitere psychische Störung, die häufig bei Menschen mit Zwangsverhalten auftritt, ist die Depression. Es ist nicht erstaunlich, daß Menschen depressiv werden, deren Leben durch Zwangsgedanken und unaufhörliche Wiederholungshandlungen beherrscht ist.

In den meisten Fällen versinkt der Betreffende in Depression als Reaktion auf seine Zwangssymptome. Nach erfolgreicher Behandlung der Zwangssssymptome flaut vielfach auch die Depression ab.

In manchen Fällen entwickelt sich die Depression zuerst. Für diese Menschen sind Zwangsgedanken und ständiges Grübeln Bestandteil einer depressiven Verstimmung. Depressive Menschen halten sich für fehlerhaft und nutzlos. Sie nehmen ihr Umfeld als negativ und freudlos wahr. Und sie halten gegenwärtige Probleme und Frustrationen für dauerhaft und beständig.

In ihrer Vorstellung gestaltet sich das Morgen ebenso negativ und freudlos wie das Heute. Ihr zwanghaftes Denken dreht sich meist um folgende Aussagen: »Ich bin ein wertloser Mensch«, »Mir wird es nie besser gehen«, »Niemand hat mich gern. Wieso auch?«

Wenn Sie depressiv sind, fehlt Ihnen die Energie und die Motivation, um Ihr Selbsthilfeprogramm alleine durchzuarbeiten. Sie haben jedoch die Möglichkeit, Freunde miteinzubeziehen, die Sie in Ihrem Vorhaben unterstützen und Ihnen bei der Durchführung Ihrer Übungen helfen. Eine zweite Möglichkeit ist, wegen Ihrer Depression vor oder während Ihres einführenden Selbsthilfeprogramms einen Fachpsychologen zu Rate zu ziehen.

Brauchen Sie professionelle Hilfe?

Nun haben Sie Ihre Symptome analysiert und festgestellt, daß Sie tatsächlich unter Zwangsgedanken und -handlungen leiden, und sind in der Lage zu entscheiden, ob Sie das Selbsthilfeprogramm alleine oder unter Anleitung eines Fachpsychologen durcharbeiten wollen. Nehmen Sie sich Ihre Eintragungen in den Tabellen 1 – 5 in diesem Kapitel noch einmal vor. Haben Sie mehrere Punkte in Tabelle 1 und 2 mit ›circa 90‹ oder ›circa 100‹ bewertet?

Haben Sie in Tabelle 3 einen Punkt in der rechten Spalte mit circa 100 bewertet und damit Ihre feste Überzeugung zum Ausdruck gebracht, daß eine befürchtete Konsequenz tatsächlich eintreten wird? Nun betrachten Sie Ihre Eintragungen in Tabelle 5. Addieren Sie die Anzahl der Stunden, die Sie täglich mit Ihren Ritualen verbringen. Verwenden Sie außerdem tagsüber viel Zeit mit Zwangsgedanken? Addieren Sie die damit verbrachte Zeit zu Ihren Ritualen. Beträgt die Summe mehr als zwei Stunden?

Diese Antworten helfen Ihnen, eine Entscheidung zu treffen. Wenn Sie unter schweren Symptomen leiden (Tabelle 1 und 2), *fest* daran glauben, daß einige Ihrer größten Befürchtungen sich bewahrheiten werden (Tabelle 3) und Sie *zwei oder mehr Stunden pro Tag* mit Zwangshandlungen (Tabelle 5) oder mit Zwangsgedanken verbringen, raten wir Ihnen, die Anleitung eines Psychologen in Anspruch zu nehmen, der auf die Behandlung von Zwangsstörungen spezialisiert ist. Dieser Experte wird Sie beraten und Ihnen helfen, unser Selbsthilfeprogramm durchzuarbeiten.

Diese Empfehlung geschieht aufgrund Ihrer ernsthaften Symptome, die Sie immer wieder beeinträchtigen und Ihnen das Leben schwer machen. Schwere Symptome sind ohne fremde Hilfe schwieriger zu bewältigen.

Welches Selbsthilfeprogramm ist für Sie angebracht?

Nun sind Sie bereit, mit Ihrem Selbsthilfeprogramm zu beginnen. Egal, ob Sie es allein durcharbeiten, mit Unterstützung eines Freundes oder unter Anleitung eines Psychologen, jeder sollte mit dem einführenden Selbsthilfeprogramm beginnen, das in den nächsten drei Kapiteln erläutert wird. Es ist für alle Menschen geeignet, die unter Zwangsstörungen leiden, und es ist das geeignete Programm für Menschen mit *chronischen Ängsten und Zwangsgedanken*.

Falls Sie darüber hinaus auch unter Zwangshandlungen leiden, üben Sie die Techniken des einführenden Selbsthilfeprogramms, wie in Kapitel 5 beschrieben, *beharrlich und jeden Tag* über mehrere Wochen hindurch. Wenn Sie eine Besserung feststellen, ist dieses Programm für Sie ausreichend. Sollten Sie jedoch nach einigen Wochen keine Besserung verzeichnen, oder Ihnen die Vorschläge in diesem Programm nicht helfen, Ihre Symptome in den Griff zu bekommen, gehen Sie zu Teil III dieses Buches über und arbeiten das intensive Drei-Wochen-Programm durch.

Teil II

Das einführende Selbsthilfe-Programm

KAPITEL 4

Die Herausforderungen annehmen

In diesem Kapitel werden wir erklären, welche grundlegenden Veränderungen Sie in Ihrem Denken und Ihrem Verhalten vornehmen müssen, bevor Sie sich von Ihren Zwangssymptomen befreien können. Diese Veränderungen dienen zur Vorbereitung auf die spezifischen Selbsthilfe-Techniken, die wir in den folgenden Kapiteln darlegen werden.

Ein Merkmal von Zwangssymptomen ist ihre im Lauf der Zeit zunehmende Hartnäckigkeit und Intensität. Das nachfolgende Diagramm veranschaulicht diesen Prozeß. Zunächst werden Ihre Zwangsgedanken durch einen Auslöser stimuliert. Dieser Auslöser kann ein Gegenstand des täglichen Lebens sein, beispielsweise ein Lichtschalter in Ihrer Wohnung oder ein Türknauf an der Eingangstür eines Kaufhauses. Vielleicht auch nur ein flüchtiger Gedanke. Dieser Auslöser aktiviert einen zwanghaften Gedanken, ein Bild, einen Impuls.

Sobald das Zwangsdenken einsetzt, befallen Sie Besorgnisse und Ängste. Da Zwangsgedanken sich in Ihren Gedanken einnisten, beschäftigen Sie sich lange Zeit damit. Dieser Zustand ist äußerst unangenehm, und Sie haben den verständlichen Wunsch, ihn loszuwerden. Bei früheren Gelegenheiten haben Sie die Feststellung gemacht, daß Sie sich durch eine anderweitige Beschäftigung vorübergehend von Ihren unangenehmen Gedanken lösen können. Daher löst Ihr starker Wunsch nach Erleichterung den Drang zum Zwangsverhalten aus. Sie folgen dem unwiderstehlichen Drang – d. h. Sie waschen, prüfen etc. Manchmal versuchen Sie auch dem Zwangsverhalten zu widerstehen, das seinerseits beängstigend sein kann.

Nach der Zwangshandlung erleben Sie meist eine gewisse Erleichterung. Diese Erleichterung ist allerdings nur kurzfristig, und bald setzt ein anderer Auslöser den Kreislauf erneut in Gang. Das Muster setzt sich fest, da Sie mit der Ritualisierung den einzigen Weg gefunden haben, sich Erleichterung zu ver-

1. AUSLÖSENDES
EREIGNIS

2. ZWANGSGEDANKEN
SETZEN EIN

3. BEFÜRCHTUNGEN UND
ÄNGSTE ENTSTEHEN

4. DER DRANG ZUM
ZWANGSVERHALTEN
ENTSTEHT

5. ZWANGSRITUAL
WIRD AUSGEFÜHRT

6. ERLEICHTERUNG UND
SELBSTKRITIK

Der Verlauf von Zwangssymptomen

schaffen. Am Ende eines jeden Zyklus sind Sie entmutigt, enttäuscht und selbstkritisch – wieder einmal haben Sie sich diesem irrationalen Denk- und Verhaltensmuster ergeben.

Sämtliche Therapien gegen Zwangsstörungen, ob mit einem Fachpsychologen oder in der Selbsthilfe, zielen darauf ab, diesen Teufelskreis zu durchbrechen. In den beiden nächsten Kapiteln werden wir Ihnen zeigen, welche grundsätzlichen therapeutischen Prinzipien Sie anwenden können, um dieses Muster zu durchbrechen und Ihre Symptome unter Kontrolle zu bringen.

Die vier Herausforderungen

Es gibt vier Aufgaben, denen Sie sich stellen müssen, wenn Sie sich auf den Weg machen, Ihre Symptome unter Kontrolle zu bekommen:

Aufgabe Nr. 1: Ihr fester Entschluß, Ihre Störung zu besiegen. Sie müssen wissen, daß jetzt der richtige Zeitpunkt für Sie gekommen ist, die nötigen Veränderungen vorzunehmen, um Ihre Zwangssymptome zu besiegen. Zunächst müssen Sie überzeugt davon sein, das Recht auf ein angenehmes, ausgeglichenes Leben zu haben. Ihre Zwangsstörung hat Ihnen lange genug das Leben schwergemacht. Deshalb sind Sie bereit, alle nötigen Schritte zu tun, um Ihr Leben wieder in Ordnung zu bringen.

Zweitens müssen Sie daran glauben, Ihre Zwangsstörung besiegen zu können. Sie wissen, daß dies möglich ist, daß andere Menschen mit ähnlichen Störungen Besserung gefunden haben, und daß auch Sie sich ändern können. Wir werden Ihnen helfen, diese Überzeugung zu vertiefen und Ihnen im Verlauf dieses Buches immer wieder Leidensgenossen vorstellen, die ihre Störungen besiegt haben.

Wenn Sie die angebotenen Vorschläge befolgen, müssen Sie das Risiko eingehen, mit Alternativen zu experimentieren, die sich von Ihren gegenwärtigen zwanghaften Praktiken total unterscheiden. Bislang haben Sie sich beispielsweise dafür entschieden, sich ständig über angstauslösende Faktoren Sorgen zu machen. Manche von Ihnen haben außerdem Gedanken oder Verhaltensweisen wiederholt, um drohende Katastrophen abzuwenden. Wir werden Sie systematisch dazu anleiten, Ihre Denk- und Verhaltensweisen zu verändern. Wir fordern Sie auf, aufzuhören, sich wie bisher Sorgen zu machen und Ihr Zwangsverhalten zu verändern. Das Risiko einzugehen, alte Gewohnheiten aufzugeben und neues Verhalten auszuprobieren, erfordert einen festen Glauben an den Erfolg dieses neuen Prozesses, und eine große Portion Mut, da wir keine Garantie haben, ob das Neue, das wir ausprobieren, auch funktioniert. Hier ist Ihre Beharrlichkeit und Ausdauer gefragt. So werden

Sie kurzfristige Zweifel, Ungewißheiten und Unbehagen überwinden, um Selbstheilung zu finden. Ihre Entschlossenheit wird Ihnen helfen, Enttäuschungen und Schwierigkeiten zu überwinden, die im Verlauf der Arbeit mit Ihrem Selbsthilfeprogramm auftauchen.

Aufgabe Nr. 2: Ihre Einsicht, daß Ihre Ängste irrational sind.
Vergessen Sie nicht, Zwang gilt als Angststörung, weil er auf der angstvollen Beschäftigung mit *unrealistischen* Sorgen beruht. Doch die Zwangsgedanken sind so mächtig und beunruhigend, daß Sie davon überwältigt werden. Sie glauben, es handle sich um echte Bedrohungen und bemühen sich, einen Weg zu finden, wie Sie sich und andere vor den schlimmen Folgen schützen können.

Wenn Sie Angst davor haben, tödlich ansteckende Krankheitskeime zu übertragen, Ihr eigenes Kind zu töten oder einen schrecklichen Unfall zu verursachen, sind dies furchtbare Ängste. Was kann Sie davon überzeugen, daß Ihre Befürchtungen irrational sind? Diese Gedankengänge haben die Tendenz, Ihre Symptome zu verstärken. Wir fordern Sie auf, sich eine neue Überzeugung zuzulegen: Ihre zwanghaften Besorgnisse sind total übertrieben.

Zugegeben, vernünftig zu denken ist extrem schwierig, wenn wir Angst haben. Es ist also nicht erstaunlich, daß Sie bei aller objektiven Sichtweise Ihrer Zwangsgedanken im Augenblick des Zwangsdenkens Ihre Ängste für begründet halten. Unsere Selbsthilfetechniken werden Ihnen helfen, zu der Überzeugung zu gelangen, daß Ihre Befürchtungen unbegründet sind. Wenn Sie diese Sichtweisen bei zukünftigen Zwangsgedanken beibehalten und vertiefen, werden Sie mit dieser neuen Denkweise sachlicher reagieren können.

Aufgabe Nr. 3: Ritualisieren ist nicht der einzige Weg, Ihre Ängste zu verringern.
Die meisten Zwangskranken glauben, ihr Leben lang unglücklich zu bleiben, falls sie keine Rituale durchführen. Kein Wunder, daß sie ihre Rituale beibehalten, um einen gewissen Grad an Wohlbefinden zu garantieren. Falls auch Sie dieser Auffas-

sung sind, müssen Sie bereit sein, diese Überzeugung aufzugeben, um zu entdecken, daß es andere Methoden gibt, sich von Ängsten zu befreien. Es wird außerordentlich schwierig sein, sich von Ihrem Zwangsverhalten zu trennen, wenn Sie nicht die Bereitschaft haben, mit neuen Verhaltensweisen zu experimentieren. Solches Experimentieren erfordert, zunächst in Betracht zu ziehen, daß andere Möglichkeiten auch funktionieren können. Auch hier verlangt die Bereitschaft, Verhaltensweisen zu verändern, Ihren Mut, da Ihr Zwangsverhalten Ihnen in der Vergangenheit unleugbar gewisse Dienste geleistet hat.

Aufgabe Nr. 4: Akzeptieren Sie Ihre Zwangsgedanken statt sie zu bekämpfen.
Dies ist die bei weitem schwierigste Aufgabe. Oberflächlich betrachtet scheint dieser Punkt der 1. Aufgabe zu widersprechen. Einerseits verlangen wir von Ihnen, zur Einsicht zu kommen, daß Ihre Besorgnisse irrational sind, andererseits sollen Sie Ihre Befürchtungen akzeptieren. Das klingt unlogisch. Und Sie haben recht. In Kapitel 1 sprachen wir über die Wirkung von Paradoxen: Entscheidungen, die *gegen* jede Logik erfolgen. Hier haben wir den Fall, in dem eine paradoxe Verlagerung Ihrer Denkweisen starken Einfluß darauf nimmt, wie sehr ein Zwangsgedanke von Ihnen Besitz ergreift. Wenn der Zwangsgedanke Ihnen weniger zu schaffen macht, werden Sie sich auch weniger häufig und intensiv damit beschäftigen. Sie müssen einsehen, daß Ihre Zwangsgedanken unrealistisch sind, müssen aber auch gleichzeitig *akzeptieren*, daß Sie diese haben. Wenn Sie diese Aufgabe meistern, werden Sie erstaunt sein, wie schnell Sie positive Resultate erzielen.

Sehen wir uns diesen Vorgang näher an. Sie sind sich, wie die meisten Zwangskranken, klar darüber, wie sehr Sie sich bemühen, Ihren Zwangsgedanken zu widerstehen. Da Sie wissen, welche psychischen Qualen Sie durchmachen, wenn Sie von diesen Gedanken gefangen sind, haben Sie Angst davor und bemühen sich, sie um jeden Preis zu vermeiden. Psychologische Studien haben ergeben, daß der Versuch, Gedanken zu verdrängen, nur zu ihrer hartnäckigeren Präsenz führt.

Je mehr Sie Ihre Zwangsgedanken bekämpfen, desto fester

setzen sie sich in Ihrem Kopf fest; desto beharrlicher kehren sie zurück. Ihr Bemühen, Probleme auf diese Weise zu lösen, verstärkt sie stattdessen.

Demzufolge müßten Zwangsgedanken sich verringern, wenn man sie akzeptiert. Und genau das geschieht, wenn Patienten sich ihren Ängsten direkt stellen, sie sogar fördern; die quälenden Gedanken flauen allmählich ab – als würde man einer Flamme die Gaszufuhr abdrehen. Ihre Zwangsgedanken üben weiterhin großen Einfluß auf Sie aus, solange Sie Angst davor haben und gegen sie ankämpfen. Wenn Sie Ihren Widerstand aufgeben, verlieren Ängste ihre Macht über Sie.

Logisch betrachtet, leuchtet Ihnen diese Erklärung ein. Doch echtes Vertrauen in dieses Prinzip können Sie erst gewinnen, wenn Sie es in die Praxis umsetzen. Und dafür brauchen Sie eine Portion Mut: Wir werden Sie auffordern, Techniken zu üben, von denen Sie befürchten, sie würden Ihre Ängste verschlimmern, statt Ihnen Erleichterung zu verschaffen.

Natürlich will kein Mensch bewußt Zwangsgedanken haben, und der Zweck der Therapie ist, sie loszuwerden. Doch der von uns vorgeschlagene Ansatz birgt einen Widerspruch. Er fordert Sie zu einer Vorgehensweise auf, die oberflächlich betrachtet unlogisch erscheint. Die widersprüchliche Position, zu der wir Sie anregen, lautet: »Um meine Zwangsgedanken loszuwerden, bin ich bereit, sie zu akzeptieren.« Akzeptieren Sie das, was geschieht, sobald Sie von Ihren Zwangsgedanken in Beschlag genommen werden. Ängste akzeptieren bedeutet, daß Sie eine neue, anderslautende innere Stimme aktivieren. Diese Stimme sagt nicht: »Ich darf nicht zulassen, daß diese Zwangsgedanken jetzt von mir Besitz ergreifen, das wäre furchtbar.« Sie bezieht eine völlig andere Position: »Es macht nichts, wenn meine Zwangsgedanken wieder über mich kommen.«

Das Muster beginnt sich zu verändern

Ihre Symptome existieren nicht in einem Vakuum. Sie stehen in Zusammenhang mit einem zyklischen Muster von Gedanken, Aktionen und Reaktionen. Wenn Sie Ihre Zwangsgedanken daran hindern können, direkt Zwangshandlungen auszuführen, wenn es Ihnen gelingt, Ihre Ängste und Befürchtungen zu reduzieren, können Sie verhindern, daß Ihr typisches Muster sich wieder einstellt. Es gibt keinen Grund, irrationale Zwangsgedanken frontal anzugreifen. Statt zu versuchen, sie direkt und verbissen loszuwerden, fordern wir Sie auf, die Art zu verändern, mit der Sie darauf reagieren.

Wenn Sie die vier genannten Aufgaben akzeptieren, beginnen Sie das Muster zu ändern (siehe Tabelle 6). Die Macht Ihrer Zwangsgedanken und -handlungen läßt nach, wenn Sie entschlossen sind, Ihre Symptome zu besiegen, wenn Sie sich das unrealistische Wesen Ihrer Ängste vor Augen führen, und wenn Sie bereit sind, neue Möglichkeiten in Betracht zu ziehen, die sich von Ihren bisherigen Ritualen der Streßreduzierung unterscheiden.

Aufgabe Nr. 4, das Akzeptieren Ihrer Zwangsgedanken, statt ihnen den Kampf anzusagen, stellt den ersten Schritt zur Veränderung Ihrer Denk- und Verhaltensmuster dar. Hier beginnen die ersten Übungen an Ihren Selbsthilfetechniken.

Tabelle 6
Die vier Herausforderungen akzeptieren

Problemstandpunkt	Selbsthilfestandpunkt
1. Ich werde immer mit diesem Problem belastet sein.	1. Ich bin jetzt entschlossen, dieses Problem zu überwinden.
2. Ich glaube, meine zwanghaften Befürchtungen sind zutreffend.	2. Meine Zwangsgedanken sind übertrieben und unrealistisch.
3. Ich kann meine Befürchtungen nur durch Zwangsrituale verringern.	3. Es gibt andere Möglichkeiten, um meine Befürchtungen zu verringern.
4. Ich *muß* aufhören, diese Zwangsgedanken zu haben.	4. Ich akzeptiere meine Zwangsgedanken.

Wenn Ihr Zwangsdenken einsetzt, lassen Sie diese Gedanken einfach zu. Arbeiten Sie daran, nicht gegen Zwangsvorstellungen anzukämpfen und sich keine kritischen Selbstvorwürfe deswegen zu machen. Ihr grundsätzlicher Standpunkt lautet von nun an: »Es ist okay, diese Gedanken zu haben.«

Finden Sie eine neue Einstellung.
Der Gedanke: »Es macht nichts, Zwangsgedanken zu haben«, darf sich nicht nur in schwierigen Augenblicken einstellen, er sollte vielmehr eine grundsätzliche Veränderung Ihrer Einstellung reflektieren. Seine Wirksamkeit hängt von Ihrer Bereitschaft ab, daran zu glauben. Sobald Sie also feststellen, daß sich ein Zwangsgedanke einschleicht, lassen Sie diesen Gedanken einfach zu. Mit diesem Zulassen heißen Sie ihn willkommen, machen ihn zu einem erwünschten Gedanken. Sobald Sie das akzeptieren, müssen Sie nicht dagegen ankämpfen, um etwas loszuwerden. Mit Ihrer Akzeptanz reduzieren Sie also Ihren unwiderstehlichen Drang zu ritualisieren.

Wir unterstellen keineswegs, daß dieser Ansatz – Zwangsgedanken zu akzeptieren und zugleich deren Inhalt als irrational erkennen – die quälenden Gedanken sofort vertreibt. Wäre es so einfach, hätten Ihre Symptome nie solche Ausmaße angenommen. Die Verlagerung Ihrer Sichtweise ist aber der erste wichtige Schritt zur Heilung. Der Willensakt, Ihre Zwangsgedanken zu akzeptieren statt sie zu bekämpfen, basiert auf Ihrer Entscheidung, den Inhalt Ihrer Gedanken oder Bilder nicht nach dem Augenschein zu bewerten (Aufgabe 2). Wenn Sie sich klarmachen, daß Ihre spezifischen Befürchtungen übersteigert sind, können Sie mit großer Wahrscheinlichkeit verhindern, daß Ihre Ängste eskalieren.

Im nächsten Kapitel werden wir mehrere Wege beschreiben, mit deren Hilfe Sie Ihre Ängste und Besorgnisse reduzieren können. In Kapitel 6 stellen wir Ihnen Techniken vor, mit deren Hilfe Sie Ihre Rituale verändern können, als Vorbereitung, Ihre Rituale völlig aufgeben. Wenn Sie sich dafür entscheiden, diese Möglichkeiten zu erforschen, gibt es eine weitere Sichtweise, die Ihrem Fortschritt dient. Sie sind im Begriff, eine mächtige und kampferprobte Festung einzunehmen. Um das zu bewerkstelligen, brauchen Sie Geduld. Beurteilen Sie nicht vorschnell den Wert oder Unwert einer bestimmten Technik, die darauf abzielt, Ihre Einstellungen, Emotionen oder Ihr Verhalten zu verändern.

Wenn Sie eine Technik vorschnell verwerfen, oder sich zu früh entmutigen lassen, weil Sie glauben, zu geringe Fortschritte zu erzielen, behindern Sie Ihren Erfolg. Oft betrachten die Menschen jede Konfrontation mit ihren Symptomen als Test, wie gut oder schlecht sie vorankommen, ob sie gut oder schlecht in der Lage sind, sich zu verändern. Mit jedem Mal, wenn Sie Ihre Erfahrung als Prüfung werten, setzen Sie sich der Enttäuschung, Entmutigung, Selbstkritik und Resignation aus.

Wir ermutigen Sie, Ihre Erfahrungen als Übungen zu betrachten. Auf diese Weise können Sie bewerten, was Sie gelernt haben, und gleichzeitig erkennen, welche Probleme schwieriger zu bewältigen sind und vermehrte Aufmerksamkeit erfordern. Wichtiger noch, Sie werden Ihre eigenen Bemühungen und Ihren Selbstwert während des Selbsthilfeprogramms steigern.

KAPITEL 5

Befürchtungen und Zwangsgedanken loslassen

In diesem Kapitel beschäftigen wir uns damit, wie Sie Ihre Befürchtungen und Zwangsgedanken überwinden. Wir zeigen Ihnen neue Wege, wie Sie Ihr Verhalten gegenüber Ihren Ängsten verändern können. Danach legen wir vier erprobte und wirksame Selbsthilfetechniken dar, die Sie üben können, wenn Sie gerade nicht von Ängsten geplagt werden. Diese Techniken stärken Ihre Fähigkeit, Ihre Zwangsgedanken unter Kontrolle zu bringen, sobald sie einsetzen.

Zuvor noch eine Erklärung: In Kapitel 1 haben wir Befürchtungen als angsterzeugende Gedanken zu Themen identifiziert, die sich von einem Tag zum nächsten verändern können. Wir haben Zwangsgedanken als besorgniserregende Gedanken, Bilder oder Impulse definiert, die ständig wiederkehren. Die im folgenden Kapitel geschilderten Techniken erweisen sich im Einsatz gegen Befürchtungen und Zwangsgedanken als nützliche Hilfen. Daher wenden wir die Begriffe gleichwertig und abwechselnd an.

Was ist während des Zwangsgedankens zu tun?

Wir fordern Sie nun auf, Aufgabe 4 aus Kapitel 4 in Angriff zu nehmen. Wenn Ihre Besorgnisse einsetzen, haben Sie zwei Möglichkeiten: Sie können erstens gegen den Zwangsgedanken ankämpfen und ihm Widerstand entgegensetzen. Dieser Weg verstärkt, wie wir wissen, Ihre Ängste und festigt den quälenden Gedanken. Bisher haben Sie jedoch in der genannten Weise darauf reagiert. Wir raten Ihnen nun, es mit einer anderen Möglichkeit zu versuchen: *Akzeptieren* Sie den Angstgedanken. Obwohl Ihr großes Ziel darin besteht, mit dem Zwangsdenken aufzuhören, führt der beste Weg zum *Erreichen* dieses Zieles über die innere Einstellung der Akzeptanz: Es ist in Ordnung, daß ich gerade diesen Gedanken habe, und es macht mir nichts aus, wenn er wiederkommt.

Vergessen Sie nicht, Zwangsgedanken sind *unerwünschte* Gedanken oder Bilder. Mit der Entscheidung, sie zuzulassen, erhöhen Sie Ihre Kontrolle über Ihre Gedanken. Das stellt bereits eine signifikante Veränderung Ihrer Denk- und Verhaltensmuster dar, ist aber nur ein erster Schritt. Sobald Sie diesen Schritt getan haben, muß der nächste Schritt darin bestehen, weitere Wege zu finden, Ihre Zwangsvorstellungen unter Kontrolle zu bringen, ohne ihnen Widerstand entgegenzusetzen. Wie erreichen Sie dieses Ziel? Hier zwei Möglichkeiten zur Übung.

Selbsthilfe-Technik Nr. 1: Zögern Sie Ihre Zwangsgedanken hinaus.
Wenn Sie auf Ihre Zwangsgedanken reagieren, indem Sie versuchen, sie sofort zu verbannen, sie *ein für allemal* loszuwerden, werden Sie vermutlich an dieser Aufgabe scheitern. Eine solche Veränderung wäre einfach zu groß. (Davon konnten Sie sich bereits überzeugen, denn dies war Ihre bisherige Strategie.)

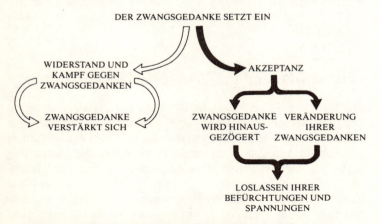

Möglichkeiten der Selbsthilfe bei Zwangsgedanken

Machen Sie stattdessen kleinere, gangbare Schritte, um Kontrolle über einen kleinen Teil des zwanghaften Prozesses zu gewinnen. Lassen Sie Ihr Zwangsdenken zu. Beschließen Sie, Ihren Befürchtungen Beachtung zu schenken. Bestimmen Sie nur den Zeitpunkt, *wann* Sie sich Sorgen machen. Das Wesentliche an dieser Technik ist das Hinauszögern von zwanghaften Vorstellungen. Sie treffen die Entscheidung, Ihre Befürchtungen nicht zu ignorieren. Sie wollen vielmehr ein bißchen *abwarten, bevor Sie sich damit befassen.*

Diese Verzögerungstaktik hilft Ihnen zweifach, Ihre Zwangsgedanken unter Kontrolle zu bekommen. Erstens: Wenn Sie Ihre Befürchtungen für eine bestimmte Zeitdauer hinauszögern, geraten Sie nicht in den Teufelskreis, dem Sie ausgeliefert sind, wenn Sie dagegen ankämpfen. Sie können vielmehr andere Interessen vorrangig behandeln, um Ihre Zwangsgedanken zu ersetzen. Durch die Beschäftigung mit anderen Gedanken wird die Möglichkeit der Rückkehr zu ursprünglichen Zwangsgedanken verringert. Zweitens: selbst wenn diese anderen Interessen Ihre Aufmerksamkeit nicht langfristig beanspruchen können, haben Sie das starre Muster durchbrochen, sich von Befürchtungen beherrschen zu lassen, sobald ein Zwangsgedanke Ihnen durch den Kopf schießt.

Zwangsgedanken hinauszögern

1. Stimmen Sie gedanklich zu, sich mit den Zwangsgedanken zu befassen.
2. Setzen Sie eine bestimmte Zeit in der Zukunft fest, um sich damit wieder zu befassen.
3. Ist diese Zeit gekommen, befassen Sie sich mit diesem Gedanken oder verschieben Sie die Zwangsvorstellung erneut auf einen nächsten festgesetzten Zeitpunkt. Wählen Sie, wenn möglich, die Verschiebung.

Wenn Sie diese Technik zu üben beginnen, versuchen Sie Ihre Zwangsgedanken nur um wenige Minuten hinauszuzögern. Hier ein Beispiel, wie diese Technik anzuwenden ist: Sie sitzen an Ihrem Schreibtisch und plötzlich schießt Ihnen der Gedanke durch den Kopf: »Wie komme ich meinen Zahlungsverpflichtungen im nächsten Monat nach?« Diese zwanghafte Besorgnis hat Ihre Arbeitsleistung in den letzten Wochen häufig gestört und beeinträchtigt. Es ist 9 Uhr morgens. Sie geben sich das Versprechen, in fünf Minuten darüber nachzudenken, wie Sie Ihren Verpflichtungen nachkommen können. Sie stellen den Wecker Ihrer Armbanduhr auf 5 Minuten nach 9 und nehmen Ihre Arbeit wieder auf. Sind die fünf Minuten vergangen, treffen Sie die nächste Entscheidung, die Besorgnis noch einmal um fünf Minuten zu verschieben oder sich damit zu befassen.

Fällt Ihnen die zweite Verschiebung zu schwer, legen Sie eine bestimmte Zeitdauer fest, in der Sie Ihre Besorgnis zulassen. Um bei unserem Beispiel zu bleiben, beschließen Sie, sich fünf Minuten lang Sorgen zu machen, danach die Gedanken um weitere fünf Minuten zu verschieben und so weiter, bis Sie sich völlig von der Besorgnis lösen können. Achten Sie während des Zeitaufschubs darauf, sich wirklich mit anderen Gedanken und Tätigkeiten zu befassen. Arbeiten Sie weiter, führen Sie ein Telefongespräch, machen Sie eine kurze Besorgung. Warten Sie auf keinen Fall ab, wie die Zeit verstreicht.

Je länger Sie verzögern, desto weniger Macht haben Ihre Zwangsgedanken. Wenden Sie diese Verzögerungstaktik so oft wie möglich an, d. h. mehrmals täglich, und weiten Sie Ihre Verzögerungszeit systematisch aus, bis Sie in der Lage sind, die Zwangsvorstellungen täglich mehrere Stunden hinauszuschieben. Bald werden Sie feststellen, daß diese, wenn Sie sie einige Stunden später aufnehmen, gar nicht mehr so belastend sind wie zu Beginn, und daß es Ihnen wesentlich leichter fällt, sich von ihnen zu lösen.

Selbsthilfe-Technik Nr. 2: Verändern Sie die Art Ihres Zwangsdenkens.
Von Zeit zu Zeit werden wir alle von irrationalen Ängsten oder Schreckensvisionen überfallen, die uns durch den Kopf schießen. Solche Erfahrungen sind Bestandteil unseres Denkens und haben keine große Bedeutung. Deshalb können die meisten von uns sich von solchen Gedanken und Bildern bald wieder lösen.

Wer allerdings unterstellt, nie im Leben zwanghafte Gedanken zu haben, wird gewiß eines besseren belehrt.

Flüchtige Zwangsgedanken sind an sich bedeutungslos. Das Problem entsteht mit Ihrer Reaktion. Behandeln Sie Ihre Zwangsgedanken möglichst so, als seien sie eine vorübergehende angsterzeugende Erfahrung. Versuchen Sie nicht zu analysieren, warum Sie diese Erfahrung machen, was sie bedeutet oder ob Sie in der Lage sein werden, sie wieder zu vergessen. Da diese Gedanken allesamt beunruhigend sind, ist Ihre erste Reaktion darauf verständlicherweise negativ. Ihre Aufgabe besteht nun darin, diese erste Reaktion zuzulassen. Hier die Schritte, die es dabei zu beachten gilt:

Verändern Sie die Art Ihres Zwangsdenkens

1. Gehen Sie geistig auf Distanz und bestätigen Sie, daß Sie gerade zwanghaft gedacht haben.
2. Beachten Sie Ihre emotionale Reaktion auf den Zwangsgedanken. Sind Sie unsicher? Erschrocken? Schämen Sie sich?
3. Denken Sie daran, daß es nicht schlimm ist, einen vorübergehenden Zwangsgedanken zu haben.
4. Führen Sie sich in diesem Augenblick vor Augen, daß der Inhalt dieses Gedankens irrational ist. Forschen Sie nicht nach seinen Gründen.
5. Verändern Sie Ihre emotionale Reaktion auf den Zwangsgedanken durch spezielle Aktionen; schreiben Sie ihn z. B. auf, singen Sie ihn heraus, verändern Sie das Schreckensbild.

Um zu sehen, wie dieses Vorgehen funktioniert, betrachten wir einmal Sandras Fall. Die 35jährige Frau stellt beim Abtasten einen Knoten in ihrer linken Brust fest. Sie macht sich deshalb Sorgen und vereinbart umgehend einen Termin mit ihrer Frauenärztin. Auch die Ärztin ertastet den Knoten und verordnet eine Mammographie. Nach der Untersuchung kann sie Sandra beruhigen, der Knoten ist nicht bösartig, sondern nur eine harmlose Verdickung des Drüsengewebes, ein sogenanntes Fibroadenom. Obgleich Sandra Vertrauen zu ihrer Frauenärztin hat und ihr glaubt, wird sie in den folgenden Wochen immer wieder von Sorgen und Ängsten geplagt, ob sie nicht doch Krebs habe.

Sobald Sandra zu dem Schluß kommt, daß diese Gedanken irrational sind und sie sich davon lösen möchte, sagt sie sich: 1. »Ich mache mir schon wieder Sorgen, ob ich Krebs habe.« 2. »Ich bekomme jedesmal schreckliche Angst, wenn ich daran denke.« 3. »Es macht nichts, daß ich daran denke. Schließlich habe ich mir wirklich große Sorgen gemacht, bevor Dr. Patterson mir das Untersuchungsergebnis mitteilte.« 4. »Ich weiß, daß ich völlig gesund bin und keinen Krebs habe.«

Dann schließt sie die Augen und denkt daran, wie sie im Sprechzimmer der Ärztin saß, die ihr die beruhigende Mitteilung machte. Sie macht sich ein geistiges Bild vom Gesicht ihrer Ärztin, hört ihre beruhigende Stimme und beginnt sich zu entspannen. Bevor sie die Augen wieder öffnet, stellt sie sich eine Szene aus ihrem Leben in fünf Jahren vor. Sie sitzt wieder im Sprechzimmer der Ärztin, hört wieder die beruhigenden Worte und sieht ihr eigenes Lächeln. In dieser Szene sind, wie gesagt, fünf Jahre vergangen und Sandra ist gesund. Sie fühlt sich nun wesentlich wohler, öffnet die Augen und kehrt zu ihren Aufgaben zurück.

Mit Bildern in der Vorstellung zu arbeiten, wie Sandra es tat, ist nur eine von vielen Möglichkeiten, wie Sie Ihre emotionale Reaktion auf Zwangsgedanken verändern können. Hier drei Vorschläge, die Ihnen helfen, dieses Ziel zu erreichen:

Halten Sie die Zwangsgedanken schriftlich fest. Tragen Sie tagsüber stets Bleistift und Papier mit sich. Wenn Ihr Zwangsdenken einsetzt, schreiben Sie auf, was Sie denken, oder beschreiben Sie in wenigen Sätzen die Bilder oder Impulse, die Sie quälen. Wenn der Zwangsgedanke länger anhält, schreiben Sie Ihre nächsten Gedanken auf, auch wenn es die Wiederholung dessen ist, was Sie bereits aufgeschrieben haben. Zwangsdenken tendiert zur ständigen Wiederholung derselben Inhalte. Wenn Sie die Zwangsgedanken schriftlich festhalten, erkennen

Sie ihre fortwährende Wiederholung und Sinnlosigkeit. Dieser Ansatz schwächt die Kraft solcher Vorstellungen. Vermutlich werden Sie die Aufgabe, Ihre sämtlichen zwanghaften Gedankengänge schriftlich festzuhalten, bald als lästige Mühe empfinden. Es macht mehr Arbeit, Zwangsgedanken zu haben, als sie loszulassen. Und die damit verbundene Mühe schränkt Ihre Bereitschaft ein, weiterhin diesen Gedanken nachzuhängen.

Singen Sie Ihren Zwangsgedanken zu einer einfachen Melodie. Diese Technik kann nur bei Zwangsgedanken, nicht bei Impulsen oder Bildern angewandt werden. Fassen Sie ihn dazu in einem kurzen Satz zusammen, ohne dessen Bedeutung zu analysieren. Singen Sie die Worte zu einer einfachen Melodie. Dieser Vorschlag kommt Ihnen vermutlich zunächst albern vor. Sie leiden unter belastenden Symptomen, und wir verlangen von Ihnen, ein Liedchen zu singen. Dahinter steckt aber ein wohldurchdachter Plan. Der Vorgang, den Zwangsgedanken zu singen, macht es schwierig, zugleich angstvoll und besorgt zu bleiben. Wiederholen Sie die Melodie mehrere Minuten lang. Wenn Sie das Gefühl haben, emotional weniger von Ihrem Zwangsdenken in Anspruch genommen zu sein, hören Sie auf zu singen und wenden Ihre Aufmerksamkeit anderen Dingen zu.

Verändern Sie die Vorstellungsbilder. Wenn Ihre Zwangsgedanken aus einem Schreckensbild bestehen, können Sie dieses geistige Bild bewußt verändern oder es durch ein anderes ersetzen und Ihre Emotionen dadurch abschwächen. Wenn Sie beispielsweise in Ihrer Vorstellung von Ihrem Chef angeschrien werden, ersetzen Sie dieses Bild durch den Gedanken an eine angenehme Unterhaltung zwischen Ihnen und Ihrem Chef. Wenn Sie glauben, an Krebs sterben zu müssen, betrachten Sie sich als Greis(in), gemütlich und wohlauf im Schaukelstuhl im Kreise Ihrer Familie sitzend. Wenn Sie sich soeben vorgestellt haben, Ihr Kind zu schlagen, malen Sie sich ein Bild aus, wie Sie Ihrem Kind zärtlich über den Kopf streichen.

Schließen Sie die Augen, und stellen Sie sich Ihre Besorgnis als körperliches Wesen vor. Setzen Sie das Wesen auf eine

Wolke, und beobachten Sie, wie die Wolke langsam davonschwebt. Je weiter die Wolke in der Ferne entschwindet, desto kleiner werden Ihre Befürchtungen, desto entspannter und sorgenfreier fühlen Sie sich.

Wenn Sie diese neuen Bilder sehen, werden Sie feststellen, daß Ihre Besorgnisse sich in Wohlbefinden verwandeln. Wählen Sie Bilder, die Ihnen ein angenehmes Gefühl vermitteln, die Sie entspannen, in gute Stimmung versetzen, um Ihre Angst und Besorgnis zu ersetzen.

Ein weiterer nützlicher Ansatz besteht darin, sich das zwanghafte Bild vorzustellen und dabei die beängstigenden Komponenten humoristisch zu überhöhen. Wenn Sie beispielsweise durch die Kritik Ihres Chefs eingeschüchtert sind, lassen Sie ihn zum Zwerg schrumpfen, wenn er vor Ihnen steht. Und wenn er Sie anbrüllt, lassen Sie Seifenblasen aus seinem Mund kommen statt Worte.

Wenn Sie beängstigende, ständig wiederkehrende Bilder produzieren, jemand mit einem Messer oder mit einer Schere umzubringen, können Sie dieses Bildgeschehen noch einmal ablaufen lassen. Haben Sie in Ihrer Vorstellung ein Messer benutzt, so verwandeln Sie es in ein Pappschwert. War es eine Schere, ist sie aus weicher Knetmasse, und Sie sehen zu, wie sie sich in Ihrer Hand verbiegt.

Es mag eine Weile dauern, bevor Sie diese Technik erfolgreich beherrschen, um Ihre Zwangsgedanken zu vertreiben. Manche dieser Gedanken sind so stark, daß es Ihnen nicht möglich sein wird, sie auf Anhieb loszuwerden. Üben Sie diese Technik dennoch beharrlich, um sich eine neue Sichtweise Ihrer irrationalen Befürchtungen zuzulegen.

Lassen Sie Ihre Besorgnisse und Anspannungen los

Befürchtungen und Zwangsgedanken dauern meist nicht kontinuierlich vierundzwanzig Stunden am Tag, sieben Tage in der Woche, an. Sie kommen und gehen, je nach Ihren täglichen Aktivitäten. Wichtige Geschäftsbesprechungen, Kinder, die ihre Aufmerksamkeit in Anspruch nehmen, körperliche Erschöpfung und Schlaf geben Zwangsgedanken keinen Raum. Dennoch: Ihr Ziel besteht darin, verstärkt Kontrolle darüber auszuüben, wie und wann Sie Ihrem Zwangsdenken Einhalt gebieten können.

Jede der beiden Möglichkeiten – Zwangsgedanken verschieben oder umwandeln – hilft Ihnen, ein Gefühl der Kontrolle über Ihre Gedanken zu gewinnen. Dadurch erhalten Sie die Chance, bestimmte Aspekte Ihrer Gedanken in den Griff zu bekommen und nicht umgekehrt. Jeder dieser Schritte bereitet Sie auf die nächste Phase vor, die darin besteht, *Ihre Befürchtungen abzulegen und zu Ihrem normalen Tagesablauf zurückzufinden*. Sobald Sie feststellen, daß Sie sich Sorgen machen, halten Sie einen Augenblick inne und bestätigen Sie sich, daß es nichts ausmacht, diese zwanghaften Gedanken zu haben. Dann wählen Sie eine Methode, um diese Vorstellung zu verwandeln – durch Verschiebung, Veränderung des gedanklichen Bildes oder durch beides. Es mag einige Wochen dauern, bis Sie Übung darin haben, Ihr Zwangsdenken zu akzeptieren und zu verändern, bevor Sie sich völlig davon lossagen können.

Erst dann treffen Sie bewußt die Entscheidung, Ihre Zwangsgedanken loszuwerden. Da die meisten Menschen körperlich angespannt und unsicher werden, sobald sie versuchen, ihren Gedanken Einhalt zu gebieten, üben Sie nun systematisch, diese Spannungen loszulassen. Zunächst beschließen Sie, eindringende Gedanken oder Bilder abzustellen. Sodann bestärken Sie Ihren Entschluß mit positiven Aussagen. Geistig bestärken Sie sich mit Sätzen wie: »Jetzt ist nicht der Zeitpunkt, darüber nachzudenken. Ich kann mich später damit befassen.« Um Ihre Unruhe zu beschwichtigen, üben Sie einige kurze Entspannungstechniken, wie sie auf den folgenden Seiten beschrieben sind. Sodann verlagern Sie Ihre Aufmerksamkeit auf neue Aktivitäten. Beginnen Sie ein Gespräch, nehmen Sie Ihre Arbeit wieder auf, oder beschäftigen Sie sich mit einer Sache, die Ihre Aufmerksamkeit beansprucht. Gehen Sie einkaufen; laufen Sie zweimal um den Block; schreiben Sie einen langen Brief an eine Freundin. Lassen Sie keinen Leerlauf in Ihren Aktivitä-

> **Ihre Befürchtungen und Spannungen loslassen**
>
> 1. Beschließen Sie, eindringende Gedanken und Bilder aufzuhalten.
> 2. Bestärken Sie Ihren Entschluß durch positive Aussagen an sich selbst.
> 3. Üben Sie kurze angstreduzierende Entspannungstechniken.
> 4. Verlagern Sie Ihre Aufmerksamkeit auf eine neue Aktivität.

ten zu, denn durch bloßes Abwarten verschaffen Sie Ihrer Besorgnis lediglich Gelegenheit, sich wieder in Ihre Gedanken einzuschleichen.

Es ist manchmal schwer, Ihre Aufmerksamkeit einem neuen Thema zuzuwenden. Ihre Befürchtungen setzen sich schließlich in Ihrem Kopf fest, weil ihr Inhalt so bedrohlich ist. Haben Sie schon einmal versucht, sich darauf zu konzentrieren, ein Buch oder eine Zeitung zu lesen, um sich von sorgenvollen Gedanken abzulenken? Dann wissen Sie auch, daß Sie fünf Minuten damit verbringen können, einen Absatz zu lesen, weil Ihre Gedanken nämlich ganz woanders sind. Betrachten wir die beiden Methoden näher, wie Sie Ihre Erfolgschancen in dieser Phase erhöhen können: Sie bekräftigen aktiv Ihren Entschluß, Ihre Zwangsgedanken loszuwerden und Ihre körperlichen Spannungen abzubauen.

1. Positive Aussagen richtig einsetzen.

Sie wissen: der erste Schritt Ihrer Selbsthilfe besteht darin, die Tatsache zu akzeptieren, daß Sie Zwangsgedanken haben. Sie wehren sich nicht länger krampfhaft gegen die Gedanken, die auf Sie einstürmen, und reduzieren damit ihre Macht über Sie. Aus dieser Haltung der Akzeptanz zögern Sie entweder Ihre Zwangsgedanken hinaus oder wandeln sie um und setzen weiterhin die Macht Ihrer Befürchtungen herab. An diesem Punkt angelangt, sind Sie bereits nicht mehr so verbissen auf diese Gedanken fixiert, die Sie daher psychisch weniger belasten als früher. Nun sind Sie bereit, Abschied von ihnen zu nehmen. Das tun Sie, indem Sie sich an Ihren Entschluß erinnern: Diese Gedanken sind übersteigert; die Beschäftigung damit ist sinnlos, führt zu nichts. Wenn Sie sich wieder in sorgenvolle Gedanken

---

Positive Aussagen, um Ihre Zwangsgedanken zu stoppen

- Dieser Gedanke hilft mir jetzt nicht weiter.
- Jetzt ist nicht der Zeitpunkt, um darüber nachzudenken. Ich kann mich später damit beschäftigen.
- Das ist irrational. Ich sage mich davon los.
- Ich streite mich nicht mit einem irrationalen Gedanken herum.
- Es liegt *kein* Notfall vor. Ich kann mir Zeit lassen und mir klar darüber werden, was ich brauche.
- Das kommt mir bedrohlich und dringend vor, ist es aber gar nicht.
- Ich muß nicht perfekt sein.
- Ich muß keine Antwort auf diese Frage finden. Das beste ist, ich vergesse sie einfach.
- Es schadet nichts, wenn ich Fehler mache.
- Ich weiß bereits aus früherer Erfahrung, daß diese Ängste irrational sind.
- Ich muß Risiken eingehen, um mich zu befreien. Ich bin bereit, diese Risiken auf mich zu nehmen.
- Es macht nichts, daß ich gerade diese Gedanken/diese Vorstellung hatte, *und* sie bedeuten *nichts*. Ich muß dem keine Beachtung schenken.
- Ich bin bereit, den nächsten Schritt zu tun.
- Ich komme damit zurecht, im Unrecht zu sein.
- Ich habe es nicht verdient, so zu leiden. Ich habe ein Recht darauf, mich wohlzufühlen.
- Dafür bin ich nicht verantwortlich.
- Das ist nicht mein Problem.
- Ich habe das Beste getan, was ich tun konnte.
- Es ist eine gute Übung, diese Befürchtung loszulassen. Ich werde weiter daran üben.

verstrickt fühlen, denken Sie an einen Satz, der Ihren Entschluß bekräftigt. Sprechen Sie diesen Satz in Gedanken aus, damit helfen Sie sich, Ihren eigenen Worten zu *glauben*. Hüten Sie sich davor, gedankliche Aussagen zu machen, an die Sie nicht glauben.

Hier eine Liste positiver Aussagen. Sie können eine Auswahl daraus treffen oder sie als Anregung benutzen, um Ihre eigenen positiven Aussagen zu formulieren.

Bevor Sie mit den Übungen an einer dieser Möglichkeiten beginnen, werden Sie sich wirklich klar darüber, ob Sie den echten Wunsch haben, Ihre Zwangsgedanken loszuwerden. Treffen Sie diese Entscheidung zu einer Zeit, in der Sie frei von zwanghaften Gedanken sind – also relativ gelassen und ruhig denken können. Anderenfalls werden Sie sich mit Sicherheit verwirrt und unsicher fühlen, denn der Inhalt des Zwangsgedankens zieht Sie in seinen Bann der Angst und des Zweifels. In dieser Phase werden Sie nicht den Wunsch haben, eine Entscheidung zu treffen wie: »Muß ich mir Sorgen machen oder nicht?« Mit großer Wahrscheinlichkeit haben Sie in diesem Stadium gar keine andere Wahl, als sich Sorgen zu machen; oder können zumindest nicht mit Sicherheit sagen, daß Ihre Befürchtungen unbegründet sind. Ihre Ungewißheit setzt dann einen inneren Streit in Gang, der Sie noch tiefer in die Falle lockt. »Ich muß aufhören, mir diese Sorgen zu machen. Aber was ist, wenn sie begründet sind?« Es ist, als gäben Ihre Widerstandsäußerungen Ihren angstvollen Gedanken zusätzliche Nahrung.

Beschließen Sie also vorher, Ihre Befürchtungen während eines Zwangsgedankens nicht zu analysieren. Fassen Sie einen *festen* Entschluß. Sodann wählen Sie eine *automatische* Antwort, die Ihre Position reflektiert. Nehmen Sie sich beispielsweise vor, das nächste Mal, wenn wieder Ängste in Ihnen hochsteigen, jeden zwanghaften Gedanken schriftlich festzuhalten. Damit machen Sie sich klar: »Ich weiß, daß meine Befürchtungen irrational sind. Ich bin bereit, einen Schritt weiterzugehen.«

2. Lassen Sie Ihre Spannungen los.
Auch nachdem Sie den Entschluß gefaßt haben, Ihre angstvollen Gedanken abzulegen, und in der Lage sind, Ihre Aufmerksamkeit einer neuen Aktivität zuzuwenden, werden Sie vermutlich feststellen, daß Sie weiterhin körperlich angespannt sind. Wenn Sie einige dieser Spannungen loslassen, werden Sie sich wohler fühlen. Zeitweise sind Sie vermutlich so angespannt und ängstlich, daß Sie sich nicht auf Selbsthilfetechniken konzentrieren können. Es geht darum, einen Weg zu finden, sich so weit zu entspannen, daß Sie an Ihren Übungen arbeiten können.

Nachfolgend einige einfache Atemtechniken, die Ihre körperliche Entspannung fördern. Führen Sie diese Übungen zunächst zehn bis fünfzehn Mal täglich mehrere Wochen lang durch. Machen Sie die Übungen in Wartezeiten, etwa nach einem Telefongespräch, wenn Sie beim Autofahren an einer roten Ampel stehen, wenn Sie eine Akte weggelegt haben und eine neue Aufgabe in Angriff nehmen. Diese Atemübungen werden Ihnen helfen, Spannungen abzubauen und ruhig zu werden. Wenn Sie dafür eine Strategie brauchen, wenden Sie diese Techniken an!

Die erste Technik, das sogenannte beruhigende Atmen, dauert nur etwa zwanzig Sekunden. Die Übung ist zu empfehlen, wenn Sie sich rasch und auf einfache Weise entspannen wollen. Wenn sich Ihr Herzschlag beschleunigt, wenn Sie Angst bekommen, ist das beruhigende Atmen eine einfache Methode, um Ihren Herzschlag zu verlangsamen. Angst hat die Tendenz,

---

Beruhigendes Atmen

1. Atmen Sie langsam und tief durch die Nase ein, wobei Sie zuerst Ihre tieferliegenden Lungenpartien und dann die oberen Lungen füllen.
2. Halten Sie die Luft an, und zählen Sie bis drei.
3. Atmen Sie *langsam* durch den Mund aus, während Sie die Muskulatur in Gesicht, Mund, Schultern und Bauch lockern.

sich als innere Spannung in der Körpermuskulatur festzusetzen. Sie unterstützen die Wirkung dieser Übung, wenn Sie vor und nach der Atemübung Hände, Arme und Beine ausschütteln. Stellen Sie sich dabei vor, Sie schütteln alle besorgten, verkrampften Gedanken ab und lösen dabei die Spannungen in Ihren Muskeln.

Die zweite kurze Entspannungsübung heißt beruhigendes Zählen. Dafür brauchen Sie etwas mehr als eine Minute Zeit. Die Übung bietet zweifachen Nutzen. Erstens gibt Sie Ihnen Gelegenheit, Geist und Körper zu harmonisieren. Zweitens ist sie eine bewährte Methode, sich wiederholendes, unproduktives Denken zu durchbrechen. Beim beruhigenden Zählen schalten Sie alle anderen Denkvorgänge aus, und konzentrieren Ihre ganze Aufmerksamkeit auf diese Übung.

Beruhigendes Zählen

1. Atmen Sie langsam und tief ein und atmen Sie *langsam* aus, während Sie in Gedanken das Wort *entspannen* sprechen.
2. Schließen Sie die Augen und spüren Sie, wie Ihr Körper sich entspannt.
3. Machen Sie zehn sanfte, entspannte Atemzüge. Dabei zählen Sie bei jedem Ausatmen rückwärts von zehn bis null. Beginnen Sie beim Ausatmen mit der Zahl *zehn*. Während Sie entspannt atmen, spüren Sie sämtliche Spannungen in Gesicht, Stirn, Brust, Armen, Händen. Spüren Sie, wie diese Spannungen sich lösen.
4. Wenn Sie die Zahl *eins* erreicht haben, öffnen Sie die Augen wieder.

Führen Sie diese Übung jetzt durch. Atmen Sie einmal tief ein und aus. Dann zählen Sie bei jedem Ausatmen rückwärts von zehn bis eins.

Öffnen Sie die Augen wieder und nehmen sich einen Augenblick Zeit, um Ihren Körper geistig abzutasten. Was fällt Ihnen auf? Hat sich etwas verändert? Wenn Sie eine angenehme

Schwere, ein leichtes Gefühl oder ein Kribbeln spüren, oder das Gefühl haben, Muskelpartien sind lockerer geworden, wenn Ihre Atmung ruhiger ist, sind Sie auf dem besten Weg zu erkennen, was Entspannung bedeutet.

Hatten Sie Mühe, die richtige Zahlenfolge einzuhalten, oder wurden Sie von anderen Gedanken abgelenkt? Je besser Sie sich passiv auf das Zählen konzentrieren können, desto ruhiger werden Körper und Geist. Je mehr Sie aber daran ›arbeiten‹, sich zu entspannen, desto schwieriger wird die Aufgabe. Es geht *nicht* darum, sich darauf zu konzentrieren, wie Ihr Atem sich verändert, noch zu beurteilen, ob Sie die Übung gut oder schlecht ausführen. Es geht einfach darum, bei jedem Ausatmen eine Zahl weiterzuzählen: Einatmen... ausatmen... zehn... einatmen... ausatmen... neun... und so weiter. Wenn Ihnen ein sorgenvoller Gedanke oder ein Bild durch den Kopf geht, schieben Sie ihn sanft beiseite und zählen unbeirrt weiter.

Bevor wir fortfahren, versuchen Sie das beruhigende Zählen noch einmal, diesmal beginnen Sie beim Ausatmen mit der Zahl 20 und zählen rückwärts bis eins. Achten Sie wieder darauf, wie Ihnen nach der Übung zumute ist.

Wenn Sie mitten in Ihrer Angst sind, kann Ihnen beruhigendes Zählen auch als Verzögerungstaktik dienen, die wir an früherer Stelle in diesem Kapitel erörtert haben. Im wesentlichen sagen Sie Ihren Sorgen: »In einer Minute bin ich wieder bei dir. Zuerst nehme ich mir Zeit, mich zu entspannen.« Dann widmen Sie Ihre Aufmerksamkeit eine Minute lang *total* dem beruhigenden Zählen. Wenn Sie Ihre Besorgnisse abschalten und Ihre körperliche Spannung auch nur für 60 Sekunden lockern können, werden Sie mit größerer Wahrscheinlichkeit irrationale oder übersteigerte Ängste aus anderer Sicht betrachten können. Möglicherweise sind Sie auch bereit, einige der bestärkenden Aussagen zu machen, die wir besprochen haben, etwa: »Das ist *kein* Notfall. Ich kann mir Zeit lassen und mir klarmachen, was ich brauche.«

Diese beiden Techniken, beruhigendes Atmen und beruhigendes Zählen sind einfach und klar. Es wird allerdings einiger Übung bedürfen, bevor Sie Ihren Körper sozusagen auf Befehl in kurzer Zeit entspannen können, noch dazu in streßreichen Momenten. Um mehr über Entspannungstechniken zu lernen, empfehlen wir Ihnen die Lektüre einschlägiger Literatur.

Strukturierte Übungen

Bislang haben wir Methoden dargelegt, auf die Sie, wenn Ängste Sie quälen, zurückgreifen können. Sehen wir uns nun weitere Techniken an, die Sie durchführen können, wenn Sie sich in *keiner* Angstsituation befinden. Folgende vier Formen strukturierter Übung können Ihnen helfen, Kontrolle über Ihre Zwangsgedanken zu erlangen. Lesen Sie die Übungen durch, probieren Sie jede aus, und entscheiden Sie, welche Ihren Anforderungen entspricht.

Übung Nr. 1: Legen Sie jeden Tag eine bestimmte Zeit für Ihre Befürchtungen fest.
Wenn Sie von einer Befürchtung verfolgt werden, die den ganzen Tag in Anspruch zu nehmen droht, setzen Sie täglich eine spezielle ›Sorgenzeit‹ fest. Auch dies ein Trick, der, wie das Akzeptieren Ihrer Zwangsgedanken, zunächst paradox erscheint. Statt Ihren Ängsten zu widerstehen, legen Sie eine Zeit fest, in der Sie sich ihnen *bewußt* widmen.

Planen Sie täglich zweimal zehn bis fünfzehn Minuten fest für Ihre Sorgenzeit ein. Nehmen Sie sich in diesen beiden Zeiträumen nichts anderes vor, als über Ihre Besorgnisse nachzudenken. Lassen Sie sich möglichst nicht stören, und nehmen Sie sich in dieser Zeit nichts anderes vor. Sie sollen sich ausschließlich mit Ihren Sorgen befassen und darüber nachdenken, wie schlimm alles ist oder noch zu werden droht.

Sehen Sie nur die Schattenseiten. Bleiben Sie bei den schlimmsten Befürchtungen, versuchen Sie nicht, Ihre Gedanken aufzuhalten. Verbringen Sie die ganze Zeit damit, nur an Negatives zu denken. Wiederholen Sie ein und dieselbe Befürchtung volle zehn oder fünfzehn Minuten. Begehen Sie nicht den Fehler zu sagen: »Heute plagen mich weniger sorgenvolle Gedanken. Heute lasse ich die Übung mal ausfallen.«

Konzentrieren Sie sich darauf, wirklich unglücklich zu sein, und geben Sie sich ganz Ihren Zwangsvorstellungen hin. Führen Sie diese Übung mindestens eine Woche lang täglich durch, selbst wenn die ursprünglichen Zwangsvorstellungen gar nicht mehr so quälend ist.

Täglich festgesetzte Sorgenzeit

1. Halten Sie sich zweimal täglich einen Zeitraum von zehn bis fünfzehn Minuten frei, um sich Sorgen zu machen.
2. Verbringen Sie die gesamte vorgesehene Zeit damit, sich Sorgen zu machen.
3. Denken Sie nicht an positive Alternativen.
4. Versuchen Sie nicht, sich davon zu überzeugen, daß Ihre Ängste irrational sind.
5. Falls nötig, wiederholen Sie Ihre Befürchtungen immer wieder, bis die Sorgenzeit abgelaufen ist.
6. Versuchen Sie beim Sorgenmachen so unglücklich wie möglich zu sein.

Klienten, die diese Technik angewendet haben, sind überrascht, wie schwer es ist, einen Zeitraum von fünfzehn Minuten mit sorgenvollen Gedanken anzufüllen, da man beim Sorgenmachen typischerweise darum kämpft, positiv zu denken, um die Befürchtungen auszuschalten. Wenn Sie aufhören, sich dagegen zu wehren und bewußt die Entscheidung treffen, sich Sorgen zu machen, kann eine Zwangsvorstellung, die Ihnen andernfalls den ganzen Tag zu schaffen macht, nicht einmal eine Viertelstunde andauern. Auch hier gilt der Grundsatz, es ist schwer, einen Zwangsgedanken beizubehalten, wenn ihm nicht gleichzeitig Widerstand entgegengesetzt wird. Wenn auch Ihnen die Sorgen knapp werden, ist das ein gutes Zeichen! Nützen Sie dennoch die gesamte geplante Zeit, selbst wenn Sie einen sorgenvollen Gedanken mehrmals wiederholen müssen.

Die tägliche Sorgenzeit erleichtert Ihnen außerdem, die Verzögerungstaktik wirksamer einzusetzen. Es wird Ihnen leichter fallen, zwanghaftes Denken auf die dafür vorgesehene Zeit zu verschieben. Die beiden Techniken arbeiten also Hand in Hand. Wenn Sie Ihren Sorgen täglich eine festgesetzte Zeit einräumen, werden Ihnen während dieser Zeit die Sorgen knapp, und es bereitet Ihnen Mühe, dieselben Gedanken immer wieder durchzukauen. Während der übrigen Zeit des Tages bekommen Sie mit größerer Wahrscheinlichkeit zwanghafte Gedanken unter Kontrolle. Sie erinnern sich daran, wie mühsam es war, die festgesetzte Sorgenzeit mit Zwangsgedanken anzufüllen, finden allmählich eine veränderte innere Einstellung und können sagen: »Dieser Gedanke kann bis fünf Uhr nachmittags warten. Dann habe ich genügend Zeit, um mich eingehend damit zu befassen.« Kombinieren Sie die Verzögerungstaktik mit der festgesetzten täglichen Sorgenzeit und erhöhen damit die Kontrolle über Ihre Zwangsvorstellungen.

Übung Nr. 2: Fertigen Sie eine Tonbandschleife Ihrer Zwangsgedanken an.
Wenn Ihre zwanghaften Gedanken verbal, also in Worten oder ganzen Sätzen zum Ausdruck kommen, die sich ständig wiederholen, mag Ihnen eine Tonbandschleife von Nutzen sein. Tonbandschleifen können eine Dauer von zehn Sekunden bis drei Minuten haben und werden häufig für automatische Telefonansagen benutzt. Die Tonbandschleife wiederholt eine Mitteilung ständig, bis der Anrufer den Hörer auflegt.

Um diese Technik zu üben, schreiben Sie die Kurzfassung Ihrer Zwangsvorstellung auf ein Blatt Papier, wie sie Ihnen spontan in den Sinn kommt. Dann sprechen Sie diese in angemessener Länge auf die Tonbandschleife. Hören Sie die Schleife jeden Tag mindestens 45 Minuten an. Während Sie das Tonband abhören, versuchen Sie so unglücklich und sorgenvoll wie möglich zu sein. Arbeiten Sie täglich mit der Tonbandschleife, bis der Inhalt der Botschaft Sie nicht mehr quält. Wenn Ihre Angst nach 45 Minuten noch nicht abgeflaut ist, hören Sie das Band weiter an, bis Ihre Unruhe um mindestens 50% gesunken ist. Selbst wenn Ihr Unbehagen schon nach wenigen Tagen nachgelassen hat, führen Sie diese Übung noch eine Woche lang durch.

Tonbandschleife kurzer Zwangsgedanken

1. Schreiben Sie die Worte oder Sätze Ihrer Zwangsgedanken auf, wie Sie Ihnen in den Sinn kommen.
2. Nehmen Sie davon eine Tonbandschleife in entsprechender Länge auf.
3. Hören Sie die Tonbandschleife täglich 45 Minuten oder länger an, und bemühen Sie sich, sich ganz auf Ihre Sorgen zu konzentrieren.
4. Führen Sie die Übung täglich durch, bis Ihre Unruhe und Besorgnis deutlich herabgesetzt sind.

Diese Technik arbeitet nach dem Prinzip des Gewöhnungstrainings, das wir in Kapitel 7 ausführlich besprechen werden. Wenn man einer quälenden Situation oder sorgenvollen Gedanken über längere Zeit ausgesetzt ist, läßt der Schmerz allmählich nach. Der für das Gewöhnungstraining benötigte Zeitaufwand kann sehr unterschiedlich sein, je nachdem, wie beunruhigt Sie sind. Große Sorgen erfordern mehr Zeit, bis der Gewöhnungseffekt eintritt. Daher fordern wir Sie auf, auf den Grad Ihrer Unruhe zu achten und die Tonbandschleife so lange anzuhören, bis Sie feststellen, daß Ihre Besorgnis deutlich gesunken ist.

Wenn Sie innerhalb einer Woche keine deutliche Verbesserung feststellen, sollten Sie prüfen, ob Sie die Technik richtig anwenden. Hören Sie auch wirklich zu, wenn das Tonband läuft, oder sind Ihre Gedanken woanders? Wenn das Tonband Wirkung zeigen soll, müssen Sie sich vollständig in die aufgezeichnete Aussage hineinversetzen.

Sobald Sie feststellen, daß Ihre Gedanken auf Wanderschaft gehen, rufen Sie sie zurück. Wichtig ist, daß Sie die Botschaft aufmerksam anhören. Ebenso wenig, wie Sie aus einer Vorlesung etwas lernen können, wenn Sie in Tagträumen versunken sind, können Sie keine neuen Wege im Umgang mit Ihren Zwangsvorstellungen lernen, wenn Sie anderen Gedanken nachhängen, während das Tonband läuft.

Die 23jährige Dale war zwei Jahre lang von der Angst besessen, sie könne lesbisch sein. Obgleich sie keine homosexuellen Neigungen verspürte und sich nicht zu Lesbierinnen hingezogen fühlte, machte Sie sich Sorgen, sie könne lesbisch sein. Wie alle Zwangskranken haßte sie es, Zwangsvorstellungen zu haben, glaubte aber, keine Kontrolle über ihre Denkprozesse zu haben. Dale drückte es mit ihren eigenen Worten aus: »Das Leben war für mich die Hölle. Ich war ständig von diesem Gedanken besessen. Ich hatte Angst, lesbisch zu sein. Immer wieder wälzte ich diese Angst in meinen Gedanken herum. Bin ich lesbisch? Fühle ich mich zu Frauen oder zu Männern hingezogen? – und so weiter und so fort. Mir einzugestehen: ›ja, ich bin lesbisch‹, wäre mir nicht möglich gewesen. Das hätte mich in Panik versetzt. Ich stellte mir also die Fragen immer wieder, und wenn die Antwort ›ja‹ lautete, bekam ich eine Panikattacke.«

Dales erste Selbsthilfe-Übung bestand darin, sich eine Tonbandschleife von 30 Sekunden Dauer anzuhören, die ihre wichtigsten zwanghaften Gedanken und Fragen enthielt: »Bin ich lesbisch? Wie reagiere ich auf Frauen? Was passiert, wenn ich mich zu einer Frau hingezogen fühle? Wie reagiere ich auf Männer? Fühle ich mich zu Männern hingezogen? Wenn nicht, bin ich lesbisch. Wenn ich so viel darüber nachdenke, lesbisch zu sein, bin ich zwangsläufig lesbisch.«

Dale hörte sich diese Schleife fünf Tage hintereinander jeweils eine Stunde lang an. Am ersten Übungstag war sie die ganze Stunde über sehr verkrampft. Am zweiten Tag wurde sie traurig, ohne zu wissen warum. An den nächsten drei Tagen konnte Dale sich beim Abhören der Tonbandschleife nicht mehr unglücklich fühlen und mußte sich zwingen, aufmerksam zuzuhören. Diese Fünf-Tage-Übung verhalf ihr zu einer veränderten inneren Einstellung über das irrationale Wesen Ihrer Zwangsgedanken. Danach konnte sie diesen Gedanken zulassen, wenn sie tagsüber spontan davon befallen wurde. Allmählich konnte sie zu der Überzeugung finden, der Inhalt ihrer Gedanken sei zwar beunruhigend, aber bedeutungslos. Im Laufe der Zeit nahm die Häufigkeit dieses zwanghaften Denkens ab und stellte sich nur noch ein, wenn sie übermüdet oder geistig überlastet war.

Übung Nr. 3: Hören Sie sich eine Aufzeichnung Ihrer schwerwiegenden Zwangsgedanken an.

Erinnern wir uns an Joel aus Kapitel 2, der Angst hatte, der Impuls, seine kleine Tochter zu töten, könne ihn eines Tages dazu zwingen, den Mord tatsächlich zu begehen. Diese plötzlichen Gedanken erschreckten ihn tief und er kämpfte verbissen gegen sie an. Wie wir bereits wissen, bewirkt der Kampf gegen Zwangsgedanken nur, daß sie sich verstärken; sie nehmen an Häufigkeit und Intensität zu.

Joels Wunsch, sich gegen seine erschreckenden, beschämenden Gedanken zur Wehr zu setzen, war verständlich, da er glaubte, sein Kampf gegen das Verlangen, seine Tochter zu töten, würde ihn davon bewahren, die Tat tatsächlich zu begehen. Würde er den Kampf aufgeben, glaubte er, die Wahrscheinlichkeit zu erhöhen, seine Tochter zu töten. In der Therapie fand Joel die Bereitschaft, seinen Kampf gegen die Zwangsvorstellung aufzugeben, um seine Zwangsvorstellung unter Kontrolle zu bekommen. Also übte er die Vorstellung immer wieder, er würde seine Tochter töten. Er schrieb Berichte, wie er sie tötet, nahm diese Berichte auf Tonband auf und hörte sie immer wieder an.

Sie können sich vorstellen, welche Qualen Joel in den ersten Tagen ausstand, die Tonbandaufzeichnungen abzuhören; aber er war dazu bereit, in der Hoffnung, diese Übung könne ihm helfen. Beim Erstellen des Tonbands berichtete Joel ausführlich folgendes Szenario: Er ist im Begriff, seine Tochter zu erwürgen. Das Kind bettelt: »Nein Papi, nein Papi.« Seine Frau fleht ihn an, die Kleine loszulassen. Aber er würgt das Kind weiter, weil sein Trieb stärker ist als er. Schließlich tötet er seine Tochter und anschließend seine Frau und kommt ins Gefängnis.

Zunächst konnte Joel nicht davon sprechen, ohne in Tränen auszubrechen, und er konnte die Bilder nur kurze Zeit ertragen. Allmählich war er fähig, die Berichte und seine Tonbandstimme relativ ruhig anzuhören. Erst dann konnte er beginnen loszulassen, konnte die Impulse in sein Bewußtsein einlassen, ohne sich ständig dagegen aufzulehnen.

Zwangsgedanken wie die von Joel, lassen sich am besten

durch kontinuierliches Anhören von Tonbandaufzeichnungen beheben. Der Vorgang vollzieht sich folgendermaßen: Schreiben Sie den beängstigenden Hergang genau auf; Ihr Bericht sollte vier bis fünf Seiten umfassen. Um den Bericht zu erstellen, versetzen Sie sich in eine spontane Zwangsvorstellung. Schildern Sie nicht den Hergang Ihrer Zwangsvorstellung: »Wenn ich im Bett liege, fange ich an, darüber nachzudenken, wie ich mich umbringe.« Geben Sie einen spannenden Gegenwartsbericht, und benutzen Sie die genauen Worte und Bilder, die Ihnen bei der Zwangsvorstellung in den Sinn kommen. Schildern Sie alles, was Sie sehen, tun, denken, hören und fühlen. Machen Sie keine Analyse Ihrer Erfahrungen. Schreiben Sie nur auf, was Sie im Augenblick erleben.

Wenn Sie beispielsweise die Zwangsvorstellung haben, Ihr Chef feuert Sie, beschreiben Sie die Umgebung. Welchen Anzug trägt Ihr Chef, wenn er Ihre Kündigung ausspricht? In welchem Raum findet das Gespräch statt? Welches/n Kleid/ Anzug tragen Sie? An welchem Tag, um welche Uhrzeit findet das Gespräch statt? Scheint die Sonne, ist es ein trüber Tag? Wo sitzen Sie, wo sitzt Ihr Chef? Wie fühlen Sie sich? Sind Sie unsicher? Wie äußert sich dieses Gefühl? Schwitzen Sie? Ist Ihr Mund trocken? Haben Sie einen Knoten im Magen? All diese Einzelheiten sollten Sie auf Tonband festhalten. Sehr wichtig sind Ihre Reaktionen während des Geschehens. Achten Sie auf Ihre körperlichen Reaktionen, wenn Sie sich den gefürchteten Sachverhalt ausmalen. Bemühen Sie sich, genügend Text zu schreiben, damit Ihre Geschichte eine Gesamtlänge von zwanzig bis vierzig Minuten umfaßt.

Lesen Sie Ihre Geschichte mehrmals laut vor und üben Sie den richtigen Tonfall und das richtige Tempo. Der Zweck der Tonbandaufzeichnung besteht darin, dieselben Emotionen in Ihnen wachzurufen, die Sie typischerweise während einer Zwangsvorstellung haben. Üben Sie, Ihre Geschichte möglichst emotionsgeladen zu lesen. Dann nehmen Sie die Geschichte auf eine entsprechend lange Tonkassette auf. Hören Sie sich die Kassette jeden Tag mehrmals 45 Minuten oder länger an. Stellen Sie sich beim Zuhören vor, die Geschehnisse treten jetzt ein, und spüren Sie die Angst und den Schmerz, die der Bericht in Ihnen auslöst. Je mehr Gefühle Sie beim Zuhören zulassen, desto größeren Nutzen ziehen Sie aus Ihrer Übung.

Beim Anhören Ihrer eigenen Stimme, die Ihre Zwangsvorstellung auf Band gesprochen hat, findet ein wichtiger Prozeß statt. Ihre Zwangsgedanken kommen nun nicht mehr aus Ihrem Innern, aus Ihrem Kopf, sie kommen von außen, als erlebe ein anderer Mensch sie. Gleichzeitig aber ist es Ihre Stimme, die Ihre eigenen Gedanken schildert. Es ist also einerseits Ihre eigene Erfahrung, andererseits kommt sie Ihnen irgendwie fremd vor. Die Tonaufzeichnung eröffnet Ihnen eine neue Sichtweise Ihres Problems. Die Situation des Außenstehenden hilft Ihnen wiederum, den zwanghaften Bann zu brechen.

Führen Sie diese Übung mit einem Zwangsgedanken täglich durch, so lange, bis das Geschehen keine übersteigerte Bedrohung mehr für Sie darstellt. Bei richtiger Anwendung werden Sie innerhalb von fünf bis sieben Tagen positive Veränderungen Ihrer Ängste feststellen. Dann fertigen Sie neue Tonaufnahmen über weitere Ängste und Zwangsgedanken, die Sie quälen, an und führen die oben geschilderten Abläufe durch.

Wie bei der kurzen Aussage auf Tonbandschleife wird Ihr Fortschritt langsamer sein, wenn Sie beim Abhören Ihre Gedanken abschweifen lassen. Wenn Sie nach einiger Zeit keine Besserung feststellen, prüfen Sie, ob Sie den Bericht mit der gleichen Aufmerksamkeit verfolgen, wie Sie einer tatsächlichen Zwangsvorstellung zuhören würden.

Manchmal wird es Ihnen vermutlich schwerfallen, die genauen Gründe herauszufinden, warum Sie so ängstlich oder unglücklich sind. Jennifer gibt uns ein Beispiel hierfür. Sie begab sich wegen ihrer zwanghaften Angst vor einer tödlichen Krankheit in Behandlung. Der Gedanke verfolgte sie unentwegt. Sie suchte immer wieder Ärzte auf und bestürmte ihren Ehemann, der Medizin studierte, mit Fragen, um ihre Befürchtungen zu mildern. Trost und Zuspruch von außen bringt, wie jedes andere Ritual, vorübergehende Erleichterung, aber die Ängste und Zwangsvorstellungen kehren früher oder später wieder.

Ursprünglich schilderte Jennifer ihre Störung als Furcht, an Tollwut zu sterben. Ihr Therapieprogramm bestand daher unter anderem aus einer ausführlichen Tonbandaufzeichnung, in der sie detailgenau schilderte, wie sie tatsächlich an Tollwut erkrankt und schließlich stirbt. Bei dieser Übung bekam Jennifer an einigen Stellen der Erzählung Angst, aber längst nicht in dem Maße wie erwartet, gemessen an ihrer extremen Furcht, wenn die Gedanken an Tollwut sie plötzlich überfielen. Ihre Angst vor Hunden reduzierte sich nicht im geringsten. Auch nach acht Übungstagen mit den Tonbandaufzeichnungen konnte Jennifer keine Erleichterung verzeichnen. Erstaunt über den mangelnden Fortschritt, beschloß der Therapeut, eine erneute Problemanalyse vorzunehmen. Dabei stellte sich heraus, daß ihre Angst sich vorwiegend auf ihre Zweifel bezog, ob sie an Tollwut erkrankt sei, weniger auf die Krankheit selbst. Zu wissen, daß sie an Tollwut sterben müsse, war weniger angsteinflößend, als mit ihren Zweifeln über die Erkrankung im dunkeln gelassen zu sein.

Mit dieser Erkenntnis wurde eine zweite Tonbandaufzeichnung erstellt mit Schwerpunkt auf ihren Unsicherheiten und Zweifeln. Als Jennifer diese Aufzeichnung abhörte, wurde sie extrem ängstlich. Nach vier Übungen begann sie sich an den Text zu gewöhnen, und ihre Angst flaute ab. Nach acht Übungen verlor die Zwangsvorstellung ihre Macht und war bald ganz verschwunden.

Übung Nr. 4: Begeben Sie sich in Situationen, denen Sie normalerweise aus dem Weg gehen.
Die drei strukturierten Übungstechniken, die wir bislang dargelegt haben, basieren auf einem einzigen Prinzip: *Um Angst zu überwinden, müssen Sie sich Ihrer Angst stellen.* Wir haben Sie aufgefordert, sich mit Ihren Zwangsvorstellungen direkt zu konfrontieren, entweder indem Sie ihnen eine feste Sorgenzeit einräumen, eine Tonbandschleife anhören, oder einen ausführlichen Tonbandbericht Ihrer Zwangsvorstellung anhören.

Übung Nr. 4 geht nach dem gleichen Prinzip vor und befaßt sich mit Situationen, die Sie aufgrund Ihrer Zwangsvorstellungen normalerweise vermeiden. Nur wenn Sie sich direkt und über einen längeren Zeitraum hinweg in diese Situationen begeben, werden Sie alle Ihre Ängste überwinden. Wenn Sie Situa-

Tonbandübung eines schwerwiegenden Zwangsgedankens

1. Verfassen Sie einen genauen Bericht über den angsterzeugenden Sachverhalt. Gehen Sie dabei folgendermaßen vor:
   A. Versetzen Sie sich in einen spontanen Zwangsgedanken.
   B. Geben Sie eine Beschreibung des genauen Wortlauts und der Bilder, die Ihnen in den Sinn kommen.
   C. Nennen Sie möglichst viele Details Ihrer Umgebung, Ihrer Handlungsweise, der Reaktionen anderer und vor allem Ihrer Emotionen.
2. Lesen Sie Ihren Bericht mehrmals laut vor, wobei Sie Tonfall und Tempo üben, die Ihren Gefühlen entsprechen.
3. Zeichnen Sie Ihre Geschichte auf Tonkassette auf.
4. Hören Sie die Aufzeichnung täglich mehrmals 45 Minuten oder länger an. Lassen Sie dabei ein möglichst hohes Maß an Angst zu.
5. Führen Sie diese tägliche Übung so lange durch, bis Sie keine nennenswerten Angstgefühle mehr empfinden.
6. Wiederholen Sie diesen Vorgang mit jedem weiteren Zwangsgedanken.

tionen vermeiden, weil Sie Angst davor haben, müssen Sie diese Übung durchführen.

Joel hoffte beispielsweise, sich davor zu bewahren, seine Tochter umzubringen, wenn er vermied, allein mit ihr zu sein. Er fürchtete, für einen Moment die Kontrolle über sich zu verlieren und die grausame Tat auszuführen. Sein Selbsthilfeprogramm enthielt also die Aufgabe, längere Zeit mit seiner Tochter allein zu sein. Als er die Tonbandaufzeichnungen gelassener anhören konnte, begann er, längere Zeit allein mit seiner Tochter zu verbringen. Je länger er mit ihr allein war, desto deutlicher erkannte er, daß seine Angst, er könnte seinen Impulsen nachgeben, irrational war. Während der ersten Übungen stellte sich bei Joel keine Erleichterung ein. Er dachte vielmehr: »Ich habe sie noch nicht getötet, weil ich nicht wahnsinnig geworden bin. Was geschieht, wenn ich morgen wahnsinnig werde?« Mit jeder weiteren Übung erkannte er, daß »morgen gekommen ist, und ich immer noch hier mit meiner Tochter zusammen bin, nicht wahnsinnig geworden bin und die Kontrolle nicht verloren habe«. Mit jedem Tag wuchs seine Überzeugung, daß es nicht einfach Glück oder Zufall war, die ihn davon abhielten, seine Tochter zu töten.

Erforschen Sie *jede mögliche Gelegenheit*, um sich auf Situationen einzulassen, die Ihnen unangenehm sind. Welche Aktivitäten vermeiden Sie, um sich oder andere in Sicherheit zu wiegen? Wann zögern Sie zu handeln aus Angst, etwas falsch zu machen? Welchen Begebenheiten weichen Sie aus, welche Örtlichkeiten meiden Sie, um keine angsterzeugenden Gedanken zu haben? Achten Sie auf Gelegenheiten, in denen Sie üben können, sich Ihren Ängsten zu stellen. Wenn Sie unter Waschzwang leiden, fassen Sie bewußt Türklinken in öffentlichen Gebäuden an, tragen Sie Kleider, die ›verseucht‹ sind. Wenn Sie unter Kontrollzwang leiden, verschließen Sie Ihre Wohnungstür oder Haustür, ohne nochmal nachzuprüfen oder andere zu bitten, noch einmal nachzusehen. Wenn Sie unter Wiederholungszwängen leiden, nehmen Sie es hin, Dinge ›falsch‹ zu machen. Von Ordnungszwang betroffene Menschen müssen zulassen, daß ein anderer ihre Wohnung aufräumt; und zwanghafte Sammler müssen jemanden bitten, ihre ›Sammlungen‹ zu sichten und Dinge wegzuwerfen.

Ihre erste Reaktion in angsterzeugenden Situationen besteht aus Zögern; Sie fühlen sich unsicher, ob Sie die Situation durchstehen. Halten Sie sich in solchen Augenblicken Ihre langfristigen Ziele vor Augen. Es geht nicht bloß darum, Ihre Zwangsvorstellungen loszuwerden. Sie wollen Aufgaben erfüllen, Sie wollen Freuden genießen, Beziehungen pflegen. Konzentrieren Sie sich auf diese *positiven* Ziele. Ihre Zwänge stehen einer sinnvollen, erfüllten Zukunft im Wege. Kämpfen Sie nicht nur *gegen* Ihre Symptome, kämpfen Sie *für* Ihre Lebensziele. Sich in Situationen begeben, die Sie bislang gemieden haben, ist ein Schritt in diese neue Zukunft.

Die erste Konfrontation mit einer beängstigenden Situation löst vermutlich Angst aus. Mit Hilfe der in diesem Kapitel besprochenen Techniken können Sie Ihre Angst und Anspannung abbauen. Entspannen Sie sich mit beruhigendem Atmen oder beruhigendem Zählen, und vergessen Sie nicht: Ihre Angst reduziert sich mit der Zeit. Sie müssen in Ihrem Kampf nicht allein sein. Rufen Sie einen Freund oder einen Verwandten an und erzählen Sie ihm oder ihr von Ihrem Vorhaben und Ihrem Ziel. Suchen Sie den Rückhalt und das Verständnis anderer.

Sobald Sie geübt haben, sich auf eine Ihrer angstauslösenden Situationen einzulassen, warten Sie nicht darauf, daß Ihre Ängste wieder einsetzen. Werden Sie aktiv! Bauen Sie Erwartungsängste durch aktives Handeln ab. Machen Sie einen langen Spaziergang, treiben Sie Sport, gehen Sie ins Kino, nehmen Sie neue Projekte am Arbeitsplatz in Angriff oder rufen Sie Freunde an.

Um das Muster Ihres Zwangsverhaltens zu verändern, ist ein Punkt von besonderer Wichtigkeit: Kämpfen Sie nicht gegen Ihre Zwänge an. Wenn Sie nur sehr langsame Fortschritte bei der Anwendung dieser Techniken verzeichnen, fragen Sie sich: »*Kämpfe* ich immer noch darum, meine Zwänge loszuwerden?« Wenn ja, hören Sie damit auf! Sie wissen bereits, daß Kämpfen nichts bringt. Damit haben Sie Ihre Zeit vergeudet, bevor Sie dieses Buch zur Hand genommen haben. Der Erfolg der hier dargelegten Verfahren hängt von Ihrer Bereitschaft ab, den Kampf aufzugeben. Sobald Sie den Kampf einstellen, werden Sie eine deutliche Veränderung erkennen. Sie können Ihre Symptome tatsächlich unter Kontrolle bekommen.

Manche von Ihnen werden umgehend positive Ergebnisse durch das Üben dieser Techniken verzeichnen. Andere werden über mehrere Wochen hinweg stetige Fortschritte machen und ihre Besorgnisse etwa um die Hälfte verringern und weitere zwei bis drei Monate damit verbringen, ihre Befürchtungen systematisch weiter abzubauen. Verlieren Sie also nicht den Mut. Wenn Sie während der ersten Wochen mäßigen bis guten Erfolg verzeichnen, aber feststellen, daß Sie Ihre Zwangshandlungen und Ihre Zwangsgedanken noch nicht vollständig abgelegt haben, führen Sie die Übungen noch einige Wochen durch. Sie werden weitere Fortschritte machen, selbst wenn nicht jede Woche eine deutliche Besserung eintritt.

Falls Sie nach mehreren Wochen täglichen Übens nicht wenigstens mäßige Erleichterung feststellen, suchen Sie die Hilfe eines Fachpsychologen auf, der Erfahrung in der Therapie von Zwangskrankheiten hat. Ein Experte wird Ihnen helfen, Probleme zu lösen, die bei der Durchführung des Selbsthilfeprogramms auftauchen, und er wird möglicherweise die in diesem Buch dargelegten Techniken auf Ihre Erfordernisse abstimmen, damit sie auch bei Ihnen Wirkung zeigen.

KAPITEL 6

Zwangsverhalten meistern

In Kapitel 1 haben wir gesehen, daß Rituale beibehalten werden, weil sie bei neurotischen Ängsten vorübergehende Erleichterung bringen. Manche Menschen werden unentwegt von ihren Zwangsgedanken verfolgt und können nur durch Rituale zeitweise Frieden finden, wodurch diese eine große Bedeutung bekommen. Im Laufe der Zeit werden die Zwangshandlungen oft zunehmend starr, so daß diese Inseln des Friedens zu einem extrem hohen Preis erkauft werden müssen: Die Rituale nehmen immer mehr Zeit in Anspruch und beherrschen schließlich das ganze Leben.

Letztlich bedeutet das Loslassen Ihrer Zwangssymptome, sich von Ritualen zu trennen. Wir schlagen nun vor, daß Sie das Ziel, sich vollständig von Ihren Zwängen zu befreien, vorübergehend außer acht lassen, um Ihre Bemühungen auf spezielle, kleinere Veränderungen zu konzentrieren. In diesem Abschnitt werden wir vier Techniken beschreiben, die Sie benutzen können, um sich darauf vorzubereiten, Rituale aufzugeben. Die fünfte Selbsthilfetechnik wird Ihnen helfen, Ihr Zwangsverhalten vollständig abzulegen.

Die ersten vier Selbsthilfe-Übungen, die Ihr Zwangsverhalten verringern, können angewendet werden, während Sie daran arbeiten, Ihre Zwangsgedanken loszulassen. Sie können sich aber auch zuerst von Ihren Zwangsgedanken befreien und danach daran arbeiten, sich von Ihren Zwangshandlungen zu trennen.

Lesen Sie die vier Übungen durch und entscheiden dann, welche Sie ausprobieren wollen. Es gibt keine Regeln, welche Übungen Sie zuerst ausprobieren sollten, oder welche Übungen bei welchen Ritualen wirksamer sind als bei anderen. Wenn Sie sich aber für eine Technik entscheiden, bleiben Sie dabei, um herauszufinden, ob diese für Sie richtig ist. Lehnen Sie eine Methode nicht sofort ab, nur weil die ersten Versuche keinen Erfolg gebracht haben.

Selbsthilfetechniken bei Zwangsritualen

Selbsthilfe-Übung Nr. 1: Das Ritual auf einen späteren Zeitpunkt verschieben.
Über das Verschieben von Zwangsgedanken haben wir bereits gesprochen. Häufig sind die Verfahren gegen Zwangsdenken auch auf Zwangshandlungen anzuwenden. Wenn Sie mehr als ein Ritual haben, wählen Sie das, von dem Sie glauben, es am leichtesten verschieben zu können. Wenn Sie sich dann das nächste Mal zu einer Zwangshandlung gezwungen sehen, verschieben Sie sie auf eine bestimmte Zeit. Dieser mentale Trick hilft Ihnen, dem Ritual erfolgreich zu widerstehen, da der Widerstand auf eine kurze Zeitdauer beschränkt ist. Wie lange Sie das Ritualisieren hinauszögern können, richtet sich danach, wie lange Sie das Verschieben aushalten. Manchmal können Sie es nur dreißig Sekunden ertragen, zu anderen Zeiten ist ein halber Tag möglich.

Diese Übung hilft Ihnen auf zweifache Weise. Erstens werden Sie langsam längere Abschnitte Ihrer Besorgnis ertragen können, statt Ihr Unbehagen umgehend durch Zwangsverhalten herabsetzen zu müssen. Zweitens fördert erfolgreiches Verschieben Ihr Kontrollbewußtsein.

Wie bei Ängsten und Befürchtungen flaut der Drang zu ritualisieren im Laufe der Zeit von selbst ab, wenn Sie ihm nicht nachgeben. Gelingt es Ihnen, Zwangsrituale mehrere Stunden hinauszuzögern, werden Sie feststellen, daß der Drang zur Zwangshandlung nicht mehr so stark ist, wenn die festgesetzte Zeit gekommen ist. Anhand dieser Erfahrung beginnen Sie Zuversicht zu gewinnen, daß es auch andere Wege gibt, Ihre Ängste abzubauen. Wenn Sie Zeit verstreichen lassen und sich durch andere Aktivitäten, Gedanken und Gefühle ablenken, verringern Sie den Drang zu ritualisieren.

Im Laufe der Zeit gewinnen Sie neue Perspektiven und zugleich mit diesen Einsichten ein höheres Maß an Selbstkontrolle. Angenommen, Sie können Ihr Zwangshandeln von 8 Uhr auf 10 Uhr verschieben und dem Drang zu diesem Zeitpunkt noch widerstehen, sollten Sie eine weitere Verschiebung vornehmen: »Ich warte damit bis zum Mittag; mal sehen, wie ich mich dann fühle.« Wenn Sie noch einmal verschieben, wird Ihr Zwang schließlich gar nicht mehr vorhanden sein. Ist Ihnen eine weitere Verzögerung nicht möglich, wenden Sie eine der folgenden beiden Techniken an.

Selbsthilfe-Übung Nr. 2: Denken und handeln Sie während des Rituals in Zeitlupe.
Eine andere Methode, Muster Ihres Zwangsverhaltens zu verändern, ist das absichtliche Verlangsamen Ihrer Denkvorgänge und Körperbewegungen während des Ritualisierens. Aus dieser Übung ziehen Sie zweifachen Nutzen. Erstens, fühlen Sie sich im Zustand der Angst oft angespannt, unter Druck gesetzt und gehetzt. Mit dem Verlangsamen Ihrer Gedanken und Aktionen setzen Sie die mit der Ritualhandlung verbundene Hektik herab. Ohne diese Hektik wird das Ritual weniger zwanghaft und verliert folglich etwas von seiner Macht.

Zweitens bleiben Ihnen beim Verlangsamen eines Rituals mehr Einzelheiten Ihrer Handlungsweise im Gedächtnis haften. Zwangskranke zweifeln häufig daran, ob sie ihr Ritual sorgfältig genug ausgeführt haben. Sie fühlen sich im Augenblick sicher, doch Sekunden später setzen ihre Zweifel ein, ob sie die Rituale sorgfältig durchgeführt haben. Das zwingt sie zu einer weiteren Ritualisierungsrunde. Verlangsamen Sie körperliche und geistige Vorgänge, um die Einzelheiten Ihrer Aktionen bewußter auszuführen und im Gedächtnis zu behalten. Damit arbeiten Sie Zweifeln entgegen und setzen sie herab.

Scott veranschaulicht uns das Muster von Zweifeln und wiederholtem Kontrollieren. Ihm fiel es schwer, sich zu vergewissern, wo er Dinge hingelegt hatte. Daher mußte er ständig überprüfen, ob etwas an seinem richtigen Platz war. Ein Beispiel: Geldscheine in die Brieftasche stecken. Scott öffnete die Brieftasche und legte den Geldschein hinein. Damit war es leider nicht getan. Er mußte den Geldschein wiederholte Male aus dem Fach nehmen und wieder hineinschieben, um sich zu vergewissern, daß er es richtig gemacht hatte. War er schließlich davon überzeugt, daß sich der Geldschein tatsächlich an seinem Platz befand, wollte er die Brieftasche schließen. Doch das gelang ihm nicht. Er mußte sie wieder öffnen und nachsehen, ob der Geldschein an seinem Platz war. Dieser einfache Vorgang konnte sich für ihn bis zu einer Stunde hinziehen. Es war nur eine von vielen Zwangshandlungen, unter denen Scott litt.

Hier eine Schilderung, wie Scott die Zeitlupen-Übung einsetzte, um sein Brieftaschenritual zu durchbrechen. Mehrmals pro Tag übte er auf folgende Weise, Geld in seine Brieftasche zu stecken. Zunächst öffnete er die Brieftasche langsam und warf einen eher beiläufigen als nervösen Blick herein. Gleichzeitig machte er einen ausgiebigen Atemzug und versuchte, sich bewußt zu entspannen. Fünfzehn Sekunden später legte er den Geldschein in das Fach und hielt ihn mit den Fingern fest, während er ihn weiterhin betrachtete und bewußt ruhig atmete. Als nächstes ließ er den Geldschein langsam los, schloß das Fach langsam und danach die Brieftasche. Dieser verlangsamte Vorgang half ihm systematisch, zu den normalen mechanischen Handgriffen im Umgang mit Geld zurückzukehren.

Die Zeitlupentechnik kann bei vielen Zwangsritualen angewendet werden. Sie ist vor allem bei Kontrollzwängen wirksam, da sie die Zweifel des Kontrollierenden über seine Aktionen verringert. Wenn Sie beispielsweise eine Tür in Zeitlupe überprüfen, gehen Sie langsam auf die Tür zu, nehmen sich einige Sekunden Zeit für beruhigendes Atmen und sehen sich die Türverriegelung an. Wenn Ihre Hand sich dem Riegel nähert und ihn anfaßt, spüren Sie das Metall in Ihren Fingern. Sodann drehen Sie den Riegel ganz langsam in Schließposition. Hören Sie auf das Klicken, wenn der Riegel einschnappt. Sobald Sie dieses Geräusch wahrnehmen, machen Sie eine Pause und lassen die Hand noch fünfzehn Sekunden auf dem Riegel liegen. Stellen Sie sich bewußt die Frage: »Ist diese Tür verriegelt?« Antworten Sie: »Ja«, nehmen die Hand von der Türklinke und entfernen sich langsam von der verschlossenen Tür.

Wenn Sie diesen Zeitlupenvorgang üben, vergessen Sie nicht, die Übung mit beruhigendem Atem oder beruhigendem Zählen zu kombinieren, die wir in Kapitel 5 besprochen haben. Mehrmaliges Atmen und Zählen hilft Ihnen, Ihre körperliche Anspannung auf ein Minimum herabzusetzen. Das wiederum erhöht Ihre Konzentration und verstärkt Ihr Erinnerungsvermögen.

Selbsthilfe-Übung Nr. 3: Verändern Sie einen Aspekt Ihres Rituals.
Mit der Durchführung dieser Übung entscheiden Sie sich, das festgefahrene Muster Ihres Zwangsverhaltens zu durchbrechen. Dabei gilt es zunächst zu analysieren, wie Ihr Ritual abläuft. Wählen Sie ein Ritual und analysieren Sie seine Merkmale anhand der unten angegebenen Liste. Nehmen Sie Bleistift und Papier zur Hand und notieren Sie alle Einzelheiten, die Ihnen in den Sinn kommen. Beschreiben Sie Ihre genauen Bewegungen und Gedanken, so wie sie entstehen. Wann ritualisieren Sie? Wie? Wo?

Beginnen Sie einige Elemente Ihres Rituals zu verändern, und üben Sie diese Veränderungen in den nächsten Tagen regelmäßig. Dieser Vorgang bildet den Anfang, dieses anscheinend automatische Verhalten Ihrer gezielten Kontrolle zu unterwerfen – nicht indem das Ritual total gestoppt, sondern indem es bewußt manipuliert wird. Hier einige Beispiele:

Verändern Sie die Reihenfolge Ihres Rituals. Wenn Sie beispielsweise beim Duschen mit den Füßen beginnen und sich

> **Merkmale der Rituale**
>
> - Besondere Handlungen
> - Besondere Gedanken
> - Reihenfolge der Handlungen
> - Anzahl der Wiederholungen
> - Welche Gegenstände werden dabei benutzt
> - Körperhaltungen
> - Entsprechende Emotionen
> - Örtlichkeiten
> - Besondere auslösende Gedanken oder Ereignisse

methodisch nach oben bis zum Kopf vorarbeiten, kehren Sie die Reihenfolge um und beginnen Sie mit dem Kopf.

Verändern Sie die Häufigkeit. Wenn das Zählen Bestandteil Ihres Rituals ist, verändern Sie die Anzahl der Wiederholungen, die Sie benötigen, um das Ritual zu vervollständigen. Wenn Sie immer zehnmal bis vier zählen, zählen Sie ab jetzt zwölfmal bis drei. Wenn Sie drei Stück Zucker in Ihre Kaffeetasse tun, nehmen Sie nun zweieinhalb Würfel und werfen den Rest weg.

Verändern Sie die benutzten Gegenstände. Wenn Sie sich mit einer bestimmten Seife waschen, wechseln Sie die Sorte. Wenn Sie mit dem Finger wiederholt auf die Rechenmaschine tippen müssen, tippen Sie ab jetzt mit dem Finger auf den Tisch neben der Rechenmaschine.

Verändern Sie Einzelheiten Ihres Rituals. Wenn Sie sich wiederholte Male an- und ausziehen müssen, tun Sie das jedesmal in einem anderen Zimmer. Verändern Sie Ihre Körperhaltung beim Ritual. Wenn Sie beim Ritualisieren immer stehen, setzen Sie sich hin. Wenn Sie die Augen dabei immer offen halten, versuchen Sie, Ihre Zwangshandlung mit geschlossenen Augen durchzuführen.

Diese Übung hat drei Vorteile. Erstens werden Sie wie bei den vorangegangenen zwei Übungen dieses Abschnitts fähig sein, Zwangshandlungen leichter zu verändern, als Ihnen ein totales Ritualstopp abfordern würde. Zweitens können Sie über die Veränderung wichtiger Aspekte des Ritualmusters mit großer Wahrscheinlichkeit den übermächtigen Bann des Rituals alsbald brechen. Sie stellen fest, daß ein Ritual Ihnen auch dann vorübergehende Erleichterung bringt, wenn es nicht perfekt ausgeführt ist. Das heißt also, Sie bringen etwas Flexibilität in das Muster. Diese Unterbrechung des Rituals ist der Anfang seiner Zerstörung. Drittens regt diese Übung Ihr bewußtes Denken an, wann und wie Sie Ihre Rituale ausführen. Wenn Sie bereit sind, das Ritualisieren vollständig aufzugeben, werden Sie bewußt die ersten Anzeichen Ihres Ritualisierungsdrangs erkennen und sich selbst davon abhalten, ehe die Automatik einsetzt.

Die 24jährige Hausfrau Ruth hatte sich angewöhnt, bestimmte Handlungen ständig zu wiederholen, um drohendes Unglück abzuwenden. Ihr Zwangsverhalten hatte nahezu auf alle täglichen Handgriffe übergegriffen. Wenn Ruth beispielsweise eine Arbeitsplatte säuberte oder Geschirr spülte, mußte sie den Schwamm jeweils zehnmal ausdrücken. Als sie übte, dieses Ritual zu verändern, drückte sie den Schwamm weiterhin aus, wechselte ihn nun aber nach jedem Ausdrücken in die andere Hand. Diese Veränderung rief bei Ruth eine erhebliche innere Unruhe hervor, da sie fürchtete, diese neue Gewohnheit würde sie und ihre Familie weniger erfolgreich vor Schicksalsschlägen schützen. Dennoch war sie entschlossen, die Veränderung weiterhin durchzuführen. Nach zwei Wochen dachte Ruth sich eine weitere Veränderung aus. Sie drückte den Schwamm nicht mehr aus, sondern wechselte ihn nur noch zehnmal von einer Hand in die andere. Bald danach war sie fähig, dem Zwang des Schwammausdrückens vollständig zu widerstehen und konnte die Arbeitsplatte normal abwischen und das Geschirr normal spülen.

Ruth stand auch unter dem Zwang, ihre Hände zu waschen, während sie im Geist bis zehn zählte. Sie versuchte, dieses Problem auf andere Weise in den Griff zu bekommen. Wenn sie den Drang verspürte, ihre Hände zu waschen, hielt Ruth eine Hand unter den schwach laufenden kalten Wasserhahn, während sie mit der anderen Hand langsam den Heißwasserhahn aufdrehte. Statt zu zählen, sagte sie sich im Geist vor: »Kalt... warm... wärmer... heiß!« Diese Worte entsprachen der ansteigenden Wassertemperatur. Kurz bevor das Wasser zu heiß wurde, nahm sie die Hand weg. Einige Minuten später wusch sie die andere Hand auf die gleiche Weise.

Wie Sie sehen, fordert diese Übung neue Gewohnheiten von Ihnen. Diese neuen Handlungen widersetzen sich Ihrer Neigung, Ihre ursprünglichen Rituale unverändert fortzuführen. Es ist unmöglich, starre Rituale beizubehalten und sie gleichzeitig zu verändern. Deshalb ist es wichtig, diese Übung regelmäßig durchzuführen. Rituale zu verändern ist ein großer Schritt in Richtung Ablösung von innen.

Selbsthilfe-Übung Nr. 4: Fügen Sie Ihrem Ritual eine Konsequenz hinzu.
Eine einfache Veränderung, die zur Erweiterung Ihres Bewußtseins beiträgt, ist jeder Zwangshandlung eine bestimmte Handlung als Konsequenz hinzuzufügen. Bei dieser Übung müssen Sie nicht verändern, wie oder wann Sie ritualisieren; Sie müssen vielmehr jedesmal, *wenn* Sie ritualisieren, eine zusätzliche Aufgabe ausführen. Wählen Sie eine Aufgabe, die überhaupt nichts mit Ihren zwanghaften Neigungen zu tun hat; es muß außerdem etwas sein, das eine Unterbrechung Ihres normalen Tagesablaufes erfordert: ein Spaziergang im Park, einem Menschen, über den Sie sich ärgern, eine versöhnliche Geste entgegenbringen, 45 Minuten Klavier üben, oder zehn Gedichte mit der Hand aus einem Buch abschreiben. Im Idealfall hat die von Ihnen gewählte Konsequenz auch einen Wiedergutmachungseffekt. Eine häufig gewählte Konsequenz ist eine sportliche Betätigung – etwa ein Spaziergang von einer halben Stunde.

Diese Aufgaben unterbrechen den Arbeitsablauf, und sie sind zeitaufwendig – genau das ist die Absicht! Es wäre allerdings falsch, sie als Bestrafung zu werten. Um wirksam zu sein, müssen Konsequenzen ihren Preis haben. Weil sie Zeit und Mühe kosten, werden Sie nach einiger Übung wissen, wann der

Augenblick gekommen ist, an dem Sie normalerweise Ihre Zwangshandlung aufnehmen würden – und Sie werden zögern. Sie werden darüber nachdenken, ob es wirklich ratsam ist zu ritualisieren. Dieser Augenblick des Zögerns gibt Ihnen Gelegenheit, der Zwangshandlung zu widerstehen, um sich die zeitaufwendige Konsequenz zu ersparen.

Angenommen, Sie müssen jeden Morgen, bevor Sie das Haus verlassen, um zur Arbeit zu gehen, mehrmals den Küchenherd überprüfen. Sie müssen jeden Schalter sechsmal berühren, bevor Sie die Küchentür hinter sich schließen. An der Gartentür befallen Sie Zweifel, ob der Herd wirklich ausgeschaltet ist, und schon treten Sie den Rückweg an für eine weitere Runde Ihres Zwangsverhaltens. Vor wenigen Wochen haben Sie begonnen, bei jeder Prüfung die Zeitlupentechnik anzuwenden. Das funktioniert so gut, daß Sie jetzt den Herd nur noch einmal überprüfen und dabei die Schalter nicht mehr anfassen müssen. Doch an der Gartentür befallen Sie jeden Tag erneut Zweifel, und Sie müssen umkehren und noch einmal einen schnellen Blick auf den Herd werfen, »nur zur Sicherheit«.

Hier bietet sich eine gute Gelegenheit für unsere Übung. Beschließen Sie, ab morgen jedes Mal, wenn Sie bei Überprüfung des Herdes einen Schalter berühren oder an der Gartentür noch einmal umkehren müssen, um einen letzten Blick zur Sicherheit auf die Herdschalter zu werfen, nach der Arbeit einen Spaziergang von einer halben Stunde zu machen. Das bedeutet, der Spaziergang wird gemacht, bevor Sie abends *irgend etwas* anderes tun: Kein Einkauf nach Büroschluß; keine Tasse Tee beim Heimkommen. Sie ziehen Ihre Joggingschuhe an und machen sich auf den Weg, egal, ob es stürmt oder schneit oder die Sonne lacht. Bald werden Sie es sich zweimal überlegen, bevor Sie noch einmal umkehren, »nur zur Sicherheit«.

Diese Technik funktioniert bei Menschen, die unter Waschzwang leiden und sich kein zweites Mal die Hände waschen wollen; bei zwanghaften Sammlern, die aufhören wollen, sinnlosen Unrat anzuhäufen; bei Menschen, die ständig Ordnung schaffen müssen und die damit aufhören möchten. Wenn die von Ihnen gewählte Konsequenz auch nach mehreren Versuchen nicht die beabsichtigte Wirkung zeigt, wählen Sie eine andere, die Ihnen noch mehr abfordert.

Selbsthilfe-Übung Nr. 5: Treffen Sie die Entscheidung, nicht zu ritualisieren.
Diese Entscheidung steht natürlich hinter allen Übungen, deren Ziel die volle Kontrolle über Ihr Zwangsverhalten ist. Sie erfordert Kraft und Entschlossenheit. Zur Überwindung Ihrer Zwangsstörung brauchen Sie einen langfristigen Plan, den Sie dem Drang zum Zwangsverhalten entgegensetzen können. Sie müssen bereit sein, kurzfristige Leiden zu ertragen, um Ihr Ziel zu erreichen: die Befreiung von Ihren Symptomen.

Sämtliche in diesem Kapitel erläuterten Techniken bestärken Ihren Vorsatz, dem Ritualisieren nicht nachzugeben, und helfen Ihnen, sich auf diese Entscheidung vorzubereiten. Jede Übung bringt Sie dieser endgültigen Lösung einen Schritt näher. Die Arbeit an den oben erläuterten Techniken – Verschieben, Rituale in Zeitlupe durchführen, Aspekte des Rituals verändern und eine Konsequenz hinzufügen – hilft Ihnen, sich Ihrem Ziel mit weniger Angst, Streß und Mühe zu nähern. Statt zu sagen: »Ich *muß* damit aufhören«, spüren Sie vielmehr zuversichtlich: »Ich bin bereit, damit aufzuhören.«

Der Entschluß, nicht zu ritualisieren, beinhaltet den Entschluß, *Ihre Angst direkt zu konfrontieren und aufzuhören, sich durch Zwangsrituale vor Angstgefühlen zu schützen*. Sie sind bereit, Ihre Angst, wenn nötig, zu ertragen. Das ist eine Lektion, die Sie nur durch Übung lernen, und Sie werden feststellen, daß Sie Ihr Unbehagen ertragen können. Um das herauszufinden, werden Sie Ihrer Angst entgegentreten, statt vor ihr zu fliehen.

Der beste Weg zu diesem Ziel ist der bewußte Kontakt mit den Auslösern Ihrer Zwänge. Haben Sie irrationale Angst vor Ansteckung, so berühren Sie in dieser Übung bewußt Gegenstände, von denen Ihrer Meinung nach Ansteckung droht. Haben Sie Angst, den Küchenherd versehentlich nicht ausgeschaltet zu haben, drehen Sie ihn bewußt an und verlassen das Haus für eine halbe Stunde. Legen Sie übertriebenen Wert auf ein makellos sauberes Haus, bringen Sie mehrere Räume total in Unordnung und belassen es mehrere Tage in diesem Zustand. Nur durch diese Übung können Sie feststellen, daß Ihre Unruhe und damit auch Ihr Drang zum Zwangsverhalten abflaut. In Kapitel 7 und 8 finden Sie spezifische Anweisungen, wie Sie Ihre Rituale stoppen können.

Sie müssen nicht einfach die Zähne zusammenbeißen und Ihre Qualen ertragen. Nehmen Sie sich die vorangegangenen Seiten – auf denen die kurzen Atem- und Entspannungstechniken beschrieben sind, noch einmal vor. Anhand von beruhigendem Atmen und beruhigendem Zählen können Sie Spannungen abbauen.

Lenken Sie Ihre Aufmerksamkeit auf eine andere Tätigkeit, die Ihr Interesse in Anspruch nimmt, reden Sie beispielsweise mit wohlmeinenden Freunden oder machen Sie einen ausgedehnten Spaziergang.

Wie fühlen Sie sich nach einigen Wochen ohne Ihr Zwangsverhalten? – Nachfolgend ein Bericht, wie ein von Kontrollzwang Betroffener mit diesen Veränderungen umging. Vann hatte zwei Jahre gegen seine Symptome angekämpft, bevor er unsere Selbsthilfe-Techniken kennenlernte und mit ihnen arbeitete.

In seinen schlimmsten Zeiten war er bis zu fünf Stunden täglich mit Kontrollhandlungen beschäftigt. In der nachstehenden Tabelle 7 sind die meisten Punkte aufgeführt, die er jeden Tag überprüfte. Jedes Überprüfen umfaßte ein Minimum von sechs bis sieben Wiederholungen, um zu gewährleisten, daß jeder Punkt ordnungsgemäß ausgeführt war. Oft machte er sich Sorgen, daß er etwas übersehen hatte, was ihm hätte auffallen müssen: Kratzer oder Beulen am Mülleimer, Staubpartikel unter dem Telefon, ein Gegenstand im Keller, der nicht dorthin gehörte. Dann wieder mußte er Dinge überprüfen, um ein Unglück abzuwenden: ein elektrisches Kabel, das sich um den Abfalleimer gewickelt hatte; ein Gegenstand auf dem Fußboden im Schlafzimmer, über den sein Sohn stolpern könnte; in der Küche könnte ein Feuer ausbrechen, oder im Keller könnte es eine Überschwemmung geben. Es gab Tage, an denen Vann einen bestimmten Gegenstand mehr als hundertmal überprüfte.

Tabelle 7:
Vanns tägliche Kontrollrituale

Morgens zuhause
Badezimmer
Schränke
Lichtschalter
Waschbecken
Badezimmertür
Obere Schubladen in Kommoden

Im Büro
Papierkorb
Akten
Schubladen
Telefonbuch
Unterseite des Telefons
Standort des Telefons
Standort der Akten
Standort des Papierkorbs
Flecken auf dem Fußboden
Flecken auf dem Aktenschrank
Schlüssel für Schreibtischschublade
Telefonhörer
Wasserhahn und Wasserspülung im Klo
Lichtschalter – ein und aus
Kaffeekanne
Verriegelung der Bürotür
Schloß an der Eingangstür des Bürogebäudes

Auto
Türschlösser
Armstütze – hoch und runter
Aschenbecher
Lenkrad
Radio
Klimaanlage und Heizung
Schmutz auf dem Fußboden

Unter dem Armaturenbrett
Unter den Sitzen

Abends zu Hause

Wasserhähne außen am Haus
Gasgrill
Garagenfenster und Tür
Hasenstall und Gitter
Gartentor
Hintertür
Briefkasten
Brille wiederholte Male putzen
Aktentasche
Taschenrechner

Vor dem Zubettgehen

Türen und Fenster
Thermostat
Badezimmer: Wasserhähne, Toilette und Toilettensitz,
  Duschvorhang, Arzneischrank, Fenster, Nachtlicht, Zahnpastatuben, Zahnbürsten
Fernseher
Lichter
Kühlschrank
Licht und Türen im Keller
Sämtliche Küchengeräte
Radio
Offener Kamin
Zimmer des Sohnes: Stecker, Telefonschnur, Gegenstände
  auf dem Fußboden, ob der Sohn im Bett liegt und schläft,
  Schubladen

Wir sprachen mit Vann, nachdem er zehn Wochen an seinem Selbsthilfeprogramm gearbeitet hatte, und immer noch daran übte, seine Ängste täglich zu konfrontieren.

Zu dieser Zeit spürte er bereits deutliche Verbesserungen bei etwa 75% seiner Rituale. Hier einige Auszüge aus diesem Gespräch, in dem er seine Fortschritte in einigen Bereichen schildert:

> Das Haus abends abzuschließen, ist heute kein Problem mehr für mich. Früher bin ich abends um acht Uhr zu Bett gegangen, um den endlosen Ritualen des Abschließens zu entgehen. Ich fürchtete, in meinem Kontrollzwang festzusitzen. Wenn ich abends gegen zehn Uhr nach Hause kam und meine Frau lag schon im Bett, hatte ich bis Mitternacht zu tun, das Haus abzuschließen. Deshalb sah ich zu, daß ich vor ihr im Bett lag, damit sie das Haus abschließen mußte.
>
> Heute kann ich bis elf oder halb zwölf abends aufbleiben, lesen und Beschäftigungen nachgehen, die mich schon immer interessiert haben, für die mir in den letzten Jahren jedoch keine Zeit blieb. Normalerweise überprüfe ich Türen nur einmal; ich gehe nie zurück, um sie ein zweites Mal zu überprüfen. Wenn ich abends vor dem Zubettgehen in die Küche gehe, überprüfe ich manchmal den Toaster und den Herd, ob sie ausgeschaltet sind. Ich prüfe nicht wie früher fünf- oder sechsmal. Ich prüfe einmal, berühre den Schalter, um mich zuvergewissern, daß er auf Null steht und verlasse anschließend die Küche. Es gibt Abende, an denen ich überhaupt nicht nachprüfe. Wenn ich früher meine Kontrollgänge machte, fürchtete ich, etwas übersehen zu haben und das Haus würde über Nacht abbrennen. An so etwas denke ich heute überhaupt nicht mehr.

Vann lernte diese wichtige Lektion nur durch seine persönliche Erfahrung: er muß keine Zwangsrituale ausführen, um sich von seinen Ängsten zu befreien.

> Wenn ich die ersten zehn Sekunden eines Kontrollrituals in den Griff bekomme und es frühzeitig stoppen kann, bin ich außer Gefahr. Vor zwei Monaten hatte ich noch zwei Stunden nach einem Kontrollritual das Bedürfnis, eine Sache noch einmal nachzuprüfen. Dieser Drang ist sehr viel schwächer geworden.

Ich erinnere mich, daß ich früher zwei Stunden am Nachmittag im Büro damit zubrachte, das Telefonbuch zu überprüfen. Ich mußte es dreißig, vierzig, fünfzig Mal aus der Schublade holen und wieder zurücklegen. Bevor ich es in die Schublade zurücklegte, mußte ich es genau untersuchen: ob der Umschlag beschädigt war, ob Seiten eingeknickt oder zerknittert waren, und so weiter. Heute nehme ich das Telefonbuch, schlage es zu, lege es in die Schublade und mache die Schublade zu. Es fällt mir nicht übermäßig schwer, das zu tun. Das zu schaffen, gab mir eine Menge Selbstvertrauen.

Vanns Angsttechnik besteht heute darin, seine Angst zu konfrontieren, wenn er sich in Kontrollen verzettelt.

Bemerkenswert ist, daß er jede Gelegenheit nutzt, um seine Fertigkeiten zu üben. Angesichts seiner jüngsten Erfolge ist er davon überzeugt, daß seine bewußt häufig herbeigeführten Begegnungen mit seinen Ängsten den Schlüssel für seine Heilung darstellen.

Früher habe ich die Rückbank des Wagens ausgebaut, um nachzusehen, ob darunter Schmutz war, den ich entfernen mußte. Wenn ich Staub entdeckte, war ich stundenlang damit beschäftigt, den Staub unter der Rückbank zu entfernen.

Heute mache ich so etwas absichtlich. Ich baue die Rückbank aus und suche nach etwas, das mich wirklich stört. Ich versuche, damit Angstgefühle in mir zu erzeugen. Wenn diese Angstgefühle sich einstellen, baue ich die Rückbank wieder ein, schließe den Kofferraumdeckel und die hinteren Wagentüren und gehe weg. Das hat mir enorm geholfen.

Als ich die ersten Male einfach wegging, machte mir das große Angst. Ich wollte umkehren und nachsehen, ob etwas unter dem Sitz war. Ich hatte das Gefühl, nicht sorgfältig genug nachgesehen zu haben, und ich verspürte den starken Wunsch, noch einmal nachzusehen. Der Schweiß brach mir aus, mein Herz schlug schneller, ich wurde sehr reizbar und ich fühlte mich äußerst zwanghaft. Ich wollte nochmal nachprüfen! Aber ich entschied mich dafür, es nicht zu tun. Und tatsächlich, nach zwei Stunden war das Verlangen abgeflaut.

Zu Beginn dauerte der Drang länger an. Wenn ich heute den Wagen überprüfe, würde ich wohl kaum etwas finden, das mir Angst einjagen könnte. Falls ich etwas finde, dauert der Drang ein bis zwei Minuten und verschwindet gleich wieder.

Ich kann heute Dinge tun, für die mir früher keine Zeit blieb, Tennis spielen oder mich abends mit den Kindern beschäftigen. Ich fühle mich wirklich wohl. In den letzten sechs Wochen war es ein wenig schwierig, aber es ist so viel einfacher als in den ersten vier Wochen. Ich versuche nur eine Sache zu tun, nicht mehrere Dinge zugleich. Das Wesentliche dabei ist, sein Selbstvertrauen aufzubauen. Ich war von Anfang an ernsthaft bemüht, eine Menge Willenskraft zu investieren, es einfach zu tun und mich mit den Folgen auseinanderzusetzen. Ich glaube, das war der Schlüssel zu meinem Erfolg.

Teil III

Das intensive
Drei-Wochen-Programm

KAPITEL 7

Therapieverfahren bei Zwangsritualen

Das intensive Drei-Wochen-Programm ist das aufwendigere der beiden in diesem Buch vorgestellten Therapieverfahren. Es basiert auf Methoden, die von Experten im Bereich der Zwangsstörungen angewendet werden. Wie bereits in Kapitel 1 erwähnt, bezeichnen wir diesen Ansatz als ›kognitive Verhaltenstherapie‹. Sie wurde weltweit in zahlreichen Klinikzentren eingehend erprobt und gilt heute als die beste Therapieform gegen diese Störung.

Wie an früherer Stelle empfohlen, sollten Sie zunächst die Techniken des einführenden Selbsthilfe-Programms aus Teil II üben. Falls Sie nur unter Ängsten und Zwangsgedanken leiden, genügt dieses Programm. Wenn Sie außerdem unter Zwangshandlungen leiden, üben Sie die in Kapitel 5 vorgestellten Techniken. Sollten Sie allerdings mehr als zwei Stunden pro Tag mit Zwangsritualen verbringen, oder nach Durchführung des Selbsthilfe-Programms keine hinreichende Kontrolle über Ihre Gedanken oder Handlungen erlangt haben, sollten Sie Teil III in Angriff nehmen.

In diesem Kapitel werden wir Ihnen die Grundlagen des Therapieprogramms nahebringen, das sich zum großen Teil auf Selbsthilfetechniken bezieht. Patienten *sprechen* nicht nur mit dem Therapeuten über ihre Störungen, sie lernen Techniken und praktische Anwendungen, mit deren Hilfe sie ihre Symptome in den Griff bekommen. Im ersten Teil dieses Kapitels stellen wir das Programm im einzelnen vor. Wir erläutern die Spezialverfahren für die häufigsten Formen der Zwangsstörung. Nach der Lektüre des einführenden Abschnitts werden Sie sich möglicherweise erneut mit den Therapieprogrammen befassen wollen, die auf Ihre spezifischen Belange zugeschnitten sind, die Sie als Modelle zugrunde legen, um Ihr eigenes Selbsthilfe-Programm zu erstellen, wie in Kapitel 8 erläutert.

In Kapitel 8 helfen wir Ihnen bei der Planung Ihres eigenen

Selbsthilfe-Programms. Gegen Waschzwang, Kontrollzwang, Wiederholungszwang, Sammelzwang, Ordnungszwang und Denkzwänge werden getrennte Programme erstellt. Falls Sie die Absicht haben, diese intensiven Selbsthilfeprogramme durchzuarbeiten, raten wir Ihnen, die Hilfe eines wohlmeinenden Freundes, Familienmitglieds oder eines Psychologen in Anspruch zu nehmen. In Kapitel 9 werden Medikamente besprochen, die unterstützend zur Behandlung Ihrer Symptome eingesetzt werden können. Und in Kapitel 10 erfahren Sie, wie erfolgreich Sie sich von diesen Symptomen trennen und zu einem normalen Leben zurückkehren können. Fünf geheilte Zwangskranke haben ihr Einverständnis gegeben, ihre Fallgeschichten, ihre Kämpfe und Erfolge zu veröffentlichen. Auch Sie können Besserung und Heilung finden, egal wie lange Sie unter Ihren Symptomen leiden und wie sehr Sie von Ihnen gefangen genommen sind.

Menschen, die unter Zwangsgedanken und/oder Zwangshandlungen leiden, kann erst seit kurzem wirklich geholfen werden. Patienten, die sich in der Vergangenheit wegen ihrer Zwangsstörungen in Behandlung begaben, konnten bestenfalls Teilerfolge erzielen. Herkömmliche Psychotherapien − die klassische Psychoanalyse, die dynamische Psychotherapie und stützende Verfahren − waren häufig in der einen oder anderen Richtung hilfreich, reduzierten aber im allgemeinen weder Zwangsgedanken noch Zwangshandlungen.

Erst Mitte der 60er Jahre konnten wirksame Therapieformen gefunden werden. Dr. Victor Meyer entwickelte 1966 am Middlesex Hospital in England ein radikales, aber dennoch einfach auszuführendes Programm zur Behandlung von Patienten, die unter Waschzwang litten, das er zu einem späteren Zeitpunkt auf andere Formen von Zwängen ausweitete. Das Programm begann damit, gemeinsam mit den Patienten die Situationen zu identifizieren und zu analysieren, die sie ›verunreinigten‹ und ›verseuchten‹ und ihren Drang zum Zwangsverhalten auslösten. Nachdem diese Liste erstellt war, konfrontierte Dr. Meyer die Patienten systematisch mit jeder der genannten Situationen.

Es genügt jedoch nicht, den Zwangskranken lediglich mit

den auslösenden Momenten zu konfrontieren. Beim Waschzwang berühren die Betroffenen ständig verseuchte Dinge, waschen anschließend die Verunreinigung wieder ab und stellen damit den Zustand der Sauberkeit wieder her. Dr. Meyer fügte dem Programm einen zweiten Aspekt hinzu. Er hinderte die Patienten an ihren zwanghaften Wasch- und Putzhandlungen, so daß sie über lange Zeiträume ›verseucht‹ blieben.

Sein Programm war so erfolgreich, daß Behandlungszentren auf der ganzen Welt dieses Verfahren übernahmen, weiter erforschten und modifizierten. Nach fünf Jahren intensiven Experimentierens hatte das Zentrum zur Behandlung und Erforschung von Angsterkrankungen am Medical College of Pennsylvania in Philadelphia ein erfolgreiches Drei-Wochen-Therapie-Programm gegen Zwangsstörungen entwickelt und erprobt. Dieses Programm enthält drei Komponenten, die wir *Konfrontation, Vorstellungen und Ritualverhinderung* nennen.

Während der *Konfrontation* begeben die Patienten sich in die Situationen, die ihre Ängste hervorrufen. Nach mehreren Behandlungssitzungen reduzierte sich ihre Angst. Vom Waschzwang Betroffene, die sich durch Kontakt mit dem Fußboden beschmutzt und mit Bakterien verseucht fühlen, müssen über längere Zeiträume auf der Erde sitzen. Wer sich von seiner Heimatstadt verseucht fühlt, muß sich häufig und mehrere Tage in dieser Stadt aufhalten. Nach einigem Üben lösen diese Situationen weniger starke Ängste aus als zu Beginn der Behandlung.

Bei vielen Zwangskranken findet die neurotische Störung aber in ihrer Phantasie statt und greift selten auf das Realitätsgeschehen über. Solche Patienten können sich also nicht ihren angsterzeugenden Situationen ausliefern. Von jemandem, der beispielsweise Angst hat, sein Haus könnte abbrennen, wird kein Therapeut verlangen, er müssen sich in die reale Situation begeben, um seine Erwartungsangst vor dem gefürchteten Ereignis herabzusetzen. Ähnlich verhält es sich bei Personen, die befürchten, einen Fußgänger beim Autofahren zu überfahren. Auch von ihnen wird nicht verlangt, die angsterzeugende Situation tatsächlich zu erleben.

Wenn aber die Konfrontation mit solchen Situationen nötig ist, um Zwangsgedanken zu reduzieren, wie kann dann diesen

Patienten geholfen werden, ohne sie direkt ihren Ängsten auszusetzen? Sie können sich mit diesen Szenen in der Vorstellung konfrontieren, in denen sie die bedrohlichen Umstände visualisieren. In der *Vorstellung* erschaffen die Patienten ausführliche geistige Bilder der schrecklichen Konsequenzen, die sie befürchten, wenn sie ihr Zwangsverhalten nicht durchführen. Während der intensiven Konfrontation mit diesen Vorstellungen nimmt ihr Angstzustand allmählich ab.

Wenn Zwangskranke sich in bedrohliche Situationen begeben oder ihre zwanghaften Gedanken zulassen, bekommen sie Angst und sind gezwungen, Zwangshandlungen durchzuführen, um diese Ängste herabzusetzen. Bewußt eingesetzte Konfrontationstechniken rufen das gleiche Maß an Angst und den Drang zum Zwangsverhalten hervor. Aber in der Therapie kommt die Technik der *Ritualverhinderung* hinzu. Sie untersagt dem Patienten jede Form von ritueller Handlung. Wenn Zwangskranke sich ihren Ängsten stellen, ohne zu ihren

Tabelle 8:
Die Komponenten der Therapie gegen Zwangsrituale

Konfrontation: Lange Zeiträume in Gegenwart des bedrohlichen Gegenstands oder in der gefürchteten Situation verbringen, die Angst und Unsicherheit auslösen, z. B. tatsächlicher Kontakt mit Bakterien.
Vorstellung: Sich geistig in die bedrohlichen Situationen begeben oder sich ihre Konsequenzen vorstellen, z. B. sich vorstellen, eine Straße entlangzufahren und dabei einen Fußgänger zu überfahren.
Ritualverhinderung: Zwangshandlungen unterlassen, z. B. die Küche verlassen, ohne den Herd zu überprüfen, oder den Fußboden berühren, ohne sich die Hände danach zu waschen.
Habituation: Verringerung der Angst während ausgedehnter und wiederholter Konfrontation mit angsterzeugenden Gegenständen oder Situationen.

Zwangshandlungen Zuflucht nehmen zu können, verlieren sie allmählich ihre Angst. Verhaltenstherapeuten nennen diesen Prozeß *Habituation* (Gewöhnung).

Wie drei negative Überzeugungen verändert werden

Warum haben Konfrontation, Vorstellung und Ritualverhinderung diese positive Wirkung? Denken Sie noch einmal an die Hartnäckigkeit von Ritualen. Ein Mensch wird durch bestimmte Situationen oder bestimmte geistige Bilder in Angst versetzt. Er oder sie flüchtet in ein spezielles rituelles Verhalten, das ihm oder ihr kurzfristig Entlastung bringt. Langfristig dient dieses Ritualisieren jedoch nur dazu, um drei negative Überzeugungen zu bestärken: 1. Ich muß die angsterzeugende Situation vermeiden, sonst bleibt meine starke Angst für immer bestehen. 2. Die Rituale bewahren mich oder andere vor Unglück. 3. Ich muß mich so verhalten, sonst werde ich wahnsinnig.

Betrachten wir die erstgenannte Überzeugung. Unter Zwangsstörung leidende Menschen meinen, die angsterzeugende Situation vermeiden zu müssen, weil sonst die starke Angst für immer bestehen bleiben würde. Diese Überzeugung zwingt sie, viele Situationen zu vermeiden oder Zwangshandlungen zu begehen, wenn diese Situationen nicht vermeidbar sind. Wenn Zwangskranke dazu gebracht werden können, eine angsterzeugende Situation bewußt aufzusuchen und in ihr auszuharren, erkennen sie, daß ihre Überzeugungen falsch sind.

Während langer Konfrontationen mit diesen Situationen schwindet die Angst allmählich. Diesen Prozeß bezeichnen wir als Habituation. Wenn Sie jemand eine Stunde oder länger einer angsterzeugenden Situation aussetzen und ihn bitten, Ihnen alle zehn Minuten zu sagen, wie stark seine Angst ist, werden Sie feststellen, daß seine Angst allmählich abflaut, bis sie vollständig gewichen ist. Wenn Sie in diesem Zeitraum seinen Herzschlag messen, werden Sie ähnliche Ergebnisse feststellen. Zu Beginn schlägt sein Herz schneller, wird allmählich langsamer, bis die Herzfrequenz die gleiche ist wie vor der

Konfrontation mit der Angst. Mit dem Herabsetzen der Angst durch Gewöhnung, kann der Betroffene sachlicher denken. Wird er in Zukunft solchen Situationen unvorbereitet ausgesetzt, reagiert er darauf mit einem gewissen Maß an Angst und Besorgnis, nicht aber mit Entsetzen und Panik.

Auch Sie werden aus diesem Prozeß der Konfrontation Nutzen ziehen können, um Ihre Ängste loszuwerden, egal, ob Sie nun Angst haben, öffentliche Toiletten zu benutzen, alleine Auto zu fahren, Gäste zu sich nach Hause einzuladen oder ein Messer zur Hand zu nehmen. In der Konfrontation mit diesen Situationen werden Sie zunächst Angst entwickeln. Wenn Sie die gleichen Situationen aber immer wieder über längere Zeiträume aufsuchen, wird Ihre Angst allmählich abflauen. Schließlich kann sich Ihre Überzeugung, daß Ihre Angst Sie nie verläßt, nicht mehr halten. Nun wächst Ihre Überzeugung: »Wenn ich die nötige Geduld aufbringe, wird meine Angst völlig verschwinden.«

Die zweite häufige Überzeugung von Zwangskranken lautet: »Ich muß diese Zwangshandlungen durchführen, um mich und andere vor Unglück zu bewahren.« Die meisten Leute denken mit Besorgnis und Trauer an den eigenen Tod oder an den Tod eines lieben Menschen, ohne dabei übersteigerte Angstgefühle zu haben. Zwangskranke, die sich Sorgen über das Sterben machen oder Angst davor haben, den Tod eines anderen zu verursachen, geraten regelrecht in Panik. Ähnlich reagieren Menschen, die sich ständig Sorgen machen, ihr Haus könne abbrennen oder Gott werde sie bestrafen oder sie könnten einen Verletzten auf der Straße verbluten lassen, auf diese Horrorvisionen mit extremen Angstzuständen. Ihre heftige Reaktion hindert sie daran, rationale Überlegungen anzustellen, wie gefährlich die Situation wirklich ist und welchen tatsächlichen Schutz ihnen ihre Zwangshandlungen bieten. Der vom Waschzwang betroffene Mensch denkt: »Ich habe mich mit Keimen verseucht. Nur weil ich mir hinterher die Hände sehr sorgfältig gewaschen habe, bin ich nicht krank geworden und habe die Krankheit nicht auf meine Familie übertragen.« Der unter Kontrollzwang leidende denkt: »Stimmt schon, das Haus ist nicht abgebrannt, aber nur weil ich sehr sorgfältig immer wieder kontrolliert habe, ob sämtliche elektrischen Geräte ausgesteckt sind.« Diese Pseudologik rechtfertigt sie, ihre Rituale fortzuführen.

Doch auch diese Überzeugungen geraten ins Wanken, wenn Sie sich angsterzeugenden Situationen stellen. Richard, der Angst hatte, er werde ausgelacht, wenn er den Satz »Ich bin ein Betrüger« auf ein Scheckformular schreibe, stellte anhand von Konfrontationsübungen fest, daß keine Katastrophe über ihn hereinbrach, nachdem er diese Worte auf Dutzende von Schecks geschrieben hatte. Niemand lachte ihn aus. Wenn Zwangskranke mit angsterzeugenden Situationen konfrontiert sind und daran gehindert werden, ihre Zwangshandlungen durchzuführen, verhilft ihnen diese Übung zu wichtigen Erkenntnissen. Der Betroffene kann nun sagen: »Ich habe mich schutzlos bedrohlichen Situationen ausgesetzt, und es ist trotzdem nichts Schlimmes passiert.«

Um den Erfolg der Konfrontation zu gewährleisten, ist es von großer Wichtigkeit, daß die Betroffenen ihre Ängste emotional wirklich ausleben. Je heftiger sie ihre Ängste während der Konfrontation spüren, desto eher sind sie in der Lage, diese Ängste zu überwinden. Es ist also wichtig, über die schwerwiegenden oder katastrophalen Folgen nachzudenken, die nach solchen Konfrontationen eintreten können. Wenn wir beispielsweise einen Klinenten in eine öffentliche Toilette begleiten und ihn auffordern, diese Toilette anzufassen, legen wir es darauf an, daß er glaubt, er stecke sich durch diese Berührung tatsächlich mit einer Geschlechtskrankheit an. Wenn der Klient später feststellt, daß er sich keine Geschlechtskrankheit zugezogen hat, erkennt er, daß seine Angst unbegründet war. Das mindert die Bedrohung. In ähnlicher Weise werden Klienten mit Hilfe der Vorstellungstechnik aufgefordert, sich bildhaft eingehend mit bevorstehenden Katastrophen zu befassen und sich das Geschehen so lebhaft wie nur möglich vorzustellen.

Die dritte häufige Überzeugung lautet: »Ich muß ritualisieren. Wenn ich nicht wasche/wiederhole/nachprüfe, werde ich wahnsinnig.« Diese Überzeugung an sich drängt Zwangskranke zu ihrem Verhalten, wenn sie sich unglücklich fühlen. Auch diese Überzeugung gerät durch die Konfrontationstechnik ins Wanken. Geraldine, die sich von ihrer Mutter verseucht glaubte, stellte fest, daß sie relativ ruhig bleiben konnte und sich nicht ständig waschen mußte, als sie die Kleider ihrer Mutter trug. Während ihrer Therapie durfte Gerladine sich eine ganze Woche nicht die Hände waschen, was sie äußerst ängstlich und nervös machte. Doch sie stellte fest, daß sie deshalb nicht wahnsinnig wurde. Im Gegenteil: Ihre Unruhe und Angst legte sich im Verlauf dieser Woche.

Auch Sie werden bei den Übungen mit Konfrontation, Vorstellung und Ritualverhinderung Ihres Selbsthilfeprogramms allmählich erkennen, wie irrational Ihre Ängste sind, wie unnötig es ist, eine bedrohliche Situation um jeden Preis zu vermeiden und wie wenig wahrscheinlich es ist, daß Ihre schlimmsten Befürchtungen eintreten. Zugegeben, wenn Sie sehr unruhig und angstvoll sind, haben Sie das *Gefühl*, als würde dieser Zustand nie enden und Sie denken, Sie *müßten* Ihre Zwangshandlung durchführen, um sich vor Unglück zu bewahren oder davor, wahnsinnig zu werden. Wenn Sie unsere Anleitungen aber befolgen und sich die Unterstützung von Menschen sichern, die Ihnen nahestehen, werden auch Sie den Mut und die Ausdauer aufbringen, diese falschen Überzeugungen über Bord zu werfen.

Die ersten Schritte werden in jedem Fall die schwersten sein, doch sobald sie positive Veränderungen feststellen, werden Sie das nötige Selbstvertrauen erlangen, um Ihre Symptome zu besiegen.

Das Erstellen des Programms

Das Programm, das wir am Zentrum für Behandlung und Erforschung von Angststörungen am Medical College of Pennsylvania anwenden, enthält fünfzehn Konfrontationsübungen von jeweils zwei Stunden Dauer und erstreckt sich über einen Zeitraum von drei Wochen, plus zwei bis vier Stunden täglicher Hausaufgaben. Die Behandlung beginnt gewöhnlich mit der Vorstellungstechnik, die vom Patienten verlangt, sich die befürchteten katastrophalen Konsequenzen auszumalen. Der

Therapeut schildert die Situation, während der Patient sie sich bildhaft vorstellt.

Wir beginnen die Therapie aus zwei Gründen mit der Vorstellungstechnik. Erstens fällt es den meisten Patienten leichter, ihre Ängste in der Realität zu konfrontieren, nachdem sie der angsterzeugenden Situation bereits in einem bildhaften Erleben ausgesetzt waren. Sich *vorzustellen*, mit Bakterien verseucht zu werden, wenn man eine Klobrille anfaßt, ist weniger bedrohlich, als es wirklich zu tun. Die Vorstellung bereitet sie auf die reale Situation vor. Zweitens können wir viele Patienten nur mit Hilfe dieser Methode mit ihren größten Ängsten konfrontieren, etwa mit der Angst, ihr Haus würde abbrennen.

Nach etwa 45 Minuten praktizierter Vorstellungen wird der Patient mit einer realen Situation oder einem realen Gegenstand konfrontiert, der seine oder ihren Zwang auslöst. Der Zwangsgedanke führt gewöhnlich zur Zwangshandlung. Es ist dem Patienten drei ganze Wochen untersagt, seinem Zwangsverhalten nachzugeben.

Die Konfrontation wird systematisch über einen Zeitraum von drei Wochen gesteigert, beginnend mit Situationen, die einen mittleren Grad der Angst hervorrufen. Wenn Patienten mit einem Verhalten beginnen, das nur geringe Angst erzeugt, lernen sie nicht, den Mut aufzubringen, ihre großen Ängste zu konfrontieren. Andererseits machen Situationen, die ein Übermaß an Angst auslösen, es dem Patienten zu schwer, seine irrationalen Denkweisen einzusehen.

Die Konfrontation beginnt also mit Situationen, die mäßige Angst auslösen. Jeden Tag wird eine neue, komplexere, bedrohlichere Situation hinzugefügt. Nach einer Woche ist der Patient meist bereit, sich seiner bedrohlichen Situation zu stellen. Während der folgenden zwei Wochen werden neue Situationen in die Behandlung einbezogen.

Diese Therapieform wird wegen ihrer hohen Erfolgsquoten von vielen Experten als wirksamste Behandlungsmethode gegen Zwangsstörungen betrachtet und eingesetzt. Sehen wir uns an, wie sie bei den verschiedenen Zwängen eingesetzt wird.

Therapie von Waschzwängen

Menschen, die sich zwanghaft waschen, glauben sich, wie wir wissen, von bestimmten Situationen oder Gegenständen verseucht. Die Verseuchung löst große Ängste aus, die nur durch Wasch- und Reinigungsrituale vorübergehend gelindert werden. Manche Wascher glauben, daß die Verseuchung Krankheit oder Tod nach sich zieht – für die eigene Person oder für andere. Andere Wascher fürchten aufgrund ihrer ständigen Ängste vor Ansteckung, einen Nervenzusammenbruch zu erleiden.

Wir werden die Therapie gegen Waschzwänge anhand der Darstellung des Behandlungsprogramms von drei Patienten veranschaulichen. Wir haben diese Fälle gewählt, um drei unterschiedliche Therapieansätze darzustellen. Sie haben mittlerweile Ihr eigenes Problem analysiert. Wenn Sie unter Waschzwang leiden, können Sie beurteilen, welcher der drei Fälle Ihrer Störung am nächsten kommt und ihn als Modell für die Erstellung Ihres eigenen Selbsthilfeprogramms (Kapitel 8) zugrunde legen.

Phil litt unter Waschzwang. Er ekelte sich vor Körperausscheidungen und glaubte, durch den Kontakt damit alle möglichen Krankheiten zu bekommen. Seine Behandlung umfaßte die Konfrontation mit Körperausscheidungen, Vorstellung der befürchteten Konsequenzen, sowie Reaktionsverhinderung – also die Blockade seiner Wasch- und Reinigungsirutale.

Aufgrund seiner Angst vor Körperausscheidungen mied Phil auch den Kontakt mit Menschen oder Gegenständen, die von anderen Menschen berührt worden waren. Seiner Meinung nach wuschen sich die wenigsten Menschen sorgfältig genug die Hände, nachdem sie eine Toilette benutzt hatten. Folglich war alles, was diese Menschen berührten, ekelerregend und verseucht. Orte und Gegenstände, die von einer großen Anzahl von Menschen frequentiert und berührt wurden, waren besonders stark verseucht. Nachfolgend die für Phil bedrohlichsten Situationen, wobei die Zahlen verdeutlichen, welchen Grad an Bedrohung sie auf seiner Angstskala von 0 bis 100 auslösten:

Die Türklinke anfassen: 55
Die Tageszeitung anfassen: 85
Ein getragenes, verschwitztes Hemd anfassen: 75
Eine Klobrille in öffentlichen Toiletten anfassen: 85
Kontakt mit Flecken von Urin oder Kot auf Klopapier: 100

Am ersten Behandlungstag wurde Phil von seinem Therapeuten in eine großes öffentliches Gebäude in der Innenstadt begleitet, in dem viele Menschen ein- und ausgingen. Türklinken in einem derartigen Gebäude zu berühren, löste auf Phils Angstskala den Wert 55 aus, daher begannen die Konfrontationsübungen in diesem mittleren Bereich. Wiederholte Male berührte er die Türklinken an den Haupteingängen mit der rechten Hand und bewertete im Abstand von einigen Minuten den Grad seiner Unruhe anhand der Skala. Nach etwa 25 Minuten beendete Phil die Übung, da seine Angst auf circa 20 Grad gesunken war. Sodann berührte er die Türklinke mit seiner linken Hand. Seine Angst stieg auf 30 Grad. Als nächsten Schritt fuhr Phil sich mit seinen verseuchten Händen übers Gesicht, durch die Haare und über die Kleidung. Sein Ekel und seine Angst vor Ansteckung stiegen auf 40 Grad. (Dieser Anstieg ist verständlich, weil die »Ansteckungsgefahr« von den Händen auf andere Körperteile übertragen wird.)

Am Ende der Übungsstunden wischte Phil mit einem Tuch eine der Türklinken ab und steckte das verseuchte Tuch in seine Tasche. Zuhause wischte er mit dem bakterienverseuchten Tuch über alle Möbel seiner Wohnung. Er wischte damit über seine Anzüge im Schrank, sein Geschirr, die Arbeitsplatte in der Küche, die Unterwäsche in seiner Kommode, über das Bettzeug und seinen Schlafanzug. Er hörte nicht damit auf, bis jeder Winkel in seiner Wohnung verseucht war, die nun kein sicherer Zufluchtsort mehr war, wo er vor Ansteckung geschützt war.

Am nächsten Tag suchten Phil und sein Therapeut erneut ein öffentliches Gebäude auf und wiederholten die Übungen vom Tag zuvor. Am Ende dieser Übungsstunde fühlte Phil sich angstfrei; Türklinken stellten für ihn keine Bedrohung mehr dar. Am selben Tag begann Phil seine Angst vor Zeitungen in gleicher Weise zu konfrontieren.

Am dritten Tag begann Phil seinen Ekel vor Schweiß abzubauen. Mit Unterstützung des Therapeuten legte er eine Hand in seine entblößte Achselhöhle und die andere in einen seiner Schuhe. Dabei stieg sein Angstpegel auf 70 Grad an. Phil behielt diesen Kontakt bei, bis sein Ekel vor Fußschweiß und Achselschweiß auf 30 Grad gesunken war. Dann fuhr er sich mit den Händen übers Gesicht, über den Kopf, die Kleidung. Später behandelte er seine Wohnung auf die gleiche Weise wie zu Beginn der Behandlung mit einem Tuch.

Am vierten Tag empfand Phil nur noch wenig Ekel oder Angst vor Ansteckungsgefahr durch Kontakt mit Zeitungen, Türklinken und Schweiß. Die Therapie ging nunmehr auf den Kontakt mit Toiletten über. Phil begann mit der Toilette in der Praxis des Therapeuten. Dort legte er seine Hände auf die Klobrille und hielt den Kontakt so lange, bis sein Ekel und seine Angst vor Ansteckung sich von 80 auf 40 Grad reduziert hatte. Dann wischte er sich mit den verseuchten Händen übers Gesicht, das Haar über die Kleidung. Mit einem Stück Toilettenpapier wischte er die Klobrille ab, um die Verseuchung später in seiner Wohnung zu verteilen.

Am fünften Tag lösten Schweiß und Klobrillen nur noch geringes Unbehagen aus; Zeitungen und Türklinken bereiteten ihm keinerlei Schwierigkeiten. Nun konnte er sich seiner Angst vor Urin zuwenden.

Am sechsten Tag faßte Phil ganz selbstverständlich Klobrillen an und Schweiß störte ihn nicht mehr, aber vor Urin ekelte er sich noch erheblich. Der Therapeut verschob daher die Konfrontation mit Kot auf den siebten Tag und setzte eine weitere Konfrontationsübung mit seiner Angst vor Urin an. Phil wurde aufgefordert, in die nächste Sitzung ein kleines Gefäß mit seinem eigenen Urin mitzubringen. Er befeuchtete ein Papiertaschentuch mit Urin und rieb sich damit Hände, Haare und Kleidung ein. Diese Übung führte Phil an diesem Tage drei Stunden lang durch.

Am siebten Tag begann Phil seine Konfrontation mit Kot. Er beschmutzte ein Stück Toilettenpapier ein wenig mit seinem eigenen Kot. Die dabei benutzte Menge Kot war so gering, daß sie nicht ausreichte, um sie auf seiner Haut zu verschmieren, sie aber dennoch ausreichte, ihm das Gefühl zu geben, das Toilettenpapier sei hochgradig verseucht und beschmutzt. Seine Unruhe wuchs auf 80 Einheiten seiner Angstskala. Phil rieb sich mit dem Toilettenpapier Hände, Gesicht und Kleidung ein und verunreinigte später Gegenstände in seiner Wohnung damit. In den nächsten zwei Wochen führte Phil diese Übung fort, benutzte öffentliche Toiletten, faßte Türklinken in öffentlichen Gebäuden an, berührte Fremde auf der Straße und trug gebrauchtes Toilettenpapier bei sich.

In der Zeit, in der Phil diese Konfrontationen übte, forderte der Therapeut ihn auf, eine Geschichte darüber zu schreiben, was passieren würde, wenn er eine öffentliche Toilette benutzte und ein paar Spritzer Urin seine Haut oder seine Kleidung berührten. Phil schrieb eine ausführliche Geschichte über die befürchteten Konsequenzen. In seiner Geschichte fühlt er sich wenige Stunden nach der Konfrontation mit den Urinspritzern nicht wohl; die Bakterien der öffentlichen Toilette haben ihn krank gemacht. Er bekommt Durchfall, Brechreiz, muß sich übergeben und hat hohes Fieber. Er liegt schweißgebadet im Bett, weil er sich auf dem Klo mit gefährlichen Krankheitserregern verseucht hat. Der Therapeut fordert ihn nunmehr auf, sich diese ausführlich geschilderte Szene so lebhaft wie möglich auszumalen und sie laut auf eine 45-Minuten-Tonbandkassette zu sprechen.

Eine ganze Woche hörte Phil sich diese Kassette zweimal täglich an. Während der ersten beiden Sitzungen schweiften seine Gedanken ab; er hatte große Mühe, sich auf die Bilder zu konzentrieren, wollte ihnen immer wieder ausweichen. Der Therapeut unterstützte seine Bemühungen und fuhr fort, Phil zu erklären, wie wichtig es für ihn sei, diese unangenehmen Gefühle während der gesamten Zeit, in der er das Tonband abhörte, zu ertragen, ohne sich ablenken zu lassen. Bei der dritten Sitzung konnte Phil das gesamte Tonband konzentriert anhören. In der Regel ist der Patient nach zehn Minuten Zuhören emotional stark von den Szenen und geschilderten Situationen berührt. Die Bilder riefen bei Phil anfangs große Unruhe hervor. Sein Gesicht verzerrte sich, sein Körper spannte sich an und er wurde sehr unruhig. Doch bei jeder folgenden Sitzung wurde er zusehends ruhiger. Als er das Tonband gelassen anhören konnte, mußte Phil eine zweite Geschichte schreiben und auf Band sprechen.

In der zweiten Geschichte berührt Phil seinen eigenen Kot. Wieder bekommt er Durchfall, doch diesmal ist die Krankheit wesentlich ernster und er fühlt sich viel elender. Er muß in die Klinik eingeliefert werden, weil er völlig dehydriert ist. Die Ärzte wissen nicht, ob er die Krankheit überleben wird.

Phil hörte sich auch diese Tonbandaufzeichnung eine Woche zweimal täglich an. Nach Ablauf dieser Woche hatte er den Eindruck, die Bilder und Gedanken konfrontieren zu können, ohne die hochgradige Unruhe und Angst in sich zu verspüren. Während dieser Zeit fuhr er außerdem fort, seine Angst vor Ansteckung in den vorgenannten Situationen zu konfrontieren.

Seit Beginn des Behandlungsprogramms befolgte Phil außerdem die Anweisungen zur Ritualverhinderung. In der ersten Woche waren ihm zwei Duschen von zehn Minuten mit sehr wenig Seife ohne Wiederholungsritual gestattet; Händewaschen war vollkommen untersagt. In der zweiten Woche durfte Phil jeden Tag zehn Minuten duschen. Er durfte sich die Hände zweimal täglich waschen, jedesmal nicht länger als 30 Sekunden, jedoch nie, nachdem er die Toilette benutzt hatte. Sofort nachdem er sich die Hände gewaschen hatte, mußte Phil sich wieder mit der ansteckenden Substanz, mit der er an diesem Tag arbeitete, verseuchen.

In der dritten Woche durfte Phil sich fünfmal am Tag die Hände waschen (aber nach wie vor nicht nach Benutzen der Toilette) und einmal am Tag zehn Minuten lang duschen. Er erhielt Anweisung, diese Regelung weitere drei Monate nach Beendigung der Therapie beizubehalten. Phil sollte in diesen drei Monaten außerdem jede Gelegenheit ergreifen, um öffentliche Toiletten zu benutzen. Auf diese Weise machte er es sich zur Gewohnheit, sich ständig Ansteckungsgefahren auszusetzen, statt sie zu vermeiden.

Phil ist seit vier Jahren praktisch symptomfrei. Hin und wieder, wenn er eine sehr schmutzige öffentliche Toilette benutzt hat, fühlt er sich gezwungen, sich die Hände öfter als einmal zu waschen. Aber er widersteht dem Zwang und nach zwei Stunden hat sich der Zwang gelegt.

Geraldine, von der in Kapitel 2 bereits die Rede war, fühlte sich von ihrer Mutter verseucht, ohne zu glauben, daß dieser Kontakt sie krank machte. Auch ohne diese gefürchtete Konsequenz arbeitete ihre Therapie mit der Vorstellungstechnik, weil ihr der Gedanke eines Kontaktes mit ansteckenden Substanzen ebenfalls große Angst einflößte.

Während der ersten Behandlungsphase sammelte der Therapeut Informationen über Geraldines Störung und stellte ähnliche Fragen, wie sie in Kapitel 3 gestellt wurden. Er forderte sie auf, die Situationen zu nennen, die ihr die größten Ängste einflößten. Ganz oben auf Ihrer Angstliste stand: »Von meiner Mutter angefaßt werden«, vor allem am Kopf. (Geraldine war sehr empfindlich, wenn man sie am Kopf berührte.) Von ihrer Mutter berührt werden war die schlimmste Situation, die sie sich im Zusammenhang mit ihren Zwangssymptomen vorstellen konnte. Sie bewertete diese Situation mit 100 auf ihrer Angstskala. Weitere angsterzeugende Situationen waren:

Die Tageszeitung anfassen: 40

Post anfassen: 50

Geld, das sie nicht vorher gewaschen hatte, mit bloßen Händen anfassen: 60

Die Arbeitskleidung ihres Ehemannes anfassen: 70

Kleider ihrer Mutter tragen: 90

In der ersten Sitzung wurde Geraldine aufgefordert, sich vorzustellen, sie gehe die Straße entlang, bleibe an einem Zeitungskiosk stehen und kaufe eine Tageszeitung. Danach mußte sie sich vorstellen, wie sie die Zeitung aufschlug und nahezu vollständig von ihr bedeckt war. Der Therapeut forderte sie auf, an den Nachbarn ihrer Mutter zu denken, der bei dieser Zeitung arbeitete. Sie mußte sich vorstellen, daß dieser Mann im gleichen Supermarkt einkaufte wie ihre Mutter, Nahrungsmittel anfaßte, die auch ihre Mutter bereits in der Hand gehabt hatte, und dieselben Gänge im Supermarkt benutzte. Geraldine war auf den Gedanken fixiert, der Mann schleppte die Verseuchung von ihrer Mutter in die Redaktionsräume der Zeitung ein und übertrage sie somit indirekt auf Geraldine, die jetzt von der Zeitung bedeckt war. Geraldine fühlte sich in den fünfundvierzig Minuten sehr bedroht, in denen sie diese Vorstellung zum ersten Mal übte, konnte aber die Angst ertragen und die Übung fortsetzen.

Die zweite Aufgabe in der ersten Behandlungssitzung sollte die Patientin auf den direkten Kontakt mit der tatsächlichen angsterzeugenden Situation vorbereiten. Der Therapeut hatte zuvor eine Tageszeitung aus Geraldines Stadt besorgt. Er forderte sie auf, die Zeitung mit einer Hand zu berühren, dann mit der anderen. Es dauerte mehrere Minuten, bis sie diese beiden einfachen Handgriffe ausführen konnte, und sie war nur mit Zuspruch des Therapeuten dazu fähig, bedeuteten sie doch direkte Verseuchung. Im nächsten Schritt wurde Geraldine aufgefordert, mit der Zeitung ihr Gesicht zu berühren, dann ihre Kleider. Am Ende der ersten Sitzung gab der Therapeut ihr die Aufgabe, die Zeitung mit nach Hause zu nehmen und ihre ganze Wohnung damit zu beschmutzen, einschließlich des Geschirrs und sämtliche Kleidungsstücke. Sie mußte ein Stück der Zeitung mit ins Bett nehmen und die ganze Nacht neben sich im Bett behalten. Nach 24 Stunden fühlte Geraldine keinerlei Ekel mehr, die Zeitung anzufassen.

Am zweiten Tag begann Geraldine, sich mit ihrer Angst, Geld anzufassen, auseinanderzusetzen. Mit den gleichen Techniken, die er bei der Zeitung anwendete, forderte der Therapeut sie auf, das Geld in die Hand zu nehmen, mit Geldscheinen und Münzen ihre Kleidung zu berühren, sie nach Hause zu nehmen und verschiedene Bereiche des Hauses damit zu verseuchen.

Am dritten Tag arbeitete sie direkt mit den verseuchten Kleidern ihres Mannes. Am vierten Behandlungstag durfte Bob nach Hause kommen, ohne Geraldine zuvor angerufen zu haben. Er durfte Garten- und Haustür selbst öffnen. Zu seiner großen Erleichterung mußte er nach vielen Jahren nicht zuerst in den Keller gehen, um sich dort zu duschen. Er betrat das Haus, setzte sich auf jeden Stuhl und auf jedes Sofa. Er schleifte seinen Mantel durchs ganze Haus, um die Umgebung zu verseuchen.

In dieser Nacht trug Bob seine Arbeitskleidung im Ehebett, um es noch stärker zu verseuchen. Am fünften Tag erhielt der Therapeut ein von ihm bestelltes Paket, das einige Kleidungsstücke von Geraldines Mutter enthielt. An diesem Tag trug Geraldine Kleider ihrer Mutter während der Therapiesitzung und zuhause.

Es wäre falsch, dieser knappen Schilderung der Vorgänge in der ersten Behandlungswoche zu entnehmen, daß Geraldine ihre Aufgaben mühelos löste. Sie war zwar fest entschlossen, ihre Störung zu überwinden, war aber auch während des gesamten Behandlungsprogramms nervös, ängstlich und unschlüssig. Mehrmals brach sie in Tränen aus, aber jeden Tag raffte sie sich wieder auf, machte weiter und erfüllte ihre Aufgaben.

Am sechsten Tag lud der Therapeut Geraldines Mutter ein, an der Sitzung teilzunehmen. Das war der erste persönliche und direkte Kontakt zwischen den Frauen seit sechs Jahren. Beide freuten sich, einander endlich wiedersehen zu können, gleichzeitig war Geraldine extrem beunruhigt. Dennoch konnte sie zulassen, daß die Mutter neben ihr auf dem Sofa Platz nahm und sie am Ende der Sitzung umarmte. Danach verbrachte die Mutter das Wochenende im Haus ihrer Tochter, benutzte Geraldines Handtücher im Badezimmer, ging durchs ganze Haus und verseuchte es mit ihrer Gegenwart. Geraldine überstand den Besuch unbeschadet.

In den folgenden zwei Wochen besuchte Geraldine Verwandte, die sie seit sechs Jahren nicht gesehen hatte. Sie verbrachte einige Nächte im Haus ihrer Mutter, machte mit ihr Einkäufe und gewöhnte sich allmählich wieder an gemeinsame Aktivitäten mit ihrer Mutter, die früher eine Selbstverständlichkeit für sie waren.

Am Ende der Drei-Wochen-Therapie fühlte Geraldine sich in Gegenwart ihrer Mutter überhaupt nicht mehr bedroht oder unbehaglich. Ihr jahrelanger Alptraum war endlich zuende.

Als die Symptome abflauten, traten realistischere Fragen über die Mutter-Tochter-Beziehung zutage. Geraldine hatte ihre Mutter vor Einsetzen ihrer Zwangsstörung täglich besucht. Nun schränkte sie die Häufigkeit dieser Besuche ein. Mutter und Tochter unterzogen sich gemeinsam einer zehn Sitzungen umfassenden stützenden Therapie, um ihre Beziehung neu zu strukturieren. Sie haben bis heute eine enge Beziehung zueinander und besuchen einander regelmäßig.

Susan. In manchen Fällen wird die Vorstellungstechnik nicht in das Programm einbezogen. Diese Behandlungsform wird durch Susans Fallgeschichte veranschaulicht, die sich durch ihre Heimatstadt verseucht fühlte. Susan, die wir in Kapitel 2 kennengelernt haben, hatte bereits eine Verhaltenstherapie hinter sich, die Konfrontationstechniken und eine eingeschränkte Form der Ritualverhinderung zum Inhalt hatte. Diese Therapie, der sie sich während eines mehrjährigen Aufenthalts in England unterzog, hatte gewisse Erfolge gezeigt. Nach einigen Jahren ging sie jedoch wieder zurück in die Vereinigten Staaten und lebte dort etwa 150 Kilometer von ihrer früheren Heimatstadt entfernt. Nach diesem Umzug stellten sich bei Susan erneut Zwangssymptome ein. Sie weigerte sich, ihre Heimatstadt zu besuchen, ihre Mutter oder andere Verwandte zu sehen, Gegenstände zu berühren oder sie in ihrer Nähe zu haben, die direkt oder indirekt eine Verbindung mit dieser Stadt hatten und daher verseucht waren.

Bei Nachforschungen über ihre frühere Therapie in England stellte der Therapeut fest, daß Susan ihre bedrohlichsten Situationen nie konfrontiert hatte. Da sie während ihrer ersten Therapie nicht in Amerika lebte, hatte sie keine Gelegenheit, ihre Eltern zu besuchen, die nach wie vor in ihrer alten Heimatstadt lebten. Die Behandlung hatte sich nur auf die Konfrontation mit Gegenständen von zuhause beschränkt, die Susan besaß, sowie auf Situationen, die ihr Alltagsleben in England beeinträchtigten. Dabei handelte es sich um Kontakte mit einigen Bücherkisten aus Susans Collegezeit, die sie auf den Speicher geschafft hatte. Es gab auch einige Küchengeräte aus Amerika, die zwangsläufig verseucht waren und in entfernten Winkeln des englischen Hauses verstaut waren, um keinen Umgang damit zu haben.

Susans Behandlung in England hatte sich mit diesen Gegenständen befaßt, und sie hatte gelernt, sich damit wohlzufühlen.

Andere Gegenstände aus ihrer Heimatstadt hatten damals für sie kein Problem dargestellt, da sie in England außer Reichweite waren. Mit der Rückkehr in die Staaten stellten sich die alten Ängste wieder ein.

Zur Vorbereitung auf ihr zweites Behandlungsprogramm wurde Susan aufgefordert, ihre Angst in verschiedenen Situationen zu bewerten. Die größte Angst flößte ihr der Gedanke ein, den Speicher ihres Elternhauses zu betreten. Sie hatte außerdem große Angst, die Kleider ihrer Mutter zu tragen und den Christbaumschmuck aus ihrer Kindheit anzufassen. Der Therapeut ließ sich einige dieser Gegenstände aus ihrem Elternhaus kommen: Weihnachtsschmuck, Kleider der Mutter, einige ihrer eigenen alten Kleider, die im Elternhaus aufbewahrt wurden, Bücher, Produkte aus der Getreidefabrik in ihrer Heimatstadt und einen Mantel, der in der dort ansässigen Textilfabrik hergestellt worden war.

Die ersten beiden Behandlungstage beinhalteten die Konfrontation mit Gegenständen, die auch in ihrer ersten Therapie behandelt wurden, also Bücher und Küchengeräte. Am dritten Tag brachte der Therapeut eine Packung des Getreideprodukts aus ihrer Heimatstadt mit in die Sitzung. Susan fühlte sich von Angst überwältigt und weigerte sich, die Packung zu berühren. Dem Therapeuten gelang es allmählich, sie zu beruhigen und sie zu veranlassen, die Packung zuerst mit einem Finger, dann mit zwei Fingern zu berühren. Nach einer halben Stunde konnte sie einige der Getreideflocken essen und fühlte sich relativ wohl dabei. An diesem Tag nahm sie zwei Pakete mit nach Hause, um ihre Wohnung damit zu verseuchen. Sie mußte außerdem tagsüber jede Stunde ein bißchen davon essen.

Im Verlauf des Programms begann Susan, die Kleider ihrer Mutter und ihrer Schwester sowie einige ihrer alten Sachen von früher zu tragen. Am sechsten Tag konnte sie den Weihnachtsschmuck berühren. Dieser Vorgang flößte ihr interessanterweise keine Angst ein, sondern machte sie traurig. Susan hatte große Angst vor dieser Traurigkeit, weil damit schmerzliche Erinnerungen an ihre Heimatstadt, an Weihnachten und andere Kindheitserlebnisse heraufbeschworen wurden.

Am zweiten Wochenende der Behandlung begleitete der Therapeut Susan in ihre Heimatstadt und in ihr Elternhaus. Sie saßen stundenlang im Speicher ihres Elternhauses, während Susan schmerzliche Kindheitserinnerungen an dieses Haus zum Ausdruck bringen konnte. In der darauffolgenden Woche besuchte sie ihre Mutter und kaufte einen Mantel aus der ortsansässigen Kleiderfabrik.

Susans Therapie liegt nun acht Jahre zurück. Gelegentlich erlebt sie Augenblicke der Trauer, wenn sie Gegenstände aus ihrer Heimatstadt betrachtet. Ihre heutige Trauer hat jedoch längst nicht die Heftigkeit von früher. Sie besucht ihre Eltern regelmäßig und arbeitet erfolgreich in ihrem Beruf, der ihr Spaß macht.

Susans zweite Therapie war erfolgreicher, weil sie erst zu diesem Zeitpunkt ihre größten Ängste konfrontierte, vor allem die bedrohlichen realen Situationen in ihrer Heimatstadt.

Auf diese Kriterien sollten Sie bei Erstellen Ihres eigenen Selbsthilfe-Programms besonders achten. Wenn Sie nur einige Ihrer angsterzeugenden Situationen konfrontieren, werden Sie keine dauerhafte Besserung verzeichnen können. Erst der Umgang mit *allen* bedrohlichen Situationen bringt Ihnen dauerhafte und völlige Heilung.

Therapie von Kontrollzwängen und Wiederholungszwängen

Das Erstellen von Behandlungsprogrammen für Kontroll- und Wiederholungszwänge erfordert etwas mehr Kreativität und Vorstellungskraft, als die Programme für den Waschzwang. Das liegt an drei Schwierigkeiten.

Erstens ist es komplizierter, die konkreten Situationen ausfindig zu machen, die bei Menschen mit Kontrollzwängen Angst erzeugen. Unter Wiederholungszwang leidende Patienten brauchen oft keinen äußeren Anlaß, der den Drang zum Zwangsverhalten auslöst. Zweitens macht es die Art ihrer Befürchtungen schwer, Situationen zu erschaffen, in denen ein von Kontroll- und Wiederholungszwang Betroffener über einen längeren Zeitraum großen Ängsten ausgesetzt ist. Drittens: Im Gegensatz zu den Patienten, die immer gezwungen sind, sich zu waschen, wenn sie sich verunreinigt haben, verhalten sich zwanghaft kontrollierende Menschen in scheinbar ähnlichen Situationen unterschiedlich. So prüfen sie aus Angst vor Einbrechern Türen und Fenster wiederholte Male. Sind sie jedoch zu Besuch bei anderen Leuten, befällt sie dieser Zwang nicht, weil sie sich für das Haus eines anderen nicht persönlich verantwortlich fühlen. Aus diesen Gründen ist die Behandlung von Kontrollzwängen in der Praxis eines Therapeuten oder in einer Klinik wesentlich schwieriger durchzuführen, da dieser Zwang dort gar nicht auftritt. Ein Großteil der Therapie bei dieser Störung muß in der Wohnung oder im Büro des Betroffenen durchgeführt werden, wobei sich der Therapieprozeß aus organisatorischen Gründen verzögern kann.

Wie an früherer Stelle dargelegt, versuchen Menschen mit Kontrollzwängen katastrophale Folgen zu vermeiden, die aus ihrer Nachlässigkeit entstehen können. Da solche Katastrophen real nicht nachvollzogen werden können, wird die Vorstellungstechnik bei diesen Patienten häufiger angewandt als bei von Waschzwang betroffenen. Die Behandlung konzentriert sich außerdem mehr auf das Verhindern von Kontrollzwängen (Ritualverhinderung) als auf die Konfrontation. Bei Waschern wird der gleiche Zeitaufwand auf beide Techniken verwandt.

David. Wir wollen die Behandlung des Kontrollzwangs anhand von Davids Beispiel veranschaulichen, dessen Symptome in Kapitel 2 beschrieben wurden. David, der Angst davor hatte, irgendein Lebewesen zu töten, geriet in Panik bei dem Gedanken, er könne seine zweijährige Tochter fallen lassen und ihren Tod verschulden. Er machte sich außerdem Sorgen, er könne beim Autofahren versehentlich einen Fußgänger verletzen oder töten.

Der Therapeut forderte David auf, eine Hierarchie seiner Ängste zu erstellen. Die größte Angst bereitete ihm die Vorstellung, den Tod seiner Tochter zu verschulden, gefolgt vom Unfallverschulden eines Fußgängers, an dritter Stelle stand die Vorstellung ein Insekt zu zertreten.

Davids Behandlung begann mit der Konfrontation seiner geringsten Angst – Insekten zu töten. In der ersten Sitzung wurde er aufgefordert, sich folgende Szene vorzustellen: Er geht über eine Wiese, ohne wie üblich darauf zu achten, wohin seine Füße treten. Er dreht sich um und sieht, daß er soeben einen Ameisenhaufen zertreten hat. Er bekommt schreckliche Schuldgefühle, weil er die Zerstörung vermeiden hätte können, wenn er besser aufgepaßt hätte. Die zweite Vorstellung bestand darin, sich vorzustellen, daß er die Klospülung betätigt und bemerkt, daß ein Falter im Wasser flattert und durch das Abflußrohr weggespült wird.

Jede der Szenen dauerte fünfzehn bis zwanzig Minuten und wurde dreimal pro Sitzung wiederholt. David mußte bei jedem unbehaglichen Detail eines Bildes verweilen: wie gräßlich er sich fühlt, wenn er sieht, wie die Ameisen sich im Todeskampf winden und schließlich sterben. Welche Schuldgefühle er hat, mitansehen zu müssen, wie der Falter vergeblich versucht, aus dem Wasser zu flattern; wie gedankenlos er mit Gottes Schöpfungen umgegangen ist; wie überheblich er sich verhalten hat, als sei er wichtiger als irgendein anderes Lebewesen.

Nach drei Sitzungen mit der Vorstellungstechnik hatte David weniger quälende Schuldgefühle bei dem Gedanken, versehentlich den Tod eines Insekts zu verursachen, und seine Therapie wandte sich seiner Angst zu, einen Fußgänger zu überfahren. David sollte sich vorstellen, daß er mit dem Auto durch eine belebte Straße in der Innenstadt fährt, die ständig von Passanten überquert wird. Plötzlich spürt er einen Schlag gegen den Wagen. Er weiß nicht, ob er über ein Schlagloch gefahren ist oder einen Menschen angefahren hat. Er hält nicht an, um nachzusehen, sondern fährt weiter. Plötzlich fährt ein Polizeiwagen mit Blaulicht und Sirene hinter ihm her und zwingt ihn anzuhalten. Der Polizist beschuldigt ihn, einen Fußgänger überfahren und Fahrerflucht begangen zu haben. Er hat einen Vater von fünf Kindern getötet. Im weiteren Verlauf der Geschichte kommt David vor Gericht und wird von der Witwe beschuldigt, sie und ihre Kinder durch seinen verantwortungslosen Fahrstil ins Unglück gestürzt zu haben. David mußte täglich eine 45-Minuten-Kassette dieser Schrekkensvisionen anhören, bis der Grad seiner Angst erheblich gesunken war.

Schließlich mußte er die qualvollste Vorstellung konfrontieren, in der er seine Tochter auf einen Steinfußboden fallen läßt und das Kind stirbt. Er sieht seine Frau und seine Eltern am Grab der Tochter, die ihm vorwerfen, den Tod des Kindes verschuldet zu haben. Sein Vater schleudert ihm ins Gesicht: »Wir haben immer gewußt, daß du ein verantwortungloser Mensch bist.«

Parallel zu dieser Vorstellung wurde David aufgefordert, tatsächliche Situationen zu konfrontieren, die seinen Kontrollzwang auslösten. Unter anderem mußte er die Klospülung betätigen, ohne vorher nachzusehen, ob sich Insekten in der Kloschüssel befanden; zu Bett gehen, ohne nachzuprüfen, ob Fenster und Türen geschlossen und verriegelt waren, die Küche verlassen, ohne noch einmal überprüfen, ob der Herd wirklich ausgeschaltet war.

Viele Menschen haben kein Problem damit, den Küchenherd in Betriebsbereitschaft zu lassen, wenn sie aus dem Haus gehen; doch für David war das, als wenn er eine brennende Fackel im Haus zurückgelassen hätte. Während der Therapiesitzungen in Davids Haus mußte er seinen Herd anlassen, die Wasserhähne laufen lassen und danach das Haus verlassen, um gemeinsam mit dem Therapeuten eine halbe Stunde spazieren zu gehen.

Während einiger Behandlungsstunden saß David am Steuer seines Wagens und der Therapeut neben ihm. Er durfte nicht in den Rückspiegel schauen oder sich auf andere Art vergewissern, und er durfte eine Straße nur einmal entlangfahren. (Anfangs zeigte David keinerlei Unruhe, mit dem Therapeuten zu fahren und nicht nachprüfen zu dürfen, da er geistig die Verantwortung für eine mögliche Katastrophe dem Therapeuten übertrug. Seiner Meinung nach würde der Therapeut nie zulassen, daß ein Unfallopfer, das er, David, überfahren hatte, auf der Straße liegenbleibe und verbluten müsse. Diese mentale Strategie verhinderte den therapeutischen Nutzen dieser Übung zunächst. In künftigen Fahrstunden mit David hielt der Therapeut seine Augen geschlossen.)

Danach mußte David sich seiner schrecklichsten Angst stellen, seine Tochter fallenzulassen. David trug das Kind eine längere Zeit über Steinfußböden, vor allem, wenn sie schlief.

Nach dem Drei-Wochen-Programm begann David, wieder normal zu funktionieren. Drei Jahre später bei seiner letzten Sitzung berichtete er, daß er nun fünf bis zehn Minuten pro Tag mit Kontrollritualen verbrachte. Er vergewisserte sich, ob im Büro Türen und Fenster verschlossen waren, da er der letzte war, der das Büro verließ. Er kontrollierte außerdem, ob das Eingangstor und die Gartentür nachts verschlossen waren. David fand diese Kontrollhandlungen nicht übertrieben und war mit den Ergebnissen seiner Behandlung zufrieden.

Mike, 37, war Buchhalter und litt seit seiner Jugend unter Kontrollzwängen. Zuhause verbrachte er eine Menge Zeit in der Küche, prüfte den Herd und die Elektrogeräte. Er prüfte außerdem, ob irgendwo im Haus ein Licht brannte. Bevor er das Haus verließ, kontrollierte er sorgfältig und wiederholte Male Türen und Fenster. Das Überprüfen der Haustür jeden Morgen, bevor er zur Arbeit ging, erforderte einen Aufwand von einer halben Stunde.

Wenn er aus dem Auto stieg, mußte Mike ebenfalls viele Kontrollen erledigen. Sind die Scheinwerfer abgeschaltet, ist die Handbremse angezogen, sind die Fenster geschlossen, die Türen verriegelt, ist der Schalthebel im ersten Gang, wenn der Wagen bergauf steht, oder im Rückwärtsgang, wenn die Straße abschüssig ist. Diese Prozedur dauerte meist zwanzig Minuten. Mike hatte die fixe Idee, Kinder könnten im Auto spielen, den Wagen in Bewegung setzen und bei einem Unfall sterben oder andere Menschen verletzen. Bevor Mike morgens endlich an seinem Schreibtisch im Büro saß, hatte er etwa eine Stunde mit seinen Prüfritualen verbracht. Er kam regelmäßig zu spät ins Büro, was ihm eine Reihe zusätzlicher Konflikte einbrachte.

Als Mike aufgefordert wurde, seine Angsthierarchie zu erstellen, legte er folgende Liste vor:

> Aus dem Haus gehen, ohne 30 Minuten nachzuprüfen, ob überall das Licht ausgeschaltet ist: 40

Fünf Minuten den Wagen verlassen, ohne alles zu überprüfen: 55
Das Haus morgens verlassen und die Haustür nur ein- oder zweimal zu überprüfen: 85
Den Wagen tagsüber auf dem Parkplatz abstellen und alles nur einmal überprüfen: 95 – 100

Beim Kontrollzwang ist für den Betroffenen mit der Konfrontation automatisch auch die Ritualverhinderung verbunden. (Wenn Sie Ihren Zwang nicht verhindern, ist die Konfrontation sinnlos). Mikes Therapieprogramm sah vor, daß er jede Situation nur einmal oder gar nicht überprüfen durfte. Nach einer halben Stunde durfte er zurückkehren und den Prozeß wiederholen. Mike machte dadurch die Erfahrung, daß keine Katastrophe eintrat, wenn er versäumte, Türen und Fenster seines Hauses oder die Fenster und die Handbremse seines Autos mehrmals zu überprüfen.

Mike lernte nicht nur, Situationen zu ertragen, ohne sie zu prüfen. Der Therapeut stellte ihm außerdem die Aufgabe, sich fünf Szenen auszudenken, die seiner Befürchtung nach eintreten würden, wenn er nicht gewissenhaft nachprüfte. In der ersten Szene stellte Mike sich vor, er versäume es absichtlich, den Küchenherd und die Elektrogeräte zu überprüfen. Dadurch bricht ein Feuer aus und sein Haus brennt völlig ab, weil die Feuerwehr nicht rechtzeitig eintrifft. In der zweiten Szene verläßt er das Haus, ohne Türen und Fenster zu überprüfen, in der Absicht, dadurch seine zwanghaften Symptome loszuwerden. Während seiner Abwesenheit raubt ein Einbrecher sämtliche Wertgegenstände und den gesamten Familienbesitz, der nicht versichert ist, und seine Familie stürzt in Armut. In einer dritten Szene läßt er den Wagen stehen, ohne nachzuprüfen. Ein Kind setzt sich ans Steuer, läßt die Handbremse los, der Wagen kommt ins Rollen, fährt gegen einen Baum, das Kind wird schwer verletzt. Die Eltern des Kindes beschuldigen Mike im Krankenhaus, den Unfall durch seinen Leichtsinn verschuldet zu haben.

Fünf Jahre nach erfolgreicher Beendigung seines Drei-Wochen-Programms führt Mike ein zufriedenes Leben mit seiner

Familie und ist in seinem Beruf als Buchhalter erfolgreicher als früher. Mit dem Wagen hat er noch einige Schwierigkeiten; er muß ihn nach wie vor etwa fünf Minuten lang überprüfen, bevor er ihn den ganzen Tag auf dem Parkplatz stehen lassen kann. Seine anderen Zwangsgedanken und Zwangshandlungen sind verschwunden.

Richards Programm – der Zwangkranke aus Kapitel 2, der sich der Angst ausgeliefert fühlte, er könnte auf seine Scheckformulare schreiben: »Ich bin ein Betrüger« statt seine Unterschrift darunterzusetzen – hatte ein klares Konzept. Es bestand aus Konfrontation und Ritualverhinderung. Da er jedesmal in Panik geriet, wenn er einen Scheck ausschreiben sollte, konnte seine Behandlung fast ausschließlich im Büro des Therapeuten stattfinden.

Richard erhielt die Aufgabe, einen Stapel Schecks für verschiedene Zwecke auszuschreiben und sie mit den Worten: »Ich bin ein Betrüger« zu unterzeichnen, statt mit seiner Unterschrift. In seinem Fall wurde ein Teil der befürchteten Katastrophe tatsächlich Realität. Der Therapeut forderte ihn auf, jeden Scheck in einen Umschlag zu stecken, zu adressieren, zuzukleben und den Umschlag dem Therapeuten auszuhändigen, ohne zu wissen, was weiterhin mit den Umschlägen geschah.

Richard ging davon aus, daß der Therapeut die Umschläge nicht wirklich in den Briefkasten stecken würde, war aber gleichzeitig nicht sicher, ob er sie tatsächlich zurückhielt. Er sah die Schecks irgendwo herumfliegen, sie waren nicht mehr in seinem Besitz. Sie konnten versehentlich in den Briefkasten geworfen werden oder verlorengehen. Diese Gedanken, die ihn während der Behandlungssitzungen quälten, lösten quälende Vorstellungen aus. Er mußte sich mit seinen schlimmsten Ängsten auseinandersetzen. Am Ende seiner Drei-Wochen-Behandlung war Richard von seinem Zwangsverhalten praktisch befreit.

Nancy. Nun wollen wir erkunden, wie diese Methoden bei der Therapie von Wiederholungszwängen funktionieren. Sie erinnern sich an Nancy aus Kapitel 2, die sich Hunderte von Malen am Tag an- und ausziehen mußte, um ihre Familie vor einem tödlichen Autounfall zu bewahren. Der Therapeut forderte Nancy auf zu denken: »O mein Gott, was passiert, wenn mein Mann jetzt einen Unfall hat?« Dabei mußte sie ruhig sitzen bleiben und die Möglichkeit in Erwägung ziehen, daß ihr Ehemann tatsächlich bei einem Unfall ums Leben gekommen war. Sie mußte sich weiterhin vorstellen, daß sie die Schuld daran traf. Sie hätte ihn retten können, wenn sie sich ausgezogen und wieder angezogen hätte. Aber sie war so mit sich selbst beschäftigt und damit, ihr Zwangsverhalten loszuwerden, daß er sterben mußte. Während der Therapiesitzungen durfte Nancy sich selbstredend nicht aus- und anziehen. Nach wiederholter Konfrontation mit diesen Bildern konnte Nancy den Gedanken ertragen, daß ihre Familie in einen Unfall verwickelt war, ohne daß sie den Zwang verspürte, sich aus- und anzuziehen.

Therapie von Sammel- und Ordnungszwängen

Zwanghafte Sammler und Ordner begeben sich oft nicht in Behandlung, weil sie in den meisten Fällen ihre Rituale – das Horten bzw. Ordnen von Gegenständen nicht als unangenehme Belastung empfinden. Die Symptome sind nur für Familie und Freunde eine Last. Vom Ordnungszwang Betroffene rügen ihre Kinder ständig, weil sie Gegenstände im Haushalt von ihrem vorgesehenen Platz entfernen. Zwanghafte Sammler füllen ihre Wohnungen mit wertlosem Zeug an und engen die ganze Familie ein. Oft sind es die Familien dieser Menschen, die darauf drängen, daß sie sich in Behandlung begeben.

Beim Sammelzwang wird das Zwangsverhalten ausgelöst durch einen Gegenstand, der in der ›Sammlung‹ fehlt; beim Ordnungszwang dadurch, daß ein Gegenstand sich nicht an seinem richtigen Platz befindet. Das Therapieprogramm besteht aus der Konfrontation mit solchen Situationen und den Übungen mit Ritualverhinderung. Wenn Sie unter einem dieser Zwänge leiden und Ihre Symptome loswerden wollen, werden Sie nach der Lektüre von Donnas Fall erkennen, daß Sie mühelos Ihr eigenes Selbsthilfeprogramm erstellen können.

Donna, von der wir in Kapitel 2 gesprochen haben, wies Sammel- und Ordnungszwänge auf. Ihr Fall kann also als Beispiel für die Behandlung beider Symptome dienen. Die Therapie fand vorwiegend in ihrer Wohnung statt. Der Therapeut brachte ihre gesamte Wohnung völlig in Unordnung, so daß Donna hinterher kaum etwas an seinem gewohnten Platz wiederfand. Donnas Hauptproblem bestand darin, es nicht ertragen zu können, wenn ihre Wohnung in Unordnung war. Nach drei Wochen ständiger Konfrontation mit ihrer unaufgeräumten Wohnung schwand ihre Nervosität und sie war durch Unordnung nicht mehr aus der Ruhe zu bringen. Sie hatte auch keine Angst mehr, Besuch in ihrer Wohnung zu empfangen, da sie die durch fremde Leute verursachte Unordnung nicht länger aus der Fassung brachte.

Die Behandlung ihres Sammelzwangs setzte vier Tage später ein, damit Donna sich zunächst an eine unordentliche Wohnung gewöhnen konnte. Wie Sie sich erinnern, werfen Sammler nichts weg, aus Angst, einen Gegenstand zu einem späteren Zeitpunkt zu brauchen. Es ist nahezu unmöglich, während der Therapie zu beweisen, daß ein Gegenstand tatsächlich nicht benötigt wird, da Jahre vergehen können, bevor dieser Fall eintritt. Betroffene müssen vielmehr in der Therapie zu der Einstellung finden, daß kein Unglück geschieht, wenn sie den Gegenstand nicht besitzen. Damit können sie das Risiko akzeptieren, eines Tages, vielleicht erst in zehn Jahren, diesen speziellen Gegenstand zu brauchen, den sie vor Jahren weggeworfen haben. Dieser Lernprozeß kann nur durch Gewöhnung erfolgen: Je länger sie damit verbringen, ihre Angst direkt zu konfrontieren, desto schwächer wird sie.

Zu Beginn reagierte Donna entsetzt auf das Ansinnen, etwas wegzuwerfen und keine Dinge mehr sammeln zu dürfen. Deshalb half der Therapeut ihr in dieser Phase der Behandlung, einige Gegenstände, die sie jahrelang aufbewahrt hatte, auszusortieren und wegzuwerfen. Sie begannen mit den Taschenbüchern, die ihr am wenigsten wichtig waren. Später gingen sie zu Zeitschriften und Zeitungen über. Nach drei Wochen dieser Prozedur hatte sich bei Donna der Gewöhnungseffekt eingestellt, und es bereitete ihr nur noch geringe Schmerzen, Sachen wegzuwerfen. Sie war aber nach wie vor unsicher, ob sie einen Teil ihrer Sammlung in Zukunft nicht doch benötigen würde, konnte aber mit dieser Ungewißheit leben. Sachen wegzuwerfen versetzte sie nun nicht mehr in Angst und Schrecken.

Therapie von Denkzwängen

Das Verfahren der Ritualverhinderung funktioniert bei Zwangshandlungen wie Kontrollieren, Waschen oder Ordnen besser als bei Denkzwängen. Das liegt daran, daß Zwangshandlungen einfacher in Zaum zu halten sind als Zwangsdenken. Sie können beispielsweise den Zwang haben, sich zu waschen, sich aber vom Wasserhahn fernhalten und sich nicht waschen, bis der Drang abgeflaut ist. Sie können auch um Hilfe bitten, sich ablenken, wenn der Drang sehr stark ist. Viele Therapeuten reden ihren Patienten zu, einen Menschen ihres Vertrauens miteinzubeziehen, der ihnen während der Behandlung beisteht und sie ablenkt, wenn der Drang zu stark wird. Bei zwanghaften Denkritualen wie beten, ständig dieselben Worte in Gedanken wiederholen oder zählen, hat der Zwangskranke wesentlich weniger Eigenkontrolle. Selbst mit den besten Absichten berichten solche Zwangskranke, daß die Rituale automatisch in ihrem Kopf ablaufen.

Spezielle Übungen können diese Zwänge verhindern, zum Beispiel das sofortige Stoppen von wiederkehrenden Gedanken, sobald Sie sich dessen bewußt werden. Oder Sie holen einen Zwangsgedanken bewußt in Ihre Gedanken zurück; als Reaktion darauf müssen Sie einen ›guten‹ Gedanken denken. Doch diesmal verhindern Sie bewußt dieses Zwangsritual. Auf diese Weise haben Sie Gelegenheit, Ritualverhinderung zu üben, selbst wenn Sie unbewußt mit Zwangsdenken beginnen.

Bob aus Kapitel 2 gibt uns ein Beispiel hierfür. Er mußte immer wieder im Gebet Gott um Verzeihung bitten, weil er einen anderen Menschen gekränkt hatte. Der Therapeut verlangte von ihm, sobald er feststelle, daß er zwanghaft seine Gebete wiederholte, sofort an eine Situation zu denken, in der er jemanden beleidigte. Statt zu beten, mußte er denken: »So ist das eben. Ich habe jemand beleidigt und muß die Folgen tragen.« Bob mußte sich sodann vorstellen, wie verletzt und verärgert der Beleidigte war. Das gab ihm Gelegenheit, seinen Kummer zu konfrontieren, statt ihn durch Beten ungeschehen machen zu wollen.

Eine weitere empfehlenswerte Technik zur Verhinderung von Denkritualen wird im nächsten Kapitel eingehend erörtert. Dabei müssen zwanghafte Gedanken schriftlich festgehalten oder laut ausgesprochen werden; und das über einen längeren Zeitraum hinweg. Der Akt des Aufschreibens oder Aussprechens ist mit Denkritualen nicht vereinbar; daher verringert sich die Wahrscheinlichkeit, daß dieses Zwangsdenken spontan wiederkehrt. Diese Übungen halfen Bob, seine Denkrituale abzustellen.

Die dargelegten Beispiele veranschaulichen die wirksamsten professionellen Therapien bei Zwangsverhalten. Der Therapeut unterstützt Sie darin, Ihr eigenes Selbsthilfe-Programm zu erstellen und zu üben. Im nächsten Kapitel erläutern wir dieses Verfahren eingehend.

KAPITEL 8

Ihr Drei-Wochen-Selbsthilfe-Programm

In diesem Kapitel helfen wir Ihnen Schritt für Schritt, Ihr persönliches Drei-Wochen-Programm zu erstellen. Zu Beginn legen wir dar, was Sie zur Vorbereitung für ein solch aufwendiges Unterfangen brauchen und geben Ihnen allgemeine Anleitungen, um Ihr Programm zu beginnen. Danach legen wir fünf spezielle Programme für die häufigsten Zwangsrituale vor: Waschen und Putzen, Kontrollieren und Wiederholen, Ordnen und Sammeln sowie Denkrituale. Am Ende des Kapitels erklären wir Ihnen, wie Sie Ihr Programm auf weitere Störungen ausweiten, falls Sie unter mehr als einem Zwangsritual leiden. Wir werden Ihnen außerdem zeigen, wie Sie auf Rückschläge während des Prozesses reagieren und wie Sie Ihre Symptome nach Beendigung des Programms weiterhin unter Kontrolle halten können.

Das hier vorgestellte Selbsthilfeprogramm setzt Ihre feste Entschlossenheit und Ihren starken Willen voraus, das Programm durchzuhalten. Jetzt ist der Augenblick gekommen, um Ihr Inneres zu erforschen und sich zu fragen: »Bin ich *wirklich* bereit, mich von meinen Symptomen zu befreien? Bin ich bereit, in den kommenden drei Wochen einen großen Aufwand an Zeit und Mühe zu investieren, um mein Leben wieder in den Griff zu bekommen?« Wie Ihnen die Berichte der geheilten Zwangskranken in Kapitel 10 zeigen, ist dies ein extrem wirksames Programm, das aber nur funktionieren kann, wenn Sie die Bereitschaft und Beharrlichkeit aufbringen, es sorgsam durchzuführen. Beginnen Sie das Programm erst dann, wenn Sie ernsthaft bereit sind, mindestens zehn Tage höchstes Unbehagen zu ertragen. Möglicherweise müssen Sie die Techniken acht bis zehn Tage unaufhörlich üben, bevor Sie eine leichte Besserung feststellen und Ihre Ängste ein wenig abflauen. Erst dann werden Sie Ihrem Drang zum Zwangsverhalten leichter widerstehen können.

Das Drei-Wochen-Programm bietet Ihnen Gelegenheit zu erkennen, daß Sie Ihre Zwangsgedanken und Zwangshandlungen kontrollieren *können*. Je öfter und je länger Sie sich in die Situationen begeben, die Ihnen großes Unbehagen bereiten, desto schneller werden Sie von Ihren Symptomen befreit sein. Ergreifen Sie jede Gelegenheit, Ihre Befürchtungen und Ihre Zwangsgedanken zu konfrontieren und lernen Sie, mit Ihren eingefahrenen Gewohnheiten zu brechen, diesen Situationen aus dem Weg zu gehen.

Vergessen Sie nicht, die ersten Tage des Programms sind die schlimmsten; möglicherweise sind diese Tage aber weniger schwierig als Sie sich vorstellen. Diese Erfahrung haben viele Ihrer Leidensgenossen gemacht, wie sie in Kapitel 10 schildern. Für die meisten Zwangskranken sind die ersten Tage ziemlich hart und sie brauchen jede Hilfe und jede Unterstützung, die sie bekommen können.

Vorbereitung auf Ihr Selbst-Hilfe-Programm

Wie Sie sich vorstellen können, bildet das Programm in den kommenden drei Wochen den Mittelpunkt Ihres Lebens. Sie müssen Ihre Umgebung sorgfältig darauf vorbereiten, um größtmöglichen Nutzen aus Ihren Übungen zu ziehen. Hier einige Vorschläge:

1. Planen Sie Ihren Tagesablauf neu. Das Drei-Wochen-Programm nimmt einen großen Teil Ihrer Zeit in Anspruch. Sie müssen viele Aktivitäten ändern, die bislang zu Ihrem Alltag gehören. Vielleicht ist es sogar ratsam, sich Urlaub zu nehmen und gegebenenfalls für einen Babysitter zu sorgen.

2. Bereiten Sie Ihre Familie und Freunde vor. Die Menschen Ihrer nahen Umgebung sind möglicherweise ein zentraler Bestandteil Ihrer Zwangsgedanken und -handlungen geworden. Wenn Sie unter Waschzwang leiden, fürchten Sie nicht nur selbst durch Keime angesteckt zu werden, sondern auch, daß Ihre Kinder und Ihr Lebenspartner krank werden. Sie fürchten, daß andere, die weniger auf Sauberkeit achten als Sie selbst, das Haus verseuchen und Unsauberkeit und Krankheiten einschleppen. In diesem Falle üben Sie Kontrolle auf das Verhalten anderer aus. Viele Wascher zwingen ihre Kinder, sich die Hände häufiger als nötig zu waschen; sie verlangen, daß Straßenschuhe vor der Tür ausgezogen werden oder verbieten ihren Kindern, Freunde mit nach Hause zu bringen.

Es gibt andere Methoden, wie Sie Ihre Familie möglicherweise in Ihre Symptomatik einbeziehen. Vielleicht vergewissern Sie sich bei anderen wiederholte Male, ob Sie sich ausreichend und sorgfältig genug gewaschen haben, oder andere müssen Ihnen versichern, daß Sie nichts Ansteckendes berührt haben. Solche Fragen verschlimmern Ihre Störung und müssen gestoppt werden.

Das Drei-Wochen-Programm kann ohne Bereitschaft der Familienmitglieder, Ihnen bei der Veränderung Ihrer Gewohnheiten zu helfen, keinen Erfolg haben. Sie und Ihre Familie müssen vor allem folgende Richtlinien beachten:

- *Familienmitglieder müssen aufhören, Ihnen bei der Durchführung Ihrer Rituale zu helfen.* So müssen beispielsweise Ehepartner sich weigern, Türen und Elektrogeräte immer wieder zu überprüfen oder mitzuzählen, wie oft Sie Ihre Hände beim Waschen einseifen.
- *Familienmitglieder müssen aufhören, selbst Ritualhandlungen wegen Ihrer Zwangsgedanken auszuführen.* Geben Sie Ihren Kindern Anweisung, Ihre Forderungen, sich ständig zu waschen oder ständig bei sich Fieber zu messen, abzulehnen. Wenn Ihre Kinder noch klein sind, muß Ihr Ehepartner sich darum kümmern, daß die Kinder Ihre Anweisungen nicht befolgen.
- *Familienmitglieder müssen übereinkommen, Ihre Fragen nach Rückversicherung nicht zu beantworten.* Wenn Sie Fragen stellen wie: »Habe ich die Klobrille berührt?« »Habe ich einen Knoten am Hals?« Oder »Soll ich die Toxikologische Klinik anrufen?«, muß Ihre Familie bereit sein, zu antworten: »Wir haben beschlossen, diese Frage nicht zu beantworten.«

Ob Sie mit Ihrem Ehepartner und Ihren Kindern zusammenwohnen, bei Ihren Eltern oder mit einem Freund, befolgen Sie die obigen Richtlinien. Wenn Sie alleine leben, ziehen Sie in Erwägung, eine/n Freund/Freundin in das Programm mit einzubeziehen oder Rückhalt bei ihm/ihr zu suchen. Falls Ihnen der Vorschlag zusagt, raten wir Ihnen, die betreffende Person über Ihr geplantes Programm zu informieren und die Richtlinien mit ihm/ihr durchzugehen.

3. Suchen Sie wohlmeinende Menschen auf, die Ihnen beim Üben helfen. Während des Drei-Wochen-Programms sind Sie aller Voraussicht nach gelegentlich sehr unglücklich, vor allem, wenn Sie den starken Druck verspüren, zu Zwangshandlungen zurückzukehren. Sichern Sie sich die Hilfe eines vertrauensvollen Familienmitglieds oder nahen Freundes, der Verständnis für Ihre Probleme zeigt und die Aufgaben und Ziele Ihres Selbsthilfeprogramms begreift. Ein Mensch, der Sie unterstützt und Ihnen Mut und Zuspruch gibt, wird Ihnen die schwierigen Zeiten leichter erträglich machen. Oft steht ein einzelner nicht zu jeder Zeit zur Verfügung. Weisen Sie möglichst mehrere zuverlässige Menschen in diese Rolle ein.

Es ist wichtig, daß Sie die Einzelheiten des Programms mit Ihren Vertrauten besprechen und ihnen klare Verantwortungen zuweisen. Dies sollte in schriftlicher Form geschehen und jedem ausgehändigt werden, der irgendwie an Ihren Übungen beteiligt ist. Wenn möglich, legen Sie genaue Zeiten fest, zu denen Ihre Vertrauenspersonen Ihnen täglich zur Verfügung stehen. Jeder sollte mindestens zwei Stunden pro Tag während des Zeitraums von drei Wochen verfügbar sein, um Ihnen bei Ihren Übungen zu helfen.

Legen Sie bei der Auswahl Ihrer Vertrauenspersonen folgende Maßstäbe zugrunde:

- Der/die Betreffende muß warmherzig und aufmunternd sein.
- Die Person muß bereit sein, Aktivitäten vorzuschlagen und daran teilzunehmen – Spaziergänge machen, Gespräche führen, Einkaufen, ins Kino gehen –, alles, was Sie davon abhält, Ihrem Zwangsverhalten nachzugehen.
- Die Person darf keinen Druck ausüben oder abfällige Bemerkungen machen, wenn Sie einen Rückfall in altes

Zwangsverhalten erleiden, sondern Sie an Ihr Vorhaben erinnern und Ihnen helfen, sich abzulenken.
- Weder Familienmitglieder noch andere Vertrauenspersonen dürfen Ihre zwanghaften Befürchtungen teilen oder Ihnen helfen, Zwangsverhalten auszuführen.

Die drei Techniken Ihres Selbsthilfe-Programms

Im vorangegangenen Kapitel sprachen wir über drei Komponenten des Behandlungsprogramms bei Zwangsstörungen. Sie werden die gleichen Verfahren in Ihrem Selbsthilfeprogramm anwenden, die wir hier noch einmal kurz darlegen wollen. Die erste Technik ist die *Konfrontation*. Das heißt, Sie begeben sich direkt in die Situationen, die Unbehagen, Angst, Scham, Ekel oder andere negative Gefühle bei Ihnen erzeugen. Sie müssen sich den Situationen stellen, die Ihren Drang zum Zwangsverhalten auslösen.

Der zweite Teil Ihres Programms ist die *Vorstellungstechnik*. Das bedeutet, daß Sie sich befürchtete Konsequenzen vorstellen, die eintreten, wenn Sie die schlimmen Folgen nicht durch Zwangshandlungen abwenden (diese Vorstellungen haben Sie in Kapitel 3 bereits identifiziert). Während der Konfrontation in der Vorstellung nehmen Ihre Ängste schrittweise ab. Wir nennen diesen Prozeß *Habituation*.

Der dritte Teil ist die *Ritualverhinderung*. Sie werden Ihrem Drang zum Zwangsverhalten, das Sie in Kapitel 3 aufgelistet haben, nicht nachgeben. Die bei der Ritualverhinderung zu beachtenden Kriterien sind bei jedem Zwangsverhalten unterschiedlich. Wir werden ausführlich darauf eingehen, wenn wir die Selbsthilfeprogramme für jedes Ritual einzeln darlegen.

Wichtig ist, daß Sie alle drei Elemente in Ihr Selbsthilfe-Programm aufnehmen: Konfrontation, Vorstellung und Ritualverhinderung. Das Zentrum für Behandlung und Erforschung von Angstneurosen am Medical College von Pennsylvania hat Studien durchgeführt, die zeigten, daß alle drei Kriterien für den Erfolg wichtig sind. Wir haben festgestellt, daß Menschen, die nur eine dieser Techniken angewandt haben, wenig Besserung verzeichnen konnten und die Fortschritte nicht von Dauer waren.

Empfehlungen für Konfrontation und Vorstellungstechnik:
Nachfolgend zehn Ratschläge, die Ihnen bei ihren Übungen mit Konfrontation und Vorstellung helfen werden:

1. Blättern Sie zu den Tabellen 1 und 2 aus Kapitel 3 (Seite 78 und 80) zurück und nehmen Sie sich die Situationen und Gedanken noch einmal vor, die Ihre Unruhe und Angst auslösen.
2. Beginnen Sie Ihr Übungsprogramm mit Situationen, die einen Angstgrad von circa 50 auslösen. Im Verlauf des Programms werden Sie sich systematisch an die Punkte heranarbeiten, die größte Unruhe und Angstzustände hervorrufen.
3. Versetzen Sie sich bei jeder Übung so lange in eine gegebene Situation oder stellen Sie sich ein Bild so lange vor, bis der Grad Ihrer Angst um mindestens 50% vermindert ist.
4. Üben Sie mit jeder Situation, mit jedem Bild immer wieder, bis Ihre Angst deutlich herabgesetzt ist. Erst dann können Sie zum nächsten Punkt auf ihrer Liste übergehen.
5. Üben Sie täglich, wobei jede Übung mindestens ein bis zwei Stunden dauern soll. Studien haben wiederholt gezeigt, daß lange Zeiten der Konfrontation weitaus wirksamer sind als kurze. Wir empfehlen also, Ihre Konfrontationsübungen nicht zu unterbrechen. Wenn Sie eine beängstigende Situation in Zeitabschnitten von jeweils 5 Minuten konfrontieren, wird Ihre Unruhe nicht wesentlich vermindert, selbst wenn die Gesamtzeit der Konfrontation eine oder zwei Stunden beträgt. Sorgen Sie also für die Kontinuität eines Übungsablaufes.
Faustregel: Beenden sie eine Konfrontationsübung erst, wenn Ihr Unbehagen sich um mindestens 50% verringert hat.
6. Kontrollieren Sie anhand der Tabellen 9 und 10 Ihre Konfrontationsübungen. Schreiben Sie auf, mit welcher Situation, welchem Gegenstand oder Bild Sie an einem bestimm-

ten Tag üben und kontrollieren Sie regelmäßig den Grad Ihrer Unruhe.
7. Sollte Ihr Unbehagen in einer bestimmten Situation oder einem Bilderleben nicht absinken, üben Sie diese Situation am nächsten Tag erneut und verlängern Sie die Konfrontationsübung, wenn möglich, um eine weitere Stunde.
8. Sobald der Grad Ihrer Unruhe in einer bestimmten Situation oder bei einem bestimmten Bild mehrere Tage gleichbleibend gering ist, können Sie Ihre Übungen mit dieser Situation einstellen.
9. Fahren Sie mit dem Programm fort, bis Sie auch die Situationen oder Bilder auf der Liste Ihrer Angsthierarchie, die ein Höchstmaß an Unruhe, Unbehagen und Angst auslösen, erfolgreich konfrontiert haben. Wenn Sie die Situationen, die höchste Angst auslösen, nicht konfrontieren, werden Sie die Fortschritte, die Sie während des Übungsprogramms gemacht haben, mit großer Wahrscheinlichkeit wieder einbüßen.
10. Sichern Sie sich die Hilfe vertrauenswürdiger Freunde oder Verwandter, wenn Sie das Gefühl haben, diese Unterstützung ermutigt Sie, intensiver zu arbeiten.

Spezielle Empfehlungen für Übungen mit der Vorstellungstechnik
Es gibt drei Umstände, in denen sich die Vorstellungstechnik als besonders hilfreich erwiesen hat. Erstens bei der Auseinandersetzung mit den schlimmen Folgen, die Ihrer Meinung nach eintreten, wenn Sie Ihre Zwangshandlungen nicht sorgfältig genug durchführen. Wenn Sie keine direkte Konfrontation mit angsterzeugenden Situationen herstellen können, müssen Sie die Konfrontation über die Vorstellung herbeiführen. Ein zweiter Grund, diese Methode anzuwenden, ist dann gegeben, wenn es nicht möglich ist, sich tatsächlich in die Situation zu begeben, die Sie zu konfrontieren wünschen. Wenn Sie sich beispielsweise durch eine bestimmte Örtlichkeit, ein Haus, eine Wohnung in einer Stadt bedroht fühlen, in der Sie nun nicht mehr leben, ist es ratsam, mit der Vorstellung zu üben, sich an diesem Ort zu befinden (obgleich Ihr Programm zu einem spä-

teren Zeitpunkt auch einen Besuch an diesem Ort vorsehen muß). Der dritte Grund für die Übung mit Vorstellungen ist die Vorbereitung auf die Konfrontation in der Wirklichkeit. Manche Menschen, die sehr große Angst haben, eine tatsächliche Situation zu konfrontieren, können ihre Angst herabsetzen, wenn sie sich zunächst in der Phantasie in diese Situation begeben.

Sobald Sie bereit sind, die Übungen mit der Vorstellungstechnik durchzuführen, hier einige Empfehlungen: Besorgen Sie sich einen Kassettenrecorder und eine Leerkassette von mindestens 45 Minuten Länge. Wir empfehlen ein tragbares Gerät mit Kopfhörern, da Sie sich damit während der Übung frei bewegen können. Schlagen Sie Tabelle 3 in Kapitel 3 auf. Nehmen Sie die fünf bedrohlichsten Umstände aus der acht Punkte umfassenden Liste. Beginnen Sie mit dem am wenigsten bedrohlichen dieser fünf Punkte und schreiben Sie einen vier bis fünf Seiten umfassenden Bericht über bedrohliche Konsequenzen. Es fällt Ihnen leichter, diese Geschichte aufzuschreiben, wenn Sie sich vorstellen, tatsächlich in einer Situation zu sein, die zu dieser Katastrophe führt. Stellen Sie sich vor, Sie befinden sich in dem Szenario und beschließen, Ihre gewohnten Zwangshandlungen nicht durchzuführen. Nun beschreiben Sie, welche schrecklichen Umstände daraufhin eintreten. Ein Beispiel ist die Geschichte einer Frau, die wir im folgenden wiedergeben.

Nun sind Sie bereit, Ihre Geschichte aufzuzeichnen. Lesen Sie Ihren Bericht mehrmals sorgfältig durch. Konzentrieren Sie sich auf Einzelheiten. Stellen Sie sich vor, Ihre aufgeschriebene Geschichte geschieht jetzt tatsächlich. Schalten Sie den Kassettenrecorder an und sprechen Sie den Bericht ins Mikrophon. Benutzen Sie die Gegenwartsform und halten Sie sich nicht wortgetreu an Ihre schriftlichen Notizen.

Schließen Sie die Augen und schildern Sie detailgenau die Vorgänge in Ihrer Geschichte: was um Sie herum geschieht, welche Maßnahmen Sie ergreifen und welche schrecklichen Katastrophen über Sie und andere in Ihrer Umgebung hereinbrechen, weil Sie Ihre Zwangshandlungen nicht ordnungsgemäß durchgeführt haben.

Die einzelnen Schritte der Vorstellungstechnik:

1. Nehmen Sie die fünf bedrohlichsten Umstände aus Tabelle 3 in Kapitel 3.
2. Schreiben Sie eine klare, ausführliche (vier bis fünf Seiten umfassende) Geschichte der am wenigsten bedrohlichen dieser fünf Konsequenzen auf.
3. Zeichnen Sie diese Geschichte auf Tonband auf.
4. Hören Sie das Tonband täglich zweimal hintereinander ab (etwa 40 Minuten), bis der Inhalt keine nennenswerte Unruhe mehr bei Ihnen hervorruft.
5. Wiederholen Sie den gleichen Vorgang mit den anderen Punkten auf Ihrer Liste.

Je mehr Einzelheiten Ihre Geschichte enthält, je genauer Sie schildern, wie beunruhigt Sie sind, umso wahrscheinlicher ist es, daß Ihnen diese Übung Erfolg bringt. Versetzen Sie sich in das Geschehen, stellen Sie sich vor, das alles passiert wirklich. Dadurch geraten Sie beim Abhören in eine vergleichbare Unruhe wie in der tatsächlichen Situation. Ihr Ziel ist, Ihre Unruhe oder Angst beim Abhören des Tonbandes zu provozieren. Dadurch gewöhnen Sie sich an Ihre Katastrophenbilder und Gedanken und können sie auf diesem Weg abbauen.

Stellen Sie vor Beginn der Tonbandaufzeichnung einen Wecker auf 20 Minuten später, damit Sie sich ganz in Ihre Geschichte und in die Aufzeichnung vertiefen können, ohne daran zu denken, wieviel Zeit vergangen ist. Hören Sie das Tonband jeden Tag mindestens vierzig Minuten lang an, bis es keine nennenswerte Unruhe mehr in Ihnen erzeugt. Erst dann befassen Sie sich mit dem nächstschlimmen Umstand auf Ihrer Liste und bearbeiten ihn in gleicher Weise.

Über die Vorstellungen einer Frau, die unter Waschzwang litt.

Ich sitze im Zimmer. Die Tür geht auf und meine Mutter erscheint. Sie betritt den Raum, sieht mich und sagt: »Ich freue mich, dich zu sehen. Es war eine so lange

Zeit.« Sie kommt auf mich zu und berührt mich. Sie will mich umarmen. Meine Mutter ist erstaunt, daß ich nicht zurückweiche und sagt: »Ich kann nicht glauben, daß ich meine Tochter wieder in die Arme schließen darf.« Jetzt spüre ich, wie die Verseuchung sich über mich ausbreitet. Ich spüre ihre Hände auf meinem Rücken. Und ich weiß, daß ich die Verseuchung nie wieder loswerde. Ich kann sie nie wieder wegwaschen. Ich möchte gern, daß meine Mutter geht, möchte mich duschen oder ein Bad nehmen, um mich wieder sauber zu fühlen. Ich kann nichts sagen. Mir ist die Kehle zugeschnürt. Ich kann mich nicht bewegen; ich bin wie gelähmt von dem Gefühl, verseucht zu sein. Meine Mutter steht neben mir. Sie hält meine Hand und ich spüre, wie sie mich immer stärker verseucht. Ich möchte, daß sie ihre Hand wegnimmt. Sie fragt mich: »Hast du Angst vor mir?« Und ich möchte ihr gern erklären, wie groß meine Angst vor ihr ist, aber ich sage nichts. Ich lasse zu, daß sie meine Hand hält, ich lasse zu, daß sie die Arme um mich legt. Ich lasse zu, daß sie neben mir sitzt, ganz nah. Ich lasse zu, daß sie mich verseucht, vergiftet. Ich spüre, wie die Vergiftung sich über meinen ganzen Körper ausbreitet. Ich möchte weglaufen, ich möchte schreien. Ich möchte nie wieder Kontakt mit ihr haben. Aber ich bleibe, wo ich bin, ich bleibe neben ihr sitzen und sie verseucht mich immer mehr. Ich spüre die brennenden Flecken auf meinem Rücken und meinen Händen. Es ist das Gefühl der Verseuchung. Es kriecht meine Arme hinauf, es kriecht über mein Gesicht – über meinen ganzen Körper.

Ich halte mich ganz still, damit die Körperteile, die bisher noch nicht verseucht sind, sauber bleiben. Aber das Gift breitet sich über meinen ganzen Körper aus. Meine Mutter sitzt immer noch neben mir, sie verseucht mich immer mehr. Sie erzählt mir etwas, aber ich höre nicht wirklich zu, was sie sagt. Ich bin völlig durcheinander, mein Herz klopft, ich spüre, wie mein Herz rasend

> schnell gegen meine Rippen pocht. Mir ist, als müsse ich gleich in Ohnmacht fallen. Aber etwas zwingt mich, ihr zuzuhören. Ich möchte aus dem Zimmer laufen, aber ich muß mich mit der Tatsache abfinden, daß ich meiner Mutter nicht mehr aus dem Weg gehen kann. Ich sitze in der Falle. Sie wird immer bei mir bleiben. Sie wird mich immer mehr vergiften, ständig, mein ganzes Leben lang. Ich werde nie mehr frei sein. Ich habe das Bedürfnis, aus dem Zimmer zu laufen und meine Mutter endlich ganz und gar zu vergessen. Aber ich spüre ihre Berührung überall auf meinem Körper.

Schriftliche Aufzeichnungen Ihrer Konfrontationsübungen. Es ist eine bekannte Tatsache, daß wir neue Techniken und Fertigkeiten durch Rückmeldung leichter lernen. Es ist also wichtig, daß Sie Ihren Fortschritt während Ihrer Übungsphase regelmäßig kontrollieren. Die Tabellen 9 und 10 werden Ihnen diese Aufgabe erleichtern.

Verwenden Sie bei der Konfrontationsübung Tabelle 9. Sie müssen den Grad Ihrer Unruhe zu Beginn, fünf Minuten später und jede weiteren zehn Minuten während der ersten 45 Minuten der Übung bewerten. Danach messen Sie Ihre Unruhe alle fünfzehn Minuten.

Tabelle 9:
Grad des Unbehagens während der Konfrontation

Datum_____ Tag_____

Anfängliches Unbehagen (0 – 100)_____

Anfänglicher Drang zum Zwangsverhalten (0 – 100)_____

Beschreibung der Konfrontation:_____

Messen Sie während der Übungszeit Ihren Grad des Unbehagens (0 – 100):

Anfängliches Unbehagen_____	Nach 1 Std._____
Nach 5 Min._____	Nach 1 Std. 15 Min._____
Nach 15 Min._____	Nach 1 Std. 30 Min._____
Nach 25 Min._____	Nach 1 Std. 45 Min._____
Nach 35 Min._____	Nach 2 Std. _____
Nach 45 Min._____	Am Ende der Übung_____

Nachfolgende Tabelle 10 soll Ihnen helfen, Ihren Fortschritt während Ihrer Übungen zu kontrollieren. Sie tragen nur drei Messungen ein. Während der Vorstellungen sollen Sie keine Bewertungen Ihres psychischen Zustands vornehmen, da dies Ihre Konzentration vom Vorstellungsgeschehen ablenken und die Wirksamkeit der Übung einschränken würde. Füllen Sie am Ende jeder Übung den kurzen Fragebogen aus. Bewerten Sie nach bestem Wissen und Gewissen, wie unruhig Sie in den ersten fünf Minuten waren, wie hoch Ihr größtes Unbehagen während der Übung war und wie unruhig Sie am Ende der Übung waren. Tragen Sie diese drei Zahlen in die Tabelle ein, wobei Sie wie gewöhnlich die Skala von 0 bis 100 zugrunde legen.

Tabelle 10:
Stufen des Unbehagens während der Übung mit der Vorstellung

Datum_____ Tag_____

Anfängliches Unbehagen (0 – 100)_____

Anfänglicher Drang zum Zwangsverhalten_____

Beschreibung der Vorstellung_____

Bewerten Sie den Grad Ihres Unbehagens nach Abschluß der Übung:

Während der ersten fünf Minuten_____

Höchststand_____

Am Ende_____

Selbsthilfe-Programm bei Wasch- und Putzzwang

Bei Angst vor Ansteckung und Verseuchung (Kontamination), die Wasch- und Putzrituale hervorruft, empfiehlt sich als beste Selbsthilfemethode die Konfrontation mit der realen Situation und die Ritualverhinderung.

Wie Sie Ihre Konfrontation gestalten.
Nehmen Sie die Liste der zehn bedrohlichsten Situationen zur Hand, die Sie in Tabelle 1 in Kapitel 3 erstellt haben. Benutzen Sie diese Liste als Vorlage für Ihr Programm.

Am *ersten Tag* befolgen Sie drei Schritte:

Schritt 1. Wählen Sie eine auf Ihrer Liste mit ›circa 50‹ (mäßig angsterzeugend) bewertete Situation oder einen entsprechenden Gegenstand aus. Legen Sie Ihre Hände auf den kontaminierten Gegenstand oder die Oberfläche. Diese Erfahrung wird beträchtliches Unbehagen bei Ihnen hervorrufen. Entfernen Sie Ihre Hände erst, wenn eine deutliche Reduzierung Ihres Unbehagens oder Ekels eingetreten ist, oder wenn Ihre Übungszeit abgelaufen ist. Während der Konfrontation können Sie die kurzen Entspannungsübungen durchführen − beruhigendes Atmen und beruhigendes Zählen −, die wir in Kapitel 5 vorgestellt haben. Sie können Ihr Unbehagen auch verringern, wenn Sie folgende zwei Punkte auf eine Karte notiert haben, die Sie in der bedrohlichen Situation ablesen:

1. Angst ist kein Dauerzustand. Wenn ich diese Situation noch länger ertrage, verliere ich meine Angst.
2. Es besteht keine Gefahr, daß ich durch mein Handeln Schaden erleide.

Seien Sie darauf gefaßt, daß sich zu Beginn der Übung vermutlich keine unmittelbare Erleichterung einstellt. Manche Menschen brauchen mehrere Stunden der Konfrontation, bevor sie eine Veränderung ihrer Angstreaktionen wahrnehmen; andere brauchen sogar mehrere Tage. Wenn Sie Ihre Übungen jedoch unbeirrt fortführen, werden auch Sie Ihre Ängste und Ihr Unbehagen besiegen.

Schritt 2. Nun legen Sie Ihre Hände auf Ihr Gesicht, streichen sich durchs Haar, über Arme und Beine. Kurzum, Sie kontaminieren Ihren ganzen Körper. Wenn Sie die Kontamination auf diese Weise über Ihren Körper verteilen, erhöht sich Ihre Angst. *Denken Sie daran, daß Ihre Angst sich durch den Gewöhnungseffekt vermindert.* Setzen Sie Ihren Körper der Kontamination so lange aus, bis Ihre Angst deutlich reduziert ist. Ihre Angst sollte also nicht mehr als circa 30 bis 40 Grad auf Ihrer Skala aufweisen.

Manche Menschen verzeichnen in den ersten Tagen des Übungszeitraums keine spürbare Angstreduzierung. Wenn dies auch bei Ihnen der Fall ist, beginnen Sie jeden Tag wieder mit Schritt 1.

Schritt 3. Ob Sie bei den ersten beiden Schritten eine spürbare Angstreduzierung feststellen oder nicht, gehen Sie nun zu Schritt 3 über und kontaminieren Sie Ihre Wohnung. Gehen Sie durch alle Räume und berühren Sie sämtliche Gegenstände mit den Händen. Besonders wichtig ist es, häufig benutzte Sofas und Stühle der Kontamination auszusetzen. Auch Bettzeug, Kissen und Laken müssen berührt werden, damit Sie auch nachts mit der kontaminierten Substanz in Kontakt bleiben. Falls der kontaminierte Gegenstand sich außerhalb Ihrer Wohnung befindet, etwa Türklinken und Treppengeländer in Kaufhäusern, wischen Sie mit einem Tuch über diese Gegenstände, nehmen das Tuch mit nach Hause und verbreiten damit die Kontamination in Ihrer ganzen Wohnung.

Wenn Ihre Angst sich auch auf die Kontamination anderer Leute bezieht, müssen Sie diese auch in Ihre täglichen Kontaminationsübungen einbeziehen. Benutzen Sie ein kontaminiertes Taschentuch, um damit häufig benutzte Gegenstände wie Theken in Supermärkten und Kaufhäusern zu berühren. Wenn Sie befürchten, bestimmte Menschen, etwa Ihr Ehepartner oder ihre Kinder seien von der Kontamination bedroht, müssen auch sie der Kontamination in Ihrem täglichen Übungsprogramm ausgesetzt werden.

Sie wissen: Je länger Sie ständigen Kontakt mit dem kontaminierten Gegenstand halten, desto rascher wird Ihre Angst herabgesetzt.

Am *zweiten Tag* wiederholen Sie die Schritte 1 bis 3 und verwenden dabei die gleiche Kontaminationssubstanz. Wenn Ihre Angst am zweiten Tag erheblich reduziert ist, gehen Sie auf Punkt 2 Ihrer Liste über (den Sie mit ›circa 60‹ bewertet haben) und wiederholen die Schritte 1 bis 3. Während Sie mit dem neuen Gegenstand üben, halten Sie Kontakt mit dem 1. Gegenstand, indem Sie ein Taschentuch, eine Serviette oder ein Stück Papier mit diesem Gegenstand berühren und kontaminieren, das Tuch oder Papier in Ihre Tasche oder in Ihr Notizbuch legen und bei sich tragen.

Wenn der direkte Kontakt mit Gegenstand 1 nach wie vor große Angst auslöst, verschieben Sie die Übung mit Gegenstand 2. Üben Sie stattdessen weiter mit Gegenstand 1 und gehen erneut die Schritte 1 bis 3 durch.

Am *dritten Tag* prüfen Sie zunächst Ihren Grad des Unbehagens bei Gegenstand 1 und 2, die Sie berühren. Wenn sich Ihr Unbehagen bei beiden Gegenständen erheblich reduziert hat, halten Sie Kontakt, wie oben geschildert, beginnen mit Gegenstand 3 zu üben und arbeiten die Schritte 1 bis 3 durch. Ist Ihr Unbehagen bei Gegenstand 2 noch ziemlich hoch, gehen Sie nicht zu Gegenstand 3 über. Üben Sie stattdessen mit Gegenstand 2 und befolgen die Schritte 1 bis 3.

Am *vierten Tag* prüfen Sie den Grad Ihrer Angst bei den Punkten 1, 2 und 3, indem Sie jeden Gegenstand berühren. Sollten alle drei noch großes Unbehagen auslösen, widmen Sie einen Großteil Ihrer Übungszeit Gegenstand 3, den Rest der

Zeit üben Sie mit den Punkten 1 und 2. Falls Ihr Unbehagen niedrig ist, beginnen Sie die Übung mit Punkt 4 und wiederholen die Schritte 1 bis 3.

Fünfter Tag. Jetzt sollten Sie die Übungen mit Punkt 4 beginnen. Arbeiten Sie sich die *verbleibenden Tage* des Programms auf ihrer Liste aus Tabelle 1 bis zum letzten Punkt vor. Tragen Sie weiterhin Tücher bei sich, die Kontakt mit den kontaminierten Gegenständen hatten. Bis zum *dreizehnten* oder *vierzehnten Tag* sollten Sie den höchsten Punkt Ihrer Angsthierarchie erreicht haben.

Wenn Sie bis zum *dreizehnten Tag* keine Verminderung ihrer Angst bei keiner der konfrontierten Situationen feststellen, mit denen Sie geübt haben, empfehlen wir Ihnen, die Unterstützung eines Experten für kognitive Verhaltenstherapie hinzuzuziehen.

Vom *vierzehnten* bis zum *einundzwanzigsten Tag* arbeiten sie an den bedrohlichsten Situationen Ihrer Angsthierarchie. Solche stark bedrohlichen Situationen erfordern oft mehr und längere Übungszeiten, ehe Sie eine signifikante Erleichterung verspüren.

Während Ihres Programms stoßen Sie möglicherweise auf bedrohliche Situationen, die Ihnen bislang noch gar nicht bewußt waren. Nutzen Sie die letzte Übungswoche, um auch mit diesen Situationen zu üben.

Ihre innere Einstellung während der Konfrontationsübungen trägt entscheidend zu Ihrem Erfolg bei. Subtile Vermeidungstendenzen spiegeln Ihr Widerstreben, sich vollständig von Ihren Symptomen zu trennen und hindern Ihren Fortschritt. *Nehmen Sie jede Gelegenheit wahr und üben Sie so viel und so oft Sie können.* Wenn Sie Ihr Widerstreben spüren, eine Situation zu konfrontieren, nehmen Sie dies zum Anlaß, auch diese Situation in Ihr Übungsprogramm aufzunehmen. Übungsgelegenheiten wahrzunehmen ist ein Zeichen Ihrer festen Entschlossenheit, sich von Ihren Symptomen zu trennen.

Spezielle Fragen zu den Konfrontationsübungen.
Häufig fragen Menschen, die mit Konfrontationstechniken üben: »Welche Menge der angstauslösenden Substanz muß ich berühren, um eine Entlastung herbeizuführen?« Angenommen, Sie befürchten Vergiftungen bei sich und Ihrer Familie durch Haushaltschemikalien und vermeiden daher den Umgang damit.

Verständlicherweise möchten Sie wissen, wieviel von der chemischen Substanz Sie während der Konfrontationsübungen berühren dürfen, ohne Schaden zu nehmen. Als Faustregel gilt: *Auch sehr geringe Mengen wirken angstreduzierend.* Für die Konfrontation mit handelsüblichen Haushaltsreinigern befeuchten Sie ein Papiertuch mit einer geringen Menge und kontaminieren Sie sich und Ihre Umgebung damit wie in den Schritten 1 bis 3 angegeben.

Eine weitere Gruppe von angstauslösenden Substanzen sind Körperausscheidungen, vor allem Urin und Kot. Welche Mengen Urin oder Kot sind nötig, um sich und andere damit zu kontaminieren? In der Regel nehmen Sie durch Kontakt mit Ihrem eigenen Kot und Urin keinerlei Schaden. Größere Mengen davon wären jedoch ekelerregend; für Ihr Übungsprogramm genügt der Kontakt mit verschwindend geringen Mengen. Es geht in der Konfrontationsübung nicht darum, Ihren ganzen Körper mit Kot zu beschmieren, sondern Kontakt damit aufzunehmen, um sich verunreinigt zu fühlen, und mit der Zeit durch Gewöhnung Ihre Angst davor zu verlieren. Eine winzige Menge auf Toilettenpapier ist in der Regel ausreichend, um diese Wirkung zu erzeugen.

Um die Konfrontationstechnik mit Urin zu üben, genügt eine winzige Menge Ihres eigenen Urins. Befolgen Sie die Schritte 1 bis 3 und befeuchten Sie ein Papiertuch mit einigen Urintropfen und halten Sie das Tuch mit beiden Händen fest, bis Ihre Unruhe sich um die Hälfte reduziert hat. Dann legen Sie das Tuch auf Ihr Gesicht, auf Ihren Kopf, berühren damit die Kleidung, die Sie tragen. Wischen Sie mit dem Tuch über Ihre Kleider, Unterwäsche, über Geschirr, Tische, Stühle und andere Gegenstände in Ihrer Wohnung. Auch hier gilt: es ist nicht notwendig, das Tuch total mit Urin zu tränken. Wenige

Tropfen genügen, solange Sie der Überzeugung sind, das Tuch sei dadurch verunreinigt und verseucht.

Eine weitere Frage, die oft während der Konfrontationsphase auftaucht, lautet: »Warum soll ich etwas anfassen, was ein Mensch normalerweise nicht anfaßt?« Wenn Sie beispielsweise fürchten, in öffentlichen Toiletten mit Krankheitskeimen verseucht zu werden, ist es außerordentlich wichtig, die Berührung mit bloßen Händen der Klobrille sowie des Wassers der Klospülung in Ihr Selbsthilfe- Programm aufzunehmen und dabei die Schritte 1 bis 3 zu befolgen. Sie fragen sich vielleicht, wieso Sie Ihre Hände in eine Kloschüssel tauchen sollen, was normalerweise kein Mensch tun würde.

Der Sinn der Konfrontationstechnik ist, den Kontakt mit angstauslösenden Keimen zu übertreiben, um Ihre zwanghafte Befürchtung wirksam zu reduzieren und auszuschalten. Deshalb müssen Sie Verhaltensweisen üben, die in Ihrem Alltagsleben nicht üblich sind.

Vorstellungsübungen bei Wasch- und Putzzwängen.
Wir haben die Erfahrung gemacht, daß Wasch- und Putzrituale allein mit den Übungen der Konfrontation und der Ritualverhinderung erfolgreich unter Kontrolle gebracht werden können. Wie bereits erwähnt, sollten Sie allerdings vor der Konfrontation mit der für Sie bedrohlichsten Situation die Vorstellungstechnik anwenden, um sich auf die tatsächliche Begegnung vorzubereiten. Befolgen Sie die Schritte der Vorstellungstechnik, wie im vorangegangenen dargelegt. Schreiben Sie einen vier bis fünf Seiten umfassenden Bericht, der alle Einzelheiten der Situation enthält, dazu Ihr Verhalten in der Situation und die Katastrophe, die Ihrer Meinung nach eintritt, wenn Sie nicht waschen oder putzen. Malen Sie sich das Geschehen so lebhaft wie möglich aus, so als geschehe es jetzt im Augenblick tatsächlich und zeichnen Sie Ihre Schilderung auf Tonband auf.

Achten Sie darauf, in der Vorstellung nicht der tatsächlichen Konfrontation auszuweichen. Führen Sie bald, nachdem Sie Ihre Angst mit dieser Methode reduziert haben, eine tatsächliche Konfrontation herbei.

Ritualverhinderung bei Wasch- und Putzzwängen.
Wie an früherer Stelle erwähnt, haben zahlreiche Studien ergeben, daß Ritualverhinderung für eine erfolgreiche und dauerhafte Kontrolle des Zwangsverhaltens unumgänglich ist. Das folgende Programm zur Ritualverhinderung hat sich im Kampf gegen Wasch- und Putzzwänge als optimal erwiesen, wenn es zusammen mit der Konfrontationstechnik angewendet wird. Nehmen Sie es in Ihr Drei-Wochen-Programm auf und befolgen Sie es so strikt wie möglich.

Erste Woche. Während der ersten drei Tage dieser Woche dürfen Sie keinerlei Kontakt mit Wasser haben: Kein Händewaschen, kein Duschen, keine Reinigung von Gegenständen mit Wasser. Sie müssen den Kontakt mit Wasser über diese lange Zeitdauer vermeiden, um zu erkennen, daß Ihre Angst vor Ansteckung und Verseuchung sowie der Drang sich davon zu befreien abflaut, ohne daß Sie sich waschen oder reinigen müssen, und daß dennoch kein Unglück geschieht. Wenn der Kontakt mit Wasser absolut nicht zu verhindern ist, tragen Sie Gummihandschuhe.

Am vierten Tag dürfen Sie zehn Minuten lang duschen. Wenn Sie normalerweise beim Duschen ein Ritual einhalten, kehren Sie den Ablauf um. Wenn Sie Ihr Waschritual sonst mit den Füßen beginnen und sich zuletzt die Haare waschen, fangen Sie diesmal ihre Zehn-Minuten-Dusche mit der Kopfwäsche an. Wenn es Ihnen schwerfällt, die Dusche nach zehn Minuten zu beenden, sichern Sie sich den Beistand Ihrer Vertrauensperson, um Sie darauf aufmerksam zu machen, wann die zehn Minuten verstrichen sind. Kontaminieren Sie sich unmittelbar nach dem Duschen mit dem jeweiligen Gegenstand oder der Substanz, die Sie an diesem Tag in Ihrer Konfrontationstechnik üben.

Den Rest der Woche dürfen sie sich weiterhin nicht die Hände waschen oder mit Wasser in Berührung kommen. Am sechsten Tag ist wieder eine Dusche von zehn Minuten gestattet, unter Beachtung oben genannter Richtlinien.

Zweite Woche. In der zweiten Woche duschen Sie jeden zweiten Tag, jedoch nicht länger als zehn Minuten. In der übrigen

Zeit ist Händewaschen und jeglicher Umgang mit Wasser untersagt.

Dritte Woche. Während der dritten Woche dürfen Sie täglich zehn Minuten lang duschen und sich fünfmal täglich die Hände waschen, allerdings nicht länger als jeweils 30 Sekunden. Warten Sie nach Berühren eines verseuchten Gegenstands oder nach Benutzen der Toilette mindestens eine Stunde, bevor Sie sich die Hände waschen.

Befolgen Sie die Waschanweisungen der dritten Woche nach Beendigung des Drei-Wochen-Programms mindestens weitere drei Monate. Ihre normalen Haushaltstätigkeiten dürfen Sie wieder aufnehmen.

Programm zur Ritualverhinderung bei Wasch- und Putzzwängen

Erste Woche
- Kein Händewaschen oder Putzen
- Keine Berührung mit Wasser
- Am 4. und 6. Tag je eine Dusche von 10 Minuten Dauer. Kehren Sie jegliches Duschritual um; kontaminieren Sie sich unmittelbar nach dem Duschen wieder.
- Kein Händewaschen oder Putzen
- Keine andere Berührung mit Wasser

Zweite Woche
- Jeden zweiten Tag eine 10-Minuten-Dusche. Kehren Sie das eingefahrene Waschritual um: kontaminieren Sie sich unmittelbar nach jedem Duschen wieder.

Dritte Woche
- Fünf 30-Sekunden-Handwaschungen täglich, nie nach dem Berühren eines Gegenstands, von dem Kontamination droht, und nie nach dem Benutzen der Toilette.
- Kein Putzen
- Eine Zehn-Minuten-Dusche pro Tag; kontaminieren Sie sich unmittelbar nach dem Duschen wieder.

Einige Tips, wie Sie häufig auftretende Schwierigkeiten überwinden.
Die Ritualverhinderung schränkt einige Ihrer täglichen Hygienegewohnheiten erheblich ein. Hier einige Vorschläge zur Erleichterung:

1. Sie dürfen sich wie üblich die Zähne putzen. Allerdings müssen Sie darauf achten, daß Ihre Hände nicht mit Wasser in Berührung kommen. Tragen Sie aus diesem Grund Gummihandschuhe beim Zähneputzen.

2. Viele Patienten wollen nach Benutzen der Toilette eine Ausnahme des Händewaschverbots machen. Vielleicht beruhigt Sie der Gedanke, daß es in vielen Kulturen keineswegs üblich ist, sich nach dem Gang zur Toilette die Hände zu waschen; und kein Mensch wird deshalb krank. Vergessen Sie auch nicht, daß Sie Ihren Kontakt mit kontaminierten Substanzen während des Selbsthilfeprogramms übertreiben müssen. Um in absehbarer Zeit von Ihrem Wasch- und Putzzwang befreit zu sein, müssen Sie üben, es zu ertragen, sich längere Zeit nicht zu waschen. Dazu gehört auch, sich die Hände nach Benutzen der Toilette nicht zu waschen. Wenn Ihre Symptome abflauen und Sie sich neue, normale Waschgewohnheiten zugelegt haben, ist es Ihnen wieder gestattet, sich die Hände nach dem Gang zur Toilette zu waschen.

3. Wenn Sie sich durch Kot und Urin kontaminiert glauben, tragen Sie in der ersten Woche beim Benutzen der Toilette Handschuhe.

    Dadurch sind Sie keinem direkten Kontakt mit den hochgradigen Angstauslösern ausgesetzt, bevor Sie mit weniger bedrohlichen Situationen geübt haben. Vergessen Sie aber nicht:

    Am 13. oder 14. Tag – vorzugsweise früher – müssen Sie die Toilette mit bloßen Händen anfassen, ohne sich hinterher die Hände zu waschen.

Selbsthilfeprogramm bei Kontroll- und Wiederholungszwängen

Kontroll- und Wiederholungsrituale weisen in vielen Punkten Ähnlichkeiten auf. Beide dienen dem Bemühen, Katastrophen zu verhindern, die nach Überzeugung der Zwangskranken eintreffen, wenn sie nicht entsprechend ritualisieren. Der Unterschied besteht darin, daß Kontrollzwänge in einem Großteil der Fälle durch Situationen oder Handlungen ausgelöst werden. Wiederholungszwänge hingegen werden durch Gedanken, Bilder oder Impulse ausgelöst. Wenn Sie also unter Kontrollzwang leiden, sollte ihr Drei-Wochen-Programm den Konfrontationssituationen den größten Raum zuweisen. Leiden Sie unter Wiederholungszwang, ist es angebracht, intensiver mit der Vorstellungstechnik zu üben.

Konfrontation, Vorstellungstechnik und Ritualverhinderung.
In Kapitel 3 haben Sie eine Liste von Situationen, Gedanken und Bildern erstellt, die Ihren Zwang zu kontrollieren oder zu wiederholen auslösen. In diesem Kapitel haben Sie auch die Katastrophen genannt, die Ihrer Überzeugung nach eintreten, wenn Sie Ihre Zwangshandlungen nicht richtig ausführen. Benutzen Sie diese Tabellen 1, 2 und 3, um Ihr Drei-Wochen-Programm zusammenzustellen.

Ein Programm gegen Kontroll- oder Wiederholungsrituale ist anders strukturiert als ein Programm gegen Waschrituale. Es scheint schwieriger zu sein, zwischen Situationen oder Gedanken zu unterscheiden, die mäßig bedrohlich sind und solchen, die ein Höchstmaß an Bedrohung darstellen. Machen Sie sich darüber keine Sorgen. Beginnen Sie beliebig mit Situationen, Gedanken oder Vorstellungen, die mäßig bedrohlich auf Sie wirken.

Der Unterschied zwischen Konfrontation und Ritualverhinderung ist bei Kontroll- und Wiederholungsritualen nicht so deutlich sichtbar wie bei Waschritualen. Daher werden wir den Umgang mit beiden Techniken in einem Vorgang beschreiben. Da zur Erstellung dieser Programme weniger strenge Richtlinien einzuhalten sind, werden wir Ihnen mehrere Programmbeispiele für Kontroll- und Wiederholungsrituale geben.

Kontrollzwang beim Autofahren.
Angenommen, Sie haben beim Autofahren Angst, einen Fußgänger zu verletzen. Aus diesem Grund fahren Sie eine Strecke mehrmals entlang und halten Ausschau nach Verletzten oder Toten. Wenn Sie nach Hause kommen, untersuchen Sie die Reifen nach Blutspuren.

Sie hören die Nachrichten und lesen die Zeitung, um herauszufinden, ob die Polizei einen Autofahrer sucht, der Fahrerflucht begangen hat, nachdem er einen Fußgänger verletzt hat. Ihr Konfrontationsprogramm sieht in diesem Fall folgendermaßen aus:

Erster Tag: Lassen Sie sich von einer Person Ihres Vertrauens an eine relativ ruhige Straße fahren, auf der weit und breit kein Fußgänger zu sehen ist. Dort angekommen, setzen Sie sich ans Steuer und bitten Ihre Begleitperson, die Augen zu schließen, um zu verhindern, daß Sie sich auf ihn oder Sie verlassen, um einen verletzten Fußgänger auf der Straße zu entdecken. Fahren Sie eine halbe bis eine Stunde auf der stillen Landstraße, bis Ihr Unbehagen spürbar gesunken ist.

Zweiter Tag. Wiederholen Sie diese Übung auf etwas belebteren Straßen.

Dritter Tag. Wiederholen Sie die Fahrt vom ersten Tag allein, ohne Ihre Begleitperson.

Vierter Tag. Wiederholen Sie die Fahrt vom zweiten Tag allein.

Fünfter Tag. Fahren Sie mit Ihrer Begleitperson in die nächstgelegene Kleinstadt. Fahren Sie durch die Straßen der Stadt. Während Sie am Steuer sitzen, muß die Begleitperson die Augen geschlossen halten.

Sechster Tag. Wiederholen Sie die Übung vom fünften Tag allein.

Sollten Sie an einem Übungstag keine spürbare Verringerung Ihres Unbehagens verzeichnen, wiederholen Sie diese Übung am nächsten Tag noch einmal und verschieben Sie die Übung an der nächst bedrohlicheren Situation um einen Tag. Üben Sie weiterhin, belebte Straßen entlangzufahren, bis Ihnen diese Übung keine Schwierigkeiten mehr bereitet.

Während Sie an Ihrem Konfrontationsprogramm arbeiten, fällt Ihnen vermutlich auf, daß Sie ständig an Dinge denken wie: »Habe ich gerade jemand angefahren, der jetzt auf der Straße liegt und verblutet? Wenn ich umkehren und zurückfahren würde, könnte ich ihn retten.« Oder: »Wenn ich nicht umkehre und mich nicht um das Unfallopfer kümmere, das ich verletzt habe, stirbt der Verletzte. Ich komme wegen Fahrerflucht mit Todesfolge ins Gefängnis.« Wir bestärken Sie darin, diese Gedanken zuzulassen, sowohl während der Konfrontation, wie auch zwischen den Übungen. Wenn Sie sich auf diese Befürchtungen einlassen, führen Sie im Grunde ganz natürlich Übungen mit den Vorstellungen durch. Manche Menschen denken: »Ich setze mich ans Steuer und mache mir keine Gedanken darüber, was passiert.« Oder: »Wenn etwas passiert, sagt mein Beifahrer mir bestimmt Bescheid.« Sollten Sie ähnliche Gedanken haben, verhindern Sie damit, sich voll und ganz auf Ihre Besorgnis und Ängste zu konzentrieren.

Wenn Sie Katastrophengedanken meiden, raten wir Ihnen dringend, Übungen mit den Vorstellungen in Ihr Programm aufzunehmen. Befolgen Sie dabei die zuvor beschriebenen Schritte dieser Methode. Schreiben Sie einen vier bis fünf Seiten umfassenden Bericht, der möglichst genaue Details der befürchteten Katastrophe enthält. Ein Beispiel: Sie fahren eine verkehrsreiche Straße entlang und sind fest entschlossen, nicht umzukehren und nicht nachzusehen, ob Sie jemand verletzt haben. Tatsächlich haben Sie einen Fußgänger überfahren, ihn schwer verletzt, er stirbt und Sie werden von der Polizei gestellt. Sie werden vor Gericht gestellt und wegen Fahrerflucht mit Todesfolge verurteilt. Ihre Familie sitzt im Gerichtssaal und macht Ihnen bittere Vorwürfe, weil Sie ein Verbrechen begangen haben.

Sprechen Sie eine ausführliche Version dieses Berichts auf Band und hören Sie die Aufzeichnung wiederholte Male ab, bis Ihr Unbehagen sich deutlich reduziert hat.

Konfrontation und Ritualverhinderung gehen bei Menschen mit Kontrollzwängen stets Hand in Hand. Wenn Sie beispielsweise zur Übung eine Straße entlangfahren, ist das eine Konfrontationsübung; da es Ihnen untersagt ist, die Strecke zweimal zu fahren, hindern Sie sich zugleich an Ihrem Zwangsverhalten. Es gibt dennoch subtile Formen des Ritualisierens, wenn Sie beispielsweise einen schnellen Blick in den Rückspiegel werfen. Daher sollten Sie beim Autofahren folgende Maßnahmen zur Ritualverhinderung beachten:

1. Werfen Sie keinen Blick in den Rückspiegel, wenn Sie am Steuer sitzen. Der Blick in den Spiegel ist mit Prüfen gleichzusetzen und muß daher vermieden werden. Wenn Sie die Fahrspur wechseln müssen, benutzen Sie den Seitenspiegel oder werfen Sie einen schnellen Blick über die Schulter.
2. Fahren Sie während der gesamten Übungszeit keine Strecke zweimal.
3. Überprüfen Sie nicht die Reifen Ihres Wagens, wenn Sie nach Hause kommen.
4. Hören Sie keine Nachrichten im Radio oder Fernsehen und lesen Sie während des gesamten Übungsprogramms keine Zeitung.
5. Vermeiden Sie es, Familienmitgliedern oder Freunden Fragen zu Ihrem Programm zu stellen.

Sicherheitskontrollen.
Die häufigsten Kontrollhandlungen beziehen sich auf die häusliche Sicherheit und äußern sich im wiederholten Überprüfen von Türen, Fenstern, Elektrogeräten, Wasserhähnen, Lichtschaltern sowie des geparkten Wagens. Solche Kontrollhandlungen können allesbeherrschend sein und hunderte verschiedener Aktivitäten am Tag betreffen. Türen und Fenster werden überprüft, um Familie und Haus vor Einbrechern zu schützen. Elektrogeräte und Steckdosen werden überprüft, um Brände zu verhindern. Das Auto wird überprüft, um Unfälle zu vermeiden.

Wenn auch Sie unter diesen Ängsten und Ritualen leiden, fragen Sie sich möglicherweise: »Wo soll ich denn anfangen?« Das folgende von uns zusammengestellte Programm kann Ihnen als nützliches Modell zur Erstellung Ihres eigenen Programms dienen.

Angenommen, Sie müssen jedes Mal, wenn Sie das Haus verlassen, eine Stunde lang die Haustür überprüfen. Das Überprüfen der Fenster dauert eine halbe Stunde, zehn Minuten verbringen Sie mit der Überprüfung der Elektrogeräte, drei Minuten mit den Lichtschaltern. Bevor Sie schlafen gehen, verbringen Sie eine Stunde damit, sämtliche Vorrichtungen noch einmal zu kontrollieren. Es fällt Ihnen außerdem schwer, aus dem Auto auszusteigen, ohne wiederholte Male Handbremse, Fenster, Türen und Scheinwerfer zu überprüfen. Vor jedem Aussteigen aus dem Auto verbringen Sie eine Viertelstunde mit diesen Kontrollhandlungen.

Wir raten Ihnen, mit den zeitraubendsten Ritualen zu beginnen.

Erster Tag. Gehen Sie durch alle Zimmer, bevor Sie das Haus verlassen. Werfen Sie einen Blick auf jedes Fenster, ohne die Griffe zu berühren und ohne sie ein zweites Mal zu überprüfen. Elektrogeräte, Lichtschalter und Wasserhähne dürfen Sie in der üblichen Weise kontrollieren. Halten Sie sich bei letztgenannten Kontrollen nicht länger auf als üblich, um die fehlende Überprüfung der Fenster wettzumachen. Verlassen Sie danach das Haus. Nachdem Sie die Haustür verschlossen haben, vergewissern Sie sich, ob sie verschlossen ist, indem Sie die Klinke drücken oder ein wenig an der Tür rütteln. Dann setzen Sie sich unverzüglich ins Auto, fahren weg und machen mindestens eine Stunde lang Besorgungen.

Wiederholen Sie diesen Handlungsablauf vier bis fünfmal an diesem Tag.

Abends dürfen Sie Ihre üblichen Kontrollgänge durchführen mit Ausnahme von Fenstern und Haustür. Überprüfen Sie an diesem Abend kein einziges Fenster. Nachdem Sie die Haustür verschlossen haben, vergewissern Sie sich, ob sie verschlossen ist, indem Sie die Türklinke nur einmal drücken oder leicht an der Tür rütteln.

Zweiter Tag. Überprüfen Sie keine Elektrogeräte oder Steckdosen, bevor Sie das Haus verlassen. Auf die Fenster werfen Sie keinen einzigen Blick. Verlassen Sie das Haus wie am Tag zuvor. An diesem Abend wie an jedem folgenden Abend kontrollieren Sie die Haustür, indem Sie nur einmal die Türklinke drücken oder einmal an der Tür rütteln. Es ist nicht gestattet, andere Vorrichtungen oder Geräte zu überprüfen.

Dritter Tag. Wiederholen Sie die Aktivitäten vom zweiten Tag. Heute werden zudem weder Lichtschalter noch Wasserhähne überprüft. An diesem Tag besteht Ihre Hauptaufgabe darin, das Haus vier- bis fünfmal jedesmal eine Stunde lang zu verlassen — ohne jegliche Kontrollhandlungen.

Vierter Tag. Führen Sie die Übung vom dritten Tag fort. Vor Verlassen des Hauses schalten Sie jedesmal den Küchenherd an. Bei Ihrer Rückkehr schalten Sie den Herd wieder ab, ohne ihn erneut zu überprüfen und verlassen die Küche unverzüglich. Bevor Sie das Haus das nächste Mal verlassen, schalten Sie den Herd wieder an.

Jedes Mal, wenn Sie das Haus verlassen, entfernen Sie sich mit dem Auto eine größere Strecke von Ihrem Haus, parken den Wagen und verschließen die Türen. Kontrollieren Sie den Griff jeder Tür nur einmal. Entfernen Sie sich vom Wagen, so daß Sie ihn mindestens eine halbe Stunde nicht sehen können.

Verlassen Sie Ihr Haus und Ihren Wagen an diesem Tag vier- bis fünfmal.

Fünfter Tag. Wiederholen Sie sämtliche Aktivitäten vom vierten Tag. Zusätzlich drehen Sie zwei Wasserhähne im Haus leicht an, so daß sie während Ihrer Ausgänge an diesem Tag tropfen.

Wiederholen Sie diese Handgriffe jeden Tag, bis sie Ihnen nicht mehr schwerfallen. Vermutlich bemerken Sie eine Menge weiterer Punkte Ihrer Prüfrituale: daß Sie etwa den Wecker in genügender Sicherheitsentfernung vom Tischrand stellen; daß Sie prüfen, ob der Deckel der Tiefkühltruhe fest verschlossen ist; daß Sie prüfen, ob Sie Ihre Schecks korrekt ausgefüllt haben. Da Sie nunmehr keine Zeit auf Ihre primären Prüfrituale verwenden müssen, können Sie daran arbeiten, die anderen Gewohnheiten zu verändern. Kehren Sie Gewohnheiten wenn möglich um. Stellen Sie den Wecker möglichst nahe an den

Tischrand. Plazieren Sie das Gefriergut im Beisein Ihrer Vertrauensperson möglichst nahe an den Deckel der Tiefkühltruhe. Schreiben Sie Schecks so schnell wie möglich aus und bringen sie sofort zum Briefkasten.

Während Ihres Programms werden Sie vermutlich von Zwangsgedanken über befürchtete Katastrophen gequält. Wenn Sie das Haus verlassen, ohne die elektrischen Anschlüsse und die Haustür mehrmals zu überprüfen, denken Sie vielleicht: »Es kann jederzeit jemand einbrechen, die Wertsachen meiner Familie stehlen und das ganze Haus ausräumen. Dadurch stürzen meine Familie und ich in Armut und Elend.« Oder: »Das Haus brennt ab und alles ist zerstört, wofür wir jahrelang gearbeitet haben.«

Versuchen Sie nicht, diese Gedanken zu verdrängen, mögen sie noch so quälend und schmerzhaft sein. Im Gegenteil: Beschäftigen Sie sich so lange und intensiv wie möglich damit. Auf diese Weise praktizieren Sie auf ganz natürliche Weise die Vorstellungstechnik. Wenn Sie jedoch feststellen, daß Sie diese

---

Allgemeine Regeln für ein Programm gegen Kontrollzwänge

1. Machen Sie eine Liste Ihrer wichtigsten Kontrollhandlungen.
2. Beginnen Sie Ihr Programm mit dem Aufgeben des Rituals, das am wenigsten zeitraubend ist und arbeiten Sie sich systematisch zu den zeitraubenderen vor.
3. Üben Sie in der ersten Woche stufenweise Konfrontationssituationen; beginnen Sie mit Dingen, die Sie mit ›circa 50‹ auf Ihrer Angstskala bewertet haben.
4. Nehmen Sie sich eine spezielle Kontrollhandlung vor und beschließen Sie, damit Schluß zu machen.
5. Wenn Sie bemerken, daß Sie den Gedanken an die befürchteten Katastrophen ausweichen, planen Sie die Vorstellungstechnik in Ihr Programm ein.
6. Achten Sie auf Ihren Tagesablauf und kehren Sie eingefahrene Gewohnheiten um.

Gedanken verdrängen und nur mit Ihren Zwangsritualen beschäftigt sind, müssen Sie zusätzliche Übungen mit Vorstellungen in Ihr Selbsthilfeprogramm einbauen.

Befolgen Sie die in diesem Kapitel beschriebene Vorstellungstechnik. Beginnen Sie damit, einen vier bis fünf Seiten umfassenden Bericht über Ihre befürchtete Katastrophe zu verfassen. Sprechen Sie diesen Bericht auf Kassette und hören Sie das Band täglich 45 Minuten lang an, bis Sie eine signifikante Reduzierung Ihrer Angst feststellen. Danach gehen Sie zu einem zweiten Szenario über: Erfinden Sie eine Geschichte, die sich auf Ihre Angst bezieht (etwa: Ihr Haus brennt ab oder ein Kind setzt sich ans Steuer Ihres Autos, löst die Handbremse und verursacht einen schweren Unfall, nur weil Sie es versäumt haben, die Wagentüren ordnungsgemäß zu überprüfen).

Wiederholungszwänge.
Wiederholungszwänge werden häufig durch Gedanken oder Bilder ausgelöst. Daher sollte ein Programm zur Überwindung stets auch Übungen mit entsprechenden Vorstellungen beinhalten, wobei der Schwerpunkt der Übungen auf Konfrontationen und Ritualverhinderung liegen soll. Wenn Sie Wiederholungshandlungen ausführen müssen, um sich und Ihre Lieben vor Schaden zu bewahren, nehmen Sie folgendes Beispiel als Modell zur Ausarbeitung Ihres Drei-Wochen-Programms:

Angenommen, Sie haben den Zwangsgedanken, daß etwas Schreckliches passiert, wenn Sie an den Namen Ihres Bruders Jim oder Ihrer Frau Jane denken (der/die Betreffende stirbt oder wird schwer krank). Sie lesen keine Bücher und keine Zeitungen mehr, Sie hören nicht Radio, schalten den Fernseher nicht an, aus Angst, diese Namen zu lesen oder zu hören und dadurch Krankheit oder Tod der Betreffenden zu verschulden. Diese Schutzmaßnahmen sind jedoch nicht ausreichend, denn Ihrem Zwangsgedanken zufolge kann Ihr Bruder oder Ihre Ehefrau auch sterben, wenn Sie bloß an ihre Namen *denken*. Da Sie sich verständlicherweise Sorgen um sie machen, können Sie ihre Namen nicht aus Ihren Gedanken verbannen. Sie brauchen zusätzliche Hilfsmaßnahmen, um sie zu schützen und entwickeln daher ein ritualisiertes System. Mit Hilfe von

Ritualen machen Sie Ihre Gedanken auf magische Weise ungeschehen:

Sie müssen die Tätigkeit wiederholen, mit der Sie im Augenblick, da Sie die Namen der Betreffenden denken, beschäftigt sind. Wenn Sie beispielsweise gerade einen Schluck Kaffee trinken, müssen Sie die Tasse abstellen, sie wieder an die Lippen setzen und trinken, so lange, bis der Gedanke verbannt ist. Sie müssen auch zählen, wie oft Sie die Handlung wiederholen, weil Sie davon überzeugt sind, daß die Zahl 3 und jede Verbindung mit ihr Unglück bringt. Sie müssen also darauf achten, daß die Zahl der Wiederholungen einer Handlung keine Beziehung zur Zahl drei hat.

Hier Ihr Programm:

Erster Tag. Schreiben Sie die Namen *Jim* und *Jane* fünfundvierzig Minuten lang auf; hören Sie eine halbe Stunde Radio oder sehen Sie fern; lesen Sie eine halbe Stunde Zeitung und suchen dabei nach den Namen Jim und Jane. Wiederholen Sie keine anderen Rituale, als die Namen Jim und Jane zu schreiben.

Zweiter Tag. Schreiben Sie 45 Minuten lang den Satz: »Jim und Jane werden sterben, weil ich 3333mal ihre Namen schreibe.« Hören Sie wieder eine halbe Stunde Radio oder sehen Sie fern und lesen eine halbe Stunde lang Zeitung und suchen nach den Namen Jim und Jane.

Dritter Tag. Kaufen Sie das Buch *Jane Eyre* von Emily Brontë. Lesen Sie 40 Minuten lang in dem Buch, achten Sie auf die Seiten, in denen der Name Jane auftaucht. Schreiben Sie 333mal den Namen Jane. Tragen Sie das Blatt Papier den ganzen Tag bei sich. Sehen Sie es sich so oft wie möglich an. Üben Sie weiterhin die Aufgaben Radiohören, Fernsehen und Zeitungslesen.

Vierter Tag. Kaufen Sie das Buch *Die Schatzinsel* von Jack London. Befolgen Sie die Anweisungen für den dritten Tag, nunmehr für den Namen Jim. Führen Sie Ihre Übungen mit den Medien weiter.

Fünfter Tag. Denken Sie an den Namen Jim oder Jane, während Sie mit verschiedenen Aktivitäten beschäftigt sind und führen Sie jede Aktivität so oft durch, daß sie mit drei zu multiplizieren ist. Beispiel: Denken Sie an den Namen Jane, während Sie ruhig im Stuhl sitzen. Stehen Sie auf, während Sie weiterhin an den Namen Jane denken. Nun wiederholen Sie diesen Vorgang des Hinsetzens und Aufstehens neun Mal. Stehen Sie auf und holen Sie die Zeitung vom Tisch.

Denken Sie dabei an den Namen Jim und legen Sie die Zeitung wieder auf den Tisch. Wiederholen Sie diese Aktion dreimal. Denken Sie an den Namen Jim, während Sie vom Eßzimmer ins Wohnzimmer gehen. Wiederholen Sie den Vorgang sechsmal. Wiederholen Sie ähnliche Aktivitäten insgesamt 45 Minuten lang. Üben Sie außerdem weiterhin Ihre Aufgaben mit den Medien.

Üben Sie weiterhin, an die Namen Jane und Jim zu denken, während Sie Aktivitäten so oft wiederholen, daß die Gesamtzahl eine Multiplikation der Zahl drei ergibt, solange, bis Ihre Angst sich legt.

Um die Vorstellungstechnik in diesem Programm zu üben, beziehen Sie sich auf die zuvor beschriebenen Schritte. Ein Beispiel: Sie haben die Namen Jane und Jim in ihrer Häufigkeit nicht richtig benutzt, den Betreffenden also absichtlich Ihren Schutz verweigert.

Beide erkranken unheilbar an Krebs und sterben bald. Das ist Ihre Schuld. Ihre Eltern erfahren, was geschehen ist. Sie sind sehr traurig und machen Sie für den Tod der beiden verantwortlich. Wenn Ihre Zwangsgedanken Einzelheiten darüber enthalten, wie Jane und Jim krank werden und sterben, so führen Sie diese Geschichte genau aus und machen eine Tonbandaufzeichnung davon.

Wenn Ihre Geschichte sehr kurz ist, weil Ihre Zwangsgedanken keine Details enthalten, wie Jane und Jim sterben, verwenden Sie eine Tonbandschleife, wie in Kapitel 4 beschrieben, und sprechen den Satz auf Band: »Jim und Jane werden sterben, weil ich sie nicht beschütze.«

Hören Sie die Tonbandschleife 45 Minuten täglich an, bis Ihre Angst sich deutlich verringert hat.

Allgemeine Regeln für ein Programm gegen Wiederholungszwänge

1. Identifizieren Sie den Gedanken, das Bild oder den Impuls, der Ihren Zwangsgedanken auslöst.
2. Erstellen Sie Konfrontationsübungen, in denen Sie diese Gedanken und Bilder ständig wiederholen oder indem Sie sie immer wieder, 30 bis 45 Minuten lang, aufschreiben. Machen Sie in dieser Zeit keine Unterbrechung.
3. Begeben Sie sich in Situationen, die Ihre Zwangsgedanken auslösen und konfrontieren Sie sich mindestens 30 Minuten lang.
4. Achten Sie sehr genau auf Ihre täglichen Aktivitäten. Wenn Sie zögern, sich einer Situation auszusetzen oder etwas zu tun, nehmen Sie die Situation oder Aktivität in Ihr Übungsprogramm auf.
5. Achten Sie auf Wiederholungsmuster und kehren Sie diese um. Wenn Sie eine Tätigkeit siebenmal wiederholen müssen und das Wiederholen dreimal vermeiden, kehren Sie diese Regel um. Wiederholen Sie die Tätigkeit dreimal und vermeiden Sie das Wiederholen siebenmal.
6. Üben Sie die Vorstellungstechnik. Wenn Ihre Zwangsgedanken Einzelheiten der befürchteten Katastrophe aufweisen, fertigen Sie davon ausführliche Tonbandaufzeichnungen an. Wenn Ihre Zwangsgedanken nur kurze Gedanken oder Bilder beinhalten, fertigen Sie eine Tonbandschleife an. In beiden Fällen üben Sie die Vorstellungstechnik 45 Minuten ohne Unterbrechung.

Selbsthilfeprogramm gegen Ordnungszwänge

Das Selbsthilfeprogramm gegen Ordnungszwänge ist relativ einfach, da die meisten Betroffenen nicht von der Vorstellung gepeinigt sind, es komme zu Katastrophen, wenn ihre Ordnung zerstört wird. Sollten auch Sie unter Ordnungszwängen leiden, wird Ihnen vermutlich sehr unbehaglich, wenn die Dinge nicht geordnet sind. Sie glauben, dieses Unbehagen lege sich erst, wenn Sie die ursprüngliche Ordnung wiederhergestellt haben.

Das Drei-Wochen-Programm hat das Ziel, Ihnen zu der Erkenntnis zu verhelfen, daß Ihr Unbehagen sich legt, obwohl Sie nicht nach gewohntem Muster Ordnung schaffen. Im allgemeinen besteht ein Selbsthilfeprogramm gegen Ordnungszwänge vorwiegend aus Konfrontation und Ritualvermeidung. Die Vorstellungstechnik ist nur selten nötig.

Schlagen Sie Tabelle 1 aus Kapitel 3 auf. Beginnen Sie mit der Situation, die mäßiges Unbehagen (circa 50) auslöst und verwenden Sie folgendes Beispiel als Modell, um Ihr eigenes Programm zu erstellen. Sollten Sie es nicht ertragen können, wenn die exakte Ordnung Ihrer Bücher gestört ist, wenn Ihre Bettdecke Falten wirft, wenn Ihre Nippsachen berührt oder ein wenig verschoben werden, wenn andere Leute Ihre Eßzimmerstühle zurechtrücken, befolgen Sie nachstehende Schritte:

Erster Tag. Bitten Sie Ihre Vertrauensperson, Ihre Bücher umzustellen und die perfekte Ordnung zu zerstören. Setzen Sie sich vor Ihr Bücherregal und betrachten Sie das neue Arrangement zwanzig bis vierzig Minuten lang oder so lange, bis Ihr Unbehagen erheblich gesunken ist. Lassen Sie die Unordnung in Ihrem Bücherregal bestehen und betrachten Sie sie vier- bis fünfmal am Tag jeweils mindestens zehn Minuten lang oder so lange, bis Ihr Unbehagen sich gelegt hat.

Zweiter Tag. Sollten Sie nach wie vor über die Unordnung in Ihrem Bücherregal beunruhigt sein, nehmen Sie sich an diesem Tag erneut vier- bis fünfmal je zehn Minuten Zeit, um das Chaos eingehend zu betrachten. Bitten Sie Ihre Vertrauensperson, Ihr Bett in Unordnung zu bringen, die Schubladen Ihrer Kommode zu durchwühlen und sie halb offen stehen zu lassen. Verändern Sie nichts am Aussehen Ihres Schlafzimmers. Nun befolgen Sie die Anweisungen vom ersten Tag.

Dritter Tag. Bitten Sie Ihre Vertrauensperson, die Möbel in Ihrem Wohnzimmer umzustellen, und zwar so, daß es Ihnen nicht gefällt. Lassen Sie die Möbel zwei Wochen an diesem neuen Platz. Auch das Bücherregal bleibt, wie es ist, Ihr Bett wird nicht gemacht und die Schubladen Ihrer Kommode bleiben durchwühlt und halb geöffnet. Bringen Sie Ihr Haus weiterhin in Unordnung, bis Ihr Unbehagen abflaut.

Lassen Sie auch nach Beendigung des Programms eine Ecke ihrer Wohnung in Unordnung. Plazieren Sie Dinge absichtlich so, daß Ihnen das Arrangement mißfällt. Wenn Sie beispielsweise großen Wert auf Symmetrie legen, sorgen Sie für Asymmetrie.

Wenn die linke Vorhangseite genau mit der rechten Seite übereinstimmen muß, sorgen Sie dafür, daß die beiden Teile auffallend ungleich sind. Wenn Vasen auf dem Fenstersims in exakt gleichen Abständen vom Rand stehen müssen, stellen Sie die Gefäße in unterschiedlichen Abständen auf. Dann betrachten Sie diese Unordnung, bis Sie feststellen, daß Ihr Unbehagen stark abgeflaut ist.

Allgemeine Regeln für ein Programm gegen Ordnungszwänge
1. Identifizieren Sie die ›Unordnung‹, die erhebliches Unbehagen bei Ihnen auslöst.
2. Bitten Sie Ihre Vertrauensperson, Unordnung in Ihrem Heim zu schaffen. Jeden Tag soll er oder sie einen Raum in Unordnung bringen. Legen Sie vier bis fünf Zeiträume während des Tages fest, um die in Unordnung gebrachten Räume ohne Unterbrechung anzusehen. Die Dauer solcher Zeiträume ist unterschiedlich. Bleiben Sie so lange in jedem Raum, bis Sie eine erhebliche Reduzierung Ihres Unbehagens verzeichnen.
3. Lassen Sie Ihr Heim während der gesamten Dauer des Programms in diesem Zustand der Unordnung.
4. Sorgen Sie dafür, daß in einigen Ecken Ihrer Wohnung nie aufgeräumt wird.

Selbsthilfeprogramm gegen Sammelzwänge

Wenn Sie unter Sammelzwang leiden und ernsthaft bereit sind, sich von Ihren nutzlosen Sammlungen zu trennen, beginnen Sie Ihr Programm mit der Vorstellungstechnik. Befolgen Sie dabei die vorangegangenen Instruktionen dieses Kapitels. Verfassen Sie eine vier bis fünf Seiten umfassende Geschichte über mögliche Katastrophen, die eintreten können, weil Sie etwas weggeworfen haben, das Sie jetzt brauchen.

Beispiel: Sie sammeln Zeitungsartikel, da Sie glauben, einen bestimmten Artikel in einigen Jahren zu brauchen, um mit Ihren Freunden über ein Thema zu diskutieren. Acht Jahre später haben Sie Freunde zum Abendessen eingeladen. Jemand beginnt ein Gespräch über den Treibhauseffekt. Sie erinnern sich, vor Jahren einen sehr informativen Artikel über dieses Thema gelesen zu haben und werden sehr nervös, weil Sie sich nicht erinnern, was in diesem Artikel stand. Wenn Sie damals Ihre Zeitungsausschnitte nicht weggeworfen hätten, könnten Sie sich jetzt auf den Artikel beziehen und einen fundierten Gesprächsbeitrag leisten. Stattdessen beteiligen sich alle anderen lebhaft an der Diskussion und Sie ärgern sich, nichts beisteuern zu können. Hätten Sie damals bloß den Artikel aufbewahrt, würden Sie jetzt keinen so hilflosen Eindruck machen. Sprechen Sie diese Geschichte auf Kassette und üben Sie die Vorstellungstechnik, bis Ihre Nervosität deutlich abgeflaut ist.

Nun sichern Sie sich die Unterstützung Ihrer Vertrauensleute. Setzen Sie täglich neue Ziele, was Sie wegwerfen wollen. Es ist extrem schwierig, diese Phase des Programms alleine durchzuführen. Die Hilfe Ihrer Freunde wird Ihren Fortschritt erleichtern. Setzen Sie die Übung fort, jeden Tag etwas wegzuwerfen, bis Sie sich endgültig von Ihren wertlosen Sammlungen getrennt haben.

Allgemeine Regeln für ein Programm gegen Sammelzwänge
1. Beginnen Sie Ihr Programm mit der Vorstellungstechnik. Fertigen Sie mehrere Tonbandaufzeichnungen an.
2. Üben Sie mindestens zwei Stunden pro Tag und hören Sie Ihre Tonbänder ab. Versuchen Sie, sich die Ereignisse so leb-

haft wie möglich auszumalen und tun Sie nichts, um Ihre Nervosität und Unruhe zu beschwichtigen.
3. Erstellen Sie eine Liste Ihrer Sammlungen und bestimmen Sie, von welchen Dingen Sie sich trennen wollen.
4. Sichern Sie sich die Unterstützung Ihrer Vertrauenspersonen und setzen Sie sich tägliche Ziele, was Sie von Ihren Sammlungen wegwerfen.

Selbsthilfeprogramm gegen Denkzwänge

Denkzwängen ist am schwierigsten beizukommen, weil wir weniger Kontrolle über unsere Gedanken als über unsere Handlungsweisen haben. Wenn Sie unter Denkzwängen leiden, können Sie mit Hilfe der Reaktionsverhinderung fortwährend Ihre zwanghaften Gedanken fixieren, um keine Gelegenheit zu haben, sich in darauffolgenden Denkzwängen zu verstricken. Beispiel: Wenn Sie gewohnt sind, zwanghaft Gebete zu sprechen, immer wieder gute Zahlen zu denken, um ein Unglück abzuwenden, oder gute Gedanken zu haben, um schlechte Gedanken ›ungeschehen‹ zu machen, befolgen Sie die folgenden Leitlinien zur Erstellung Ihres eigenen Drei-Wochen-Programms.

Allgemeine Regeln für ein Programm gegen Denkzwänge
1. Fertigen Sie eine Tonbandaufzeichnung für Ihre Vorstellungen an. Verfassen Sie einen vier bis fünf Seiten umfassenden Bericht, in dem Sie die Katastrophen schildern, die eintreffen, wenn Sie Ihre zwanghaften Gedanken nicht durch Denkrituale ungeschehen machen. Wenn Sie sich beispielsweise Sorgen machen, jemand beleidigt zu haben und im Gebet zwanghaft um Vergebung bitten, könnte Ihre Tonbandaufzeichnung eine Begebenheit schildern, in der Sie gemein und unhöflich zu Ihrem Chef waren, seine Gefühle verletzt haben, so daß er Ihren Kollegen davon berichtet und jeder Sie nun für einen schlechten Menschen hält. Hören Sie die Tonbandaufzeichnung ab.

2. Denken Sie sich Geschichten aus, die auf sämtliche Zwangsgedanken Bezug nehmen.
3. Beschäftigen Sie sich zu keiner Zeit absichtlich mit Ihren Denkzwängen.
4. Wenn Zwangsgedanken spontan einsetzen, tun Sie folgendes:
   - Stoppen Sie die Gedanken sofort.
   - Rufen Sie die zwanghaften Bilder oder Gedanken bewußt herbei.
   - Geben Sie sich zwanghaften Gedanken solange hin, bis sich Ihre Angst beträchtlich verringert hat.

Was tue ich, wenn ich mehr als ein Ritual habe?

Viele Zwangskranke haben sich mehr als ein Ritual zur Gewohnheit gemacht. In den meisten Fällen ist allerdings *ein* Ritual vorherrschend. Identifizieren Sie zunächst Ihr Hauptritual, wobei Sie sich auf Tabelle 5 in Kapitel 3 beziehen. Beginnen Sie Ihr Programm mit diesem häufigsten Ritual und beschäftigen Sie sich in der ersten Woche ausschließlich damit. Wenn Sie am Ende der ersten Woche eine beträchtliche Verringerung Ihrer Angst und Ihres Drangs zum Zwangsverhalten feststellen, befassen Sie sich in der zweiten Woche mit dem zweithäufigsten Ritual. Falls Sie am Ende der ersten Woche nach wie vor den starken Drang zu ritualisieren verspüren, fahren Sie bis Mitte oder Ende der zweiten Woche fort, an Ihrem Hauptritual zu arbeiten. Erst dann nehmen Sie das zweite Ritual in Ihr Programm auf. Es ist kaum anzunehmen, daß Sie innerhalb von drei Wochen mehr als zwei Rituale erfolgreich bearbeiten und ausschalten können, es sei denn, die Störungen sind nicht gravierend und erfordern wenig Zeitaufwand und Aufmerksamkeit. Falls nötig, verlängern Sie Ihr Programm um eine Woche, um Ihre restlichen Symptome ebenfalls zu beseitigen.

Der Umgang mit Rückschlägen

Selbst wenn Sie das Drei-Wochen-Programm erfolgreich durchgearbeitet haben, werden Sie gelegentliche Rückschläge erleiden, in denen einige Ihrer Symptome wiederkehren. Eingefahrene Gewohnheiten sind schwer abzulegen; und Rituale sind sehr stark eingefahrene Gewohnheiten. Untersuchungen haben ergeben, daß 20% der Teilnehmer an Programmen der kognitiven Verhaltenstherapie einige ihrer Fortschritte im Laufe der Zeit wieder einbüßen. Diese Zahl darf Sie jedoch nicht entmutigen; sie liegt wesentlich niedriger als die Zahl der Rückfälle bei Menschen, die das Rauchen aufgeben oder die nach erfolgreicher Diät wieder Gewicht zunehmen. Wie bei allen Gewohnheiten erfordert das Aufbrechen alter Muster und das Erstellen neuer Muster Beharrlichkeit und Willenskraft.

Bei Rückfällen liegen gewöhnlich drei Gründe vor. Der Hauptgrund liegt im Nichtbeachten eines Anschlußprogramms. Um Rückschläge zu vermeiden, ist eine Fortsetzung der Arbeit angebracht. Beherzigen Sie dabei folgende Ratschläge: Nehmen Sie jede Gelegenheit wahr, um Konfrontationssituationen zu üben. Wann immer Sie den Wunsch verspüren, einer Situation auszuweichen, finden Sie einen Weg, diese Situation zu konfrontieren.

Zweitens stellen sich in streßreichen Zeiten mit größerer Wahrscheinlichkeit alte Symptome wieder ein. Wenn Sie im Beruf oder im Privatleben vermehrtem Druck ausgesetzt sind oder wenn ein Ihnen nahestehender Mensch krank wird oder stirbt, kann diese Belastung Ihre Anfälligkeit für Zwangsstörungen wieder erhöhen.

Drittens stellen sich bei denjenigen mit größerer Wahrscheinlichkeit Rückschläge ein, die sich nicht mit sämtlichen bedrohlichen Situationen in ihrem ursprünglichen Selbsthilfeprogramm konfrontiert haben. Das war bei Stephanie der Fall, die durch Kontrollzwänge dafür sorgen mußte, daß die Dinge in ihrer Umgebung reibungslos verliefen. Sie setzte sich mit nahezu allen Ängsten durch Konfrontation und Ritualverhinderung auseinander und konnte dadurch ihre Symptome völlig unter Kontrolle bekommen. Allerdings weigerte sie sich, ihre Angst, einen Fußgänger anzufahren, direkt zu bearbeiten. Sie setzte sich nur dann ans Steuer ihres Wagens, wenn jemand auf dem Beifahrersitz saß, der ihr versichern konnte, daß sie niemand verletzt oder getötet hatte.

Sechs Monate lang war Stephanie völlig symptomfrei und konnte ein normales Leben führen. Dann stellten ihre Symptome sich allmählich wieder ein. Aus diesem Rückfall lernte Stephanie, daß sie das aufrichtige *Bedürfnis* haben mußte, *sämtliche* Symptome aufzugeben. Solange sie das nicht schaffte, würde sie immer einen Rest ihrer Störung zurückbehalten.

Wenn Sie also einen Rückschlag erleiden, lassen Sie sich nicht entmutigen. Entmutigung führt häufig zu totalem Rückfall in alte Gewohnheiten. Nehmen Sie einen Rückschlag vielmehr als Signal, Ihr ursprüngliches Selbsthilfeprogramm erneut aufzunehmen und eine Woche daran zu arbeiten. Dadurch gewinnen Sie wieder Boden unter den Füßen und können Rückfälle wettmachen.

Das Nachfolgeprogramm

Wenn Sie die Anweisungen für das Drei-Wochen-Programm befolgt haben, werden Sie wahrscheinlich nur noch selten, wenn überhaupt, den Drang zu ritualisieren verspüren. Möglicherweise bemerken Sie aber in bestimmten Situationen oder bei bestimmten Gedanken noch Reste Ihrer zwanghaften Befürchtungen. Diese Ängste verlieren immer mehr an Heftigkeit, wenn Sie die Anweisungen von Konfrontation, Vorstellungstechnik und Ritualverhinderung befolgen.

Eine Zeitspanne von drei Wochen reicht aus, um mit einer alten Gewohnheit zu brechen und sich neue Gewohnheiten zuzulegen. Sie reicht *nicht* aus, um sich vollständig von alten Gewohnheiten zu trennen und neue Gewohnheiten fest zu etablieren. Wenn Sie die Anweisungen zur Ritualverhinderung weiterhin genau befolgen, werden Sie Ihre Gewohnheiten festigen, bis sie Ihnen in Fleisch und Blut übergegangen sind.

Hier einige zusätzliche Vorschläge, die Ihnen helfen, Ihre Fortschritte zu festigen und beizubehalten.

Bei Waschritualen
1. Nehmen Sie jede Gelegenheit in Ihrem Alltag wahr, um Konfrontationen zu üben. Je mehr Kontakt Sie mit ehemaligen Giftstoffen pflegen, desto schneller können Sie sich von Reststörungen befreien.
2. Waschen Sie sich die Hände nicht öfter als fünfmal am Tag und jedesmal nicht länger als 30 Sekunden.
3. Verwenden Sie zum Händewaschen keine Seife, es sei denn Ihre Hände sind sichtbar schmutzig.
4. Sie sollten Ihre Hände nur waschen nach Benutzen der Toilette, vor dem Umgang mit Lebensmitteln oder wenn Ihre Hände sichtbar schmutzig sind.
5. Duschen Sie nicht länger als zehn Minuten pro Tag. Unterlassen Sie während des Duschens jegliche Rituale.

Bei anderen Ritualen
1. Bei Kontrollzwang. Überprüfen Sie Fenster, Türen und den Küchenherd nicht öfter als einmal, bevor Sie das Haus verlassen oder bevor Sie zu Bett gehen. Das Überprüfen anderer Vorrichtungen ist untersagt.
2. Bei Wiederholungszwang. Von Zeit zu Zeit sollten Sie absichtlich Gedanken oder Bilder heraufbeschwören, die Sie früher in Unruhe versetzten. Bewahren Sie sich davor, irgendwelche Handlungen zu wiederholen.
3. Bei Ordnungszwang. Lassen Sie absichtlich bestimmte Bereiche in Ihrem Heim in Unordnung. Verändern Sie von Zeit zu Zeit den Standort von Dekorationsgegenständen. Lassen Sie zu, daß andere Leute geringfügige Veränderungen der Einrichtungsgegenstände in Ihrer Wohnung vornehmen, ohne sie sofort wieder rückgängig zu machen.
4. Bei Sammelzwang. Machen Sie es sich zur Gewohnheit, täglich unnötige Dinge fortzuwerfen.
5. Bei Denkzwang. Beschwören Sie von Zeit zu Zeit Gedanken oder Bilder herauf, die Sie früher beunruhigten, ohne in Ihre früheren Denkrituale zu verfallen.

Was ist, wenn ich keine Fortschritte mache?

Die überwiegende Mehrheit von Zwangskranken, die ein Programm der kognitiven Verhaltenstherapie durcharbeiten, erleben eine systematische Reduzierung ihrer Zwangsgedanken und Zwangshandlungen. Bei manchen tritt jedoch keine Besserung ein. Wenn Sie innerhalb von zwei Wochen *keinerlei* Fortschritte feststellen, schlagen wir vor, einen Experten für kognitive Verhaltenstherapie aufzusuchen, der auf die Therapie dieser Störungen spezialisiert ist. Möglicherweise haben Sie Ihre Störung falsch diagnostiziert und leiden unter anderweitigen Störungen. Oder Sie haben Ihre Symptome nicht korrekt analysiert. Möglicherweise beeinträchtigen auch Unsicherheiten, Ängste oder Depressionen Ihre Fähigkeiten, die Instruktionen zur Selbsthilfe richtig anzuwenden. Die Konsultation eines Fachtherapeuten wird Ihnen helfen zu klären, warum Sie keine Fortschritte gemacht haben.

KAPITEL 9

Medikamentöse Behandlung

Wenn Sie sich wegen Ihrer Zwangsstörungen in psychiatrische Behandlung begeben mußten, wurden Ihnen vermutlich verschiedene Medikamente verordnet, angefangen von Tranquilizern wie Diazepam (Valium), Alprazolam (Cassadan) und Chlordiazepoxid (Librium), bis zu Antidepressiva wie Imipramin (Tofranil), Amitriptylin (Novoprotect) oder Nortriptylin (Nortrilen). Bei Zwangsstörungen werden vorwiegend Antidepressiva verordnet, da viele zwangskranke Patienten auch unter mittleren bis schweren Depressionen leiden. Einige Präparate haben zwar bei manchen Patienten Erfolge in der Behandlung von Zwangsstörungen gezeigt, doch in den meisten Fällen gibt es kaum wissenschaftliche Nachweise, daß diese Medikamente eine positive Wirkung auf die Zwangszustände zeigen. Gegenwärtig richten Wissenschaftler, die Forschungen auf dem Gebiet der Zwangsstörungen betreiben, ihr Augenmerk auf drei Präparate. In diesem Kapitel werden wir diese Medikamente kurz besprechen und darlegen, in welchen Fällen sie zu empfehlen sind.

Clomipramin (Anafranil)

Das Medikament gegen Zwangssymptome, das am gründlichsten erforscht ist, ist das Antidepressivum Clomipramin (Anafranil) von Ciba-Geigy. In den 70er Jahren stellten Wissenschaftler fest, daß Clomipramin in der Behandlung von Zwangsneurosen sehr gute Ergebnisse erzielte. Jüngste Studien haben Clomipramin mit Placebo-Präparaten und anderen Antidepressiva verglichen. Die Ergebnisse dieser Studien ergaben ein eindeutiges Bild: Clomipramin ist der am besten geeignete Wirkstoff. Etwa 50% aller Patienten mit Zwangsstörungen, die eine therapeutische Dosis von Clomipramin einnahmen, sprachen positiv darauf an. Manche zeigten mäßige Verbesserungen, während andere feststellten, daß ihre Symptome nahezu völlig verschwanden. In einer von Ciba-Geigy durchgeführten Breitenuntersuchung bei hunderten Patienten an 21 verschiedenen Orten wurde eine durchschnittliche Verminderung der Symptomatik zwischen 40 bis 45% festgestellt, bei einer täglichen therapeutischen Dosierung von 100 bis 250 Milligramm Clomipramin. Viele Patienten stellen eine Besserung ihres Zustandes fest, da ihre Fähigkeit, Zwangsstörungen zu ertragen, sich erhöht. Viele berichten, weniger Zwangshandlungen auszuführen, und obgleich sie weiterhin Zwangsgedanken haben, empfinden sie ihre Zwangsstörungen weniger angsterzeugend. Da die Zwangsstörungen als weniger bedrohlich empfunden werden, können die Patienten ihr tägliches Leben besser bewältigen. Sie werden aktiver und können daher mit restlichen Zwangsgedanken bzw. Zwangshandlungen besser umgehen. Clomipramin schaltet zwar selten sämtliche Symptome aus, hat jedoch in vielen Fällen eine eindeutige positive Wirkung.

Während der Behandlung ist ein allmählich steigender Verlauf der therapeutischen Wirkung der Antidepressiva zu verzeichnen. Es mag vier bis sechs Wochen dauern, bevor Sie eine Verbesserung Ihres Zustands feststellen und 12 Wochen, bevor das Medikament seine volle Wirkung entwickelt.

Clomipramin kann, wie alle trizyklischen Antidepressiva, eine Reihe von Nebenwirkungen auslösen, wie trockener Mund, Schwindelgefühl beim Aufstehen am Morgen, Übelkeit, Abfall des Blutdrucks, Abfall der geistigen Leistungsfähigkeit, Benommenheit, Müdigkeit, Sehstörungen, verstärkter Harndrang, Verstopfung. Gelegentlich treten Nierenstörungen und Beeinträchtigung der Orgasmusfähigkeit auf. Wir listen diese Nebenwirkungen auf, um Sie über das Medikament aufzuklären, nicht um Ihnen Angst zu machen. Viele Patienten verzeichnen harmlose Nebenwirkungen, die meist nach wenigen Wochen verschwinden. Ihr Arzt wird Ihre Reaktion auf das Medikament genau beobachten; Sie sollten sämtliche Nebenwirkungen registrieren und Ihrem behandelnden Arzt mitteilen. Er oder sie wird Ihnen dringend empfehlen, während der Behandlung mit Antidepressiva keinen Alkohol zu trinken.

Fluoxetin (Fluctin)

In jüngster Zeit sind zwei neue Medikamente im Gespräch, die zur Behandlung gegen Zwangsstörungen geeignet scheinen: Fluctin und Fevarin. Fluctin der Firmen Lilly/Hoechst ist für Patienten mit Zwangsstörungen von großem Interesse und ist auch in Deutschland erhältlich. Klinische Tests über die Wirksamkeit dieses Präparats sind positiv verlaufen. Die bisherigen Tests weisen darauf hin, daß es ebenso wirksam ist wie Clomipramin, wobei endgültige Ergebnisse erst nach Abschluß von Breitenstudien vorliegen. Wie im Falle von Clomipramin verzeichnen die meisten Patienten, die positiv auf das Medikament ansprechen, weiterhin Zwangsstörungen, deren Symptome jedoch nicht länger ihre Gedanken und Handlungen beherrschen. Mit anderen Worten, es fällt ihnen leichter, sich von Zwangsgedanken zu befreien und Zwangshandlungen zu widerstehen. Die empfohlene Dosierung reicht von 20 bis 80 Milligramm pro Tag.

Anders als bei Einnahme anderer Antidepressiva leiden die meisten Patienten seltener unter Nebenwirkungen. Viele klagen über leichte Übelkeitsgefühle, die meist im Verlauf der Behandlung nachlassen. Im Gegensatz zu anderen Antidepressiva kommt es nicht zu Gewichtszunahme. Meist wirkt das Medikament sogar appetithemmend. Als weitere Nebenwirkungen können auftreten: Schlaflosigkeit, Darmträgheit, innere Unruhe, Zittern, allgemeine Schwäche und verlangsamte Reaktionen. Auf den Konsum alkoholischer Getränke sollte während der Einnahmedauer auch dieses Präparates verzichtet werden.

Fluvoxamin (Fevarin)

Fevarin ist ein Antidepressivum, das in Deutschland und einigen anderen europäischen Ländern bereits zur Anwendung kommt, in den Vereinigten Staaten jedoch noch in klinischen Tests geprüft wird. Mehrere Studien haben ergeben, daß 50 bis 60% der Patienten auf die Einnahme mit mäßigen Erleichterungen reagieren.

Als Nebenwirkungen in der Behandlung mit Fevarin treten Übelkeit oder Brechreiz auf, Schlaflosigkeit, Unruhe, Appetitlosigkeit, Zittern, allgemeine Schwäche und verlangsamte Reaktionen. Wie bei allen Antidepressiva soll bei Einnahme von Fevarin auf Alkohol verzichtet werden.

Wann sollten Medikamente genommen werden?

Wie in Kapitel 3 angesprochen, leiden viele Zwangskranke auch unter Depressionen. Wenn Sie ernsthafte Depressionen haben, fällt es Ihnen schwer, die nötige Energie, Willenskraft und Beharrlichkeit aufzubringen, um ein Selbsthilfeprogramm durchzuarbeiten.

Die Einnahme eines der drei soeben erörterten Präparate kann Ihnen helfen, Ihre Depression zu erleichtern und Ihre Zwangssymptome unter Kontrolle zu bekommen. Selbst wenn die Medikamente Ihnen große Erleichterung verschaffen (vorausgesetzt Ihr Arzt rät Ihnen nicht ausdrücklich davon ab), *ist es wichtig, daß Sie zusätzlich das Selbsthilfeprogramm durcharbeiten*.

Medikamente setzen übersteigerte Ängste vor der Konfrontation mit Zwangssymptomen herab, die es Ihnen unmöglich machen, Ihre Selbsthilfetechniken anzuwenden. Auch hier können Medikamente helfen, Ihre Symptomatik soweit zu erleichtern, daß Sie fähig sind, Ihr Programm in Angriff zu nehmen. Wenn Sie und Ihr Arzt übereinstimmend der Meinung sind, Medikation sei in Ihrem Fall ratsam, sollte vorübergehend ein Medikament verordnet werden, um Sie in eine innere Verfassung zu versetzen, die Ihnen gestattet, die in diesem Buch detailliert dargelegten Selbsthilfeprogramme voll zu nutzen.

Wenn Sie sich neue Gewohnheiten angeeignet und Ihre Symptome unter Kontrolle gebracht haben, kann die Medikation meist abgesetzt werden. Ein Wort zur Vorsicht: Wenn Sie sich für die Medikation entscheiden, lassen Sie sich von einem Psychiater beraten, der Medikation bei Zwangsstörungen einsetzt. Es werden ständig neue Forschungsergebnisse veröffentlicht, über die ein Spezialist auf diesem Gebiet sich eingehend informiert, um über den neuesten Stand der Wissenschaft auf seinem Fachgebiet auf dem laufenden zu sein.

Ist medikamentöse Behandlung einem Selbsthilfeprogramm vorzuziehen?

Wir raten Ihnen aus zwei Gründen dringend, in jedem Fall das Selbsthilfeprogramm sorgfältig durchzuarbeiten, selbst wenn Medikation Ihnen Erleichterung bringt. Langfristige Nebenwirkungen bei der Behandlung mit diesen Präparaten sind noch weithin unbekannt. Da es Möglichkeiten gibt, Ihre Symptomatik ohne Medikation unter Kontrolle zu bringen, sollten Sie diese Möglichkeiten auf jeden Fall nutzen.

Es ist zu befürchten, daß Ihre Zwangssymptome nach Absetzen des Medikaments wiederkehren, wenn die Symptome ausschließlich medikamentös behandelt werden. Das ist der zweite Grund, warum Sie ein Selbsthilfeprogramm durchführen sollten.

Forschungsergebnisse über Anafranil veranschaulichen diesen Punkt. Bei Versuchspersonen, die eine Behandlung mit Anafranil absetzen, kehren die Symptome in der Regel wieder. In einer Studie, die am National Institute of Mental Health durchgeführt wurde, wiesen mehr als 90% der zwangskranken Patienten die ursprünglichen zwanghaften Symptome wieder auf, nachdem das Medikament abgesetzt wurde, wobei die Dauer der Einnahme keine Rolle spielte. Es ist davon auszugehen, daß das Medikament die Symptome unterdrückt, sie aber nicht beseitigt.

Falls Sie und Ihr Arzt die medikamentöse Behandlung in Erwägung ziehen, sollten Sie auf jeden Fall andere Behandlungsmöglichkeiten heranziehen. In der kognitiven Verhaltenstherapie liegt die Rückfallquote bei 20% bis 25%. In einer jüngsten Studie des Zentrums für Behandlung und Erforschung von Angsterkrankungen am Medical College of Pennsylvania konnten 90% der Patienten nach dem intensiven Drei-Wochen-Programm deutliche Verbesserungen verzeichnen. Ein Jahr später hatten 80% der Versuchspersonen ihre Verbesserungen beibehalten – und zwar Patienten, die unter den schlimmsten Formen dieser Störung litten. Erwartungsgemäß verzeichneten Patienten mit weniger ernsthaften Symptomen noch größere, langanhaltende Verbesserungen.

KAPITEL 10

Abschluß des Programms: Ermutigende Fallberichte geheilter Zwangskranker

Viele unserer ehemaligen Patienten waren begeistert, als sie hörten, daß wir dieses Buch schreiben. Sie erinnerten sich daran, welche Zweifel sie ursprünglich gehabt hatten, ihre Symptome wirklich loswerden zu können, und hatten den Wunsch, die Leser mit ihren Erfahrungsberichten zu unterstützen, ihnen Hoffnung und Ermutigung zu geben.

Sie werden sehen, wie die genannten Personen die Techniken angewandt haben, die wir Ihnen in diesem Buch vermitteln, um der Tyrannei Ihrer Zwangskrankheit ein Ende zu setzen.

Informieren Sie sich über die verschiedenen Methoden, durch die Ihre Leidensgenossen die Kraft fanden, ihre jahrelangen Ängste und Vermeidungstaktiken zu bekämpfen und zu besiegen. Wir hoffen, daß auch Sie durch diese Berichte den nötigen Mut und die Zuversicht aufbringen, um Ihre Ziele zu erreichen.

Shirley

Wir beginnen unsere Fallberichte mit der 52jährigen Shirley, deren Leben nahezu 45 Jahre von Zwangshandlungen bestimmt war. Ihr Erwachsenenleben war von Wasch- und Wiederholungszwängen beherrscht. Heute, drei Jahre nach Beendigung des intensiven Drei-Wochen-Programms, spricht sie davon, ›zu 95 Prozent‹ symptomfrei zu sein.

Ich erinnere mich seit der ersten Grundschulklasse, ja sogar schon im Kindergarten an Zwangssymptome, obwohl ich lange Zeit nicht wußte, worum es sich dabei handelt. Die erste Zwangshandlung, an die ich mich erinnere, hatte mit dem

Schnüren meiner Schuhe zu tun. Wenn meine Mutter mir die Schuhe geschnürt hatte, riß ich die Bänder wieder auf und verlangte, sie müsse sie nochmal binden, fester und fester, bis sie mir fest genug schienen. Ich habe noch heute Druckstellen an den Füßen von den zu fest geschnürten Schuhen. Mit meiner Haarsprange war es ebenso. Sie mußte ganz fest sitzen, damit ich sie spürte.

Ich war immer irgendwie von Wasser besessen, ob beim Baden oder beim Geschirrspülen oder beim Händewaschen. Als Kind nicht so sehr wie als Erwachsene, aber irgend etwas mit Wasser ging mir immer im Kopf herum. Wenn ich Geschirr spülte, mußte das Wasser wahnsinnig heiß sein, so heiß, daß kein anderer Mensch seine Hände hineingetaucht hätte.

Das wurde im Laufe der Jahre immer schlimmer. An manchen Tagen konnte ich ganz normal duschen. Am nächsten Tag kamen all die verrückten Rituale wieder. Ich mußte den Seifenschaum auf ganz bestimmte Weise abspülen. Ich habe nie begriffen, warum ich an einem Tag normal duschen konnte und am nächsten wieder diese Störungen hatte.

Die Zwänge weiteten sich auf andere Lebensbereiche aus. Wenn ich Staub wischte, mußte ich nochmal wischen und nochmal. Dann kam der Tick mit den Haushaltstüchern. Ich befeuchtete ein Tuch und wischte über einen Gegenstand oder ein Möbelstück. Erst dann war es für mich sauber. Dann kam der Punkt, wo ich die Tücher auf ganz bestimmte Weise abreißen mußte. Wenn beim Abreißen beispielsweise ein bestimmtes Geräusch entstand oder ich es nicht in einem Ruck abreißen konnte, störte mich das so, daß ich dieses Papier nicht benutzen konnte. Auf diese Weise hatte ich in kürzester Zeit eine ganze Rolle verbraucht.

Ich dachte, wenn ich mich nicht um diese Kleinigkeiten kümmere, wird es immer schlimmer und ich kann bald überhaupt nichts mehr anfassen. Da gab es beispielsweise eine Stelle auf dem Fußboden, die ich unter keinen Umständen weder mit bloßen Händen noch mit Handschuhen berührt hätte, ich hätte auch niemals etwas darauf gestellt. Wenn ich aber mit einem feuchten Papiertuch darüberwischte, war die Stelle sauber. Auf diese Weise halfen mir die Rituale.

Ich war eine Perfektionistin, ohne zu wissen, was Perfektion ist. Deshalb konnte ich Vollkommenheit nie wirklich erreichen. Beim Bettenmachen glättete ich die Laken, zupfte die Kissen zurecht, zog die Bettdecke gerade, immer wieder, bis ich endlich aufhören konnte. Und gleich darauf wurde ich wie magisch *zurückgezogen* und mußte nochmal alles glattstreichen und zupfen, bis ich endlich Erleichterung verspürte.

Mit dem Händewaschen wurde es mit Mitte dreißig schlimmer. Es wurde auch sehr kompliziert für mich, in den Waschsalon zu gehen. Ich mußte jede Maschine untersuchen, innen und außen, und mich für die sauberste entscheiden. Die mußte ich nun säubern, mit Klopapier aus der Damentoilette. Wenn ich die Wäsche in der Maschine hatte, mußte ich mir die Hände waschen. Manchmal glaubte ich, nie wieder aus dem Waschraum rauszukommen. Ich war wie angenagelt. Ich bespritzte alles mit Wasser und fürchtete, die Leute draußen könnten mich hören. Meine Hände wurden einfach nicht sauber genug, um aufhören zu können. Irgendwie riß ich mich dann doch los. Wenn ich mit der gewaschenen Wäsche nach Hause kam und mein Mann stellte den Waschkorb am falschen Platz ab, war für mich alles wieder schmutzig und ich mußte die ganze Wäsche nochmal waschen.

Im Laufe der Jahre entwickelte ich neue Rituale mit dem Wiederholen von Wörtern und fing an, andere Verhaltensweisen zu wiederholen. Morgens nach dem Aufstehen mußte ich mich in einer bestimmten Reihenfolge frisieren. Die meisten Probleme machte mir der Hinterkopf. Ich stand vor dem Spiegel und frisierte mich lange, während ich kleine Rituale ausführte. Ich mußte immer wieder sagen: »Nein, nein, nein.« Dabei mußte ich das Wort Nein nicht eine bestimmte Anzahl von Malen wiederholen. Ich mußte es solange sagen, bis es mir richtig erschien, damit aufzuhören. Ich hatte es meist eilig, zur Arbeit zu kommen oder irgendeinen anderen Termin einzuhalten. In solchen Fällen konnte ich sagen: »Ich muß los.« Damit konnte ich mich losreißen.

Mit dem Händewaschen war es ähnlich. Am Waschbecken mußte ich irgendwelche kleinen Rituale machen. Ich sagte ständig: »Nein, nein.« Und während ich meine Hände von einer

Seite zur anderen bewegte, mußte ich zählen: Eins, zwei drei; eins, zwei drei. Anfangs zählte ich, um mich vom Händewaschen abzulenken, aber bald wurde auch das zur festen Gewohnheit.

Sehr viele Dinge wurden zu Ritualen. Beim Anziehen machte ich die Knöpfe zu, mußte sie wieder aufmachen, um zu prüfen, ob ich sie richtig zugemacht hatte. Ebenso verfuhr ich mit Reißverschlüssen. Wenn ich eine Hose anzog und ein Hosenbein lag auf dem Fußboden und diese Stelle des Fußbodens konnte schmutzig sein, mußte ich die Hose sofort wieder ausziehen und zur Schmutzwäsche geben.

Fast alles war mit einem Ritual verbunden, auch wenn ich das Geschirr in die Spülmaschine einordnete. Es mußte alles perfekt geordnet sein. Ich brach viele der Stifte in den Geschirrkörben ab, weil sie mich einfach störten. Ich ärgerte mich über sie und brach einfach absichtlich welche ab. Manchmal wusch ich das Geschirr zwei- oder dreimal, weil ich das Gefühl hatte, es sei nicht richtig sauber. Ich hatte auch ein Ritual, wie ich das Geschirr aus der Spülmaschine nahm und in die Schränke einräumte. Ich stellte ein Glas links hin, dann rechts, schob es nach hinten, nach vorn – ständig mußte etwas verschoben werden.

Schalter und Drehknöpfe machten mir Schwierigkeiten, auch im Auto. Ich knipste die Scheinwerfer an, knipste sie aus, wieder an, wieder aus. Manchmal kurbelte ich das Fenster runter, wieder rauf, wieder runter. Es war ganz merkwürdig. Wenn man die Scheinwerfer ausschaltet, sieht man doch, daß sie ausgeschaltet sind. Aber dann macht man sie wieder an. Ich weiß nicht, warum man sie anschaltet, um sich zu vergewissern, daß sie ausgeschaltet waren, aber auch das wurde mir zur Gewohnheit.

Während der letzten Jahre, kurz bevor ich mit dem Programm begann, bestand mein Tagesablauf ausschließlich aus der Beschäftigung mit meinen Zwangssymptomen, bis ich abends zu Bett ging. Ich verließ das Haus nicht mehr, weil ich mich in fremder Umgebung nicht wohlfühlte. Schon aus dem Haus zu gehen, war eine mühselige Aufgabe. Gott sei Dank hatte ich einen Teilzeitjob und irgendwie schaffte ich es meist, rechtzeitig da zu sein. Meine Wohnung für ein paar Stunden zu verlassen, war eine große Erleichterung für mich.

Ich hatte Blasen an den Händen vom vielen Waschen, konnte aber nicht aufhören zu waschen. Mein Mann öffnete die Blasen und ich wusch weiter. Ich weinte ständig, war immer müde und mußte unentwegt diese Zwangshandlungen durchführen. An manchen Tagen blieb ich im Bett und schlief den ganzen Tag, weil ich nicht aufstehen konnte und auch nicht wollte.

Dann meldete ich mich in der Klinik an. Schon beim Ausfüllen der ersten Punkte auf dem Fragebogen fing ich an zu weinen, weil ich wußte, hier bin ich richtig. Ich war so erleichtert, daß jemand tatsächlich erkannte, welche Qualen ich ausstand. Ich hatte nicht mehr weiterleben wollen und jetzt dachte ich, vielleicht habe ich doch noch eine Chance.

Anfangs, als der Therapeut mir das Programm erläuterte, bekam ich wahnsinnige Angst, weil er sagte, ich müsse meine Hände und Arme schmutzig machen und dürfe mich nicht waschen. Ich glaubte nicht, daß ich das schaffen würde. Er sagte, er verlange nichts von mir, was ich nicht schaffen würde. Ich sagte ihm, ich wolle alles versuchen, um eine Besserung zu erreichen. Er sagte, Händewaschen gehöre zu den Zwangshandlungen, die man mit Hilfe der Verhaltenstherapie am leichtesten loswerde; daraus schöpfte ich ein wenig Mut. Aber ich konnte mir nicht vorstellen, wie es wirklich vor sich gehen sollte. Ein paar Tage vor Beginn der Therapie wurde ich sehr depressiv. Ich dachte: »Ich weiß nicht, wie das funktionieren soll. Ob ich es schaffe? Und wenn es nicht funktioniert, wie geht es dann weiter mit mir?«

Gleichzeitig war ich fest entschlossen, koste es, was es wolle. Ich erinnere mich, meinem Therapeuten gesagt zu haben, ich sei bereit, mich in Scheiße zu wälzen, um gesund zu werden, weil mein Leben die Hölle war. Ich war fest entschlossen, alles zu tun, was er von mir verlangte: Egal, wie groß meine Angst wäre, egal was er von mir verlangte. Ich muß sagen, daß die Therapie in keiner Weise mit dem zu vergleichen war, was ich vor der Behandlung durchmachen mußte. Und das war das wirklich Erstaunliche an der ganzen Sache.

Am ersten Tag der Behandlung sagte der Therapeut, ich

dürfe mich nicht waschen. Er erlaubte mir nur, die Zähne zu putzen. Es war natürlich nicht leicht, ins Badezimmer zu gehen und sich nicht waschen zu dürfen.

Aber ich war wild entschlossen, alles zu tun, was das Programm von mir verlangte. Wenn ich früher abends im Bett lag, ein Buch las und mich schmutzig fühlte, war ich oft soweit, das Buch wegzuwerfen. Jetzt war ich wirklich entschlossen, mir dieses Verhalten abzugewöhnen. Ich beschloß, nicht zuzulassen, daß mich das störte. Und das war alles.

Beim nächsten Mal beschmierte der Therapeut meine Hände mit Tinte, ich hatte überall rote und schwarze Tinte an den Finger. Er wollte, daß meine Hände richtig schmutzig aussahen. Er wollte auch, daß die Tinte abfärbte, wenn ich etwas damit anfaßte. Wenn meine Hände schwitzten, färbte die Tinte auf Gegenstände ab, die ich berührte. Ich saß vor dem Fernseher und nahm meine Hand vom Arm und sah, daß die Hand Fingerabdrücke hinterlassen hatte. Die Tinte störte mich, aber längst nicht so sehr wie ich befürchtet hatte.

Wie gesagt, ich war fest entschlossen, mich davon nicht stören zu lassen. Wenn ich morgens aufstand, cremte ich meine verschwitzten Achselhöhlen mit Deodorant ein. Früher hätte ich hinterher das Deodorant weggeworfen. Mein Therapeut kratzte mit dem Kamm durch ein Seifenstück, und ich mußte mir damit die Haare kämmen. Ich mußte Abfall in mein Bett legen, zum Beispiel benutzte Kleenextücher, Verpackungsgummi, zerknülltes Papier, Sachen, die ich aus dem Mülleimer geholt hatte. Ich warf das Zeug ins Bett, legte mich hinein und schlief damit. Nach einer Weile vergaß ich, daß das Zeug da war.

Das klappt bis heute. Wenn ich heute das Gefühl habe, daß etwas schmutzig ist, Schuhe zum Beispiel, trage ich sie weiter, ohne sie zu putzen. Und nach einer Weile finde ich sie gar nicht mehr schmutzig. Wenn man sich weiterhin solchen Dingen aussetzt, vergißt man sie. Man vergißt sie einfach. Die Situation konfrontieren ist der Schlüssel zum Gesundwerden.

Als ich zum ersten Mal duschen durfte, war ich starr vor Angst. Mein Therapeut sagte mir, ich müsse in zehn Minuten fertig sei. Ich dachte: »In der Zeit schaffe ich das nie. Er muß mich mit Gewalt rausholen, das weiß ich genau, weil ich es nicht schaffe.« Ich war gewohnt, etwa eine Stunde zu duschen. Viele Menschen mit Zwangsstörungen brauchen noch länger.

Ich durfte keine Ritualhandlungen unter der Dusche durchführen. Er drehte das Wasser in der richtigen Temperatur für mich an und sagte mir genau, wie ich die Seife halten dürfe, wie und was ich zu waschen habe und in welcher Weise ich die Seife abspülen dürfe. Ich sprang unter die Dusche und ritualisierte nur ein bißchen. Es war weniger schlimm, als ich befürchtet hatte. Nach acht Minuten klopfte er an die Tür, um mir zu sagen, daß mir nur noch zwei Minuten blieben. Als ich das Wasser abdrehte und ihm sagte, ich sei fertig, gab er mir Anweisung, das Seifenstück vom Boden der Dusche hochzuheben und es in die Seifenschale am Waschbecken zu legen. Natürlich war meine Hand hinterher klebrig.

Dann sagte er, ich dürfe mir die Hand nur am Handtuch abwischen und mich dann abtrocknen. Das machte ich auch, aber es fiel mir unendlich schwer, weil ich beim eigentlich Abtrocknen eine Menge Rituale befolgen mußte. Ich benutzte ein Handtuch für mein Gesicht, ein zweites für den Körper. Eine Seite des Handtuchs benutzte ich für dies, die andere Seite des Handtuchs für das. Das durfte ich laut Programm jetzt natürliche alles nicht tun. Bei diesem ersten Versuch brauchte ich zehn Minuten zum Duschen, und nochmal zehn Minuten, um mich abzutrocknen und anzuziehen. Ich konnte es nicht fassen! Ich fühlte mich großartig. Ich vergaß sogar die Seife an meinen Händen.

Beim nächsten Duschen mußte ich mir die Haare waschen. Ich hatte mir die Haare seit Jahren nicht mehr selbst gewaschen, weil es zu lange dauerte. Zum Haarewaschen ging ich zum Friseur. Jetzt wasche ich mir jeden Tage die Haare, wenn ich dusche. Beim ersten Mal war ich vor Angst wie gelähmt: Ich mußte mein Haar schamponieren und nach zehn Minuten fertig sein. Und ich schaffte es. Das gab mir wirklich ein gutes Gefühl, weil ich an all die Rituale denken mußte, die ich früher beim Duschen ausführen mußte, und nun brauchte ich das alles nicht mehr zu tun.

Das Programm hat mir ermöglicht, mir Instrumente zu

schaffen, mit denen ich meine Symptome kontrollieren kann. Wenn ich mir beispielsweise die Hände wasche und mir sagte, daß ich es falsch mache, sagt eine Stimme in meinen Kopf: »Du willst sie nochmal waschen.« Und ich entgegne ihr: »Nein, ich mache es absichtlich falsch. Ich mache es ganz falsch; es ist ganz falsch, und es ist mir egal.« Ich schließe diese negativen Gedanken einfach aus. Wenn ich mich beim Bettenmachen dabei ertappe, Kissen und Überzüge ständig zu glätten, bringe ich absichtlich alles wieder durcheinander und verlasse das Zimmer. Auf diese Weise werde ich mit diesen Aufgaben fertig, ohne mich mit Zwangsritualen herumschlagen zu müssen.

Wenn ich das Gefühl habe, etwas ist schmutzig – sagen wir ein Taschenbuch – und wenn ich weiter darin lese und es anfasse, also weiterhin damit umgehe, frage ich mich eine Woche später. »Dieses Buch habe ich für schmutzig gehalten. Ich frage mich, warum ich es für schmutzig gehalten habe.« Wenn man Kontakt mit einem bestimmten Gegenstand vermeidet, baut man noch mehr Zwangsgedanken auf.

Es fällt mir jetzt leichter, meine Störung zu verstehen. Wenn ich heute kleine Rituale durchführe, fürchte ich nicht, verrückt zu werden. Ich sage: »Shirley, du bist eine Zwangskranke. Deshalb tust du das. Hör endlich auf damit!« Es ist alles so viel leichter geworden. Wenn man die Störung nicht versteht, ist sie überwältigend.

Als ich das Programm beendet hatte, fühlte ich mich wunderbar! Kurz danach rief ich meinen Therapeuten an und fing am Telefon an zu weinen. Ich sagte: »Ich kann nicht glauben, daß es mir so gut geht.«

Ich weinte buchstäblich vor Freude. Sie können sich nicht vorstellen, was es bedeutet, ins Badezimmer zu gehen und sich die Hände wie ein normaler Mensch zu waschen oder am Morgen aufzustehen, den Müll ausleeren und Dinge tun, die normale Leute auch tun, ohne diese gräßlichen Rituale vollziehen zu müssen. Ich konnte eine Stunde früher zur Arbeit gehen als vor dem Programm, weil ich diese Rituale nicht machen mußte, wie Händewaschen und mich unaufhörlich kämmen. Kurz nach dem Programm ging es mir um 99% besser, würde ich sagen.

Ich glaube, das Geheimnis meiner Heilung liegt darin, daß ich wirklich gesund werden wollte. Ich mußte gesund werden. Ich wollte so nicht weiterleben und ich glaube nicht, daß ich so weitergelebt hätte. Mein ganzes Leben war von den Zwangssymptomen bestimmt. Ich hatte an nichts und niemand Freude. Selbst beim Fernsehen war ich ständig mit meinen Gedanken woanders, überlegte, wie ich das oder jenes schaffen würde. Ständig war ich müde, alles war so mühsam für mich. Ohne das Programm wäre ich heute nicht mehr am Leben. Das weiß ich. Ich wäre entweder tot oder in einer geschlossenen Anstalt. Ich bin sehr dankbar, daß mir das erspart blieb.

Ich erinnere mich, wie ich nach dem Programm eine Straße entlangging und plötzlich fühlte ich mich ganz leicht. Einen Augenblick lang dachte ich, ich würde fliegen und dachte. »Warum fühle ich mich so leicht?« Dann dämmerte es mir, daß ich dieses schreckliche, zwanghafte Zeug nicht mehr mit mir herumschleppen mußte. Dieses furchtbare Gewicht saß mir nicht auf den Schultern. Deshalb fühlte ich mich so leicht! Wie eine Feder, die die Straße entlangfliegt. Es war ganz eigenartig, daß ich diese fürchterlichen Angstgefühle nicht mehr verspürte.

Heute, zwei Jahre später, geht es mir immer noch um 95% besser. Ich arbeite jetzt sehr viel. Ich habe zwei Jobs. Ich denke, der Schlüssel, daß es mir so gut geht, liegt in meiner Arbeit. Wenn ich mal einen Tag frei und nicht viel zu tun habe, spüre ich das am deutlichsten. Ich mache nicht viele Zwangshandlungen, aber wenn ich zu lange rumsitze und meine Gedanken nicht beschäftigt sind, gibt's Probleme. Arbeiten ist wirklich sehr, sehr gut.

Auch darüber reden tut gut. Es tut gut, jemand ins Vertrauen zu ziehen. Auch wenn der andere wenig davon versteht, kann ich ihm oder ihr wenigstens mein Problem anvertrauen. Das habe ich früher nie getan. Ich denke, ich hätte früher Hilfe bekommen können, wenn ich es getan hätte. Ich wußte früher natürlich nicht, daß meine Störung überhaupt einen Namen hat. Jetzt weiß ich es, und ich weiß, daß es Hilfe gibt und daß ich nicht wahnsinnig bin.

Meiner Meinung nach ist Verhaltenstherapie der einzige Weg

zur Heilung. Ich hatte eine Menge Medikamente bekommen. Die halfen mir überhaupt nicht gegen mein Zwangsverhalten. Sie verringerten meine Angst ein bißchen. Die Crux aber ist, sich dieser Angst zu stellen. Zwangshandlungen sind Gewohnheiten, die immer stärker werden. Mein Therapeut sagte, es dauert etwa drei Wochen, um seine Gewohnheiten loszuwerden und all die schrecklichen Dinge durchzumachen, von denen man glaubt, man würde sie nie durchstehen.

Es war fast ein Wunder für mich. Die richtige Hilfe zu finden ist der schwierigste Teil. Ich bin sehr wütend auf die Ärzte, die keine Ahnung von Verhaltenstherapie bei Zwangskrankheiten haben. Uns mit Tabletten vollzupumpen ist keine Lösung.

Sie müssen wirklich den Willen haben, gesund zu werden und diese verrückten Dinge loszuwerden, die Ihr Leben beherrschen. Das Leben hat mehr zu bieten als unsere idiotischen Rituale. Ich dachte darüber nach, welche Sorgen andere Menschen haben, sie denken über Leben und Tod nach, sie machen sich Sorgen um ihre Kinder in der Schule. Und woran denke ich? Wie ich aufstehe, ins Badezimmer gehe und meine Hände wasche und wie ich in den nächsten zwei Stunden wieder rauskomme. Ist das ein Leben? Nein. Es ist eine armselige Existenz. Um gesund zu werden, müssen Sie wirklich den Willen dazu aufbringen und Vertrauen in das Programm haben.

Joel

Joel ist ein 32jähriger Vater, bei dem vor etwa drei Jahren ernsthafte Zwangsgedanken eingesetzt hatten. Zwei Jahre lang war er von grauenvollen Gedanken und Zwangsimpulsen gepeinigt, seiner Familie etwas Böses anzutun. Obwohl er sofort professionelle Hilfe aufsuchte, brachten weder Therapie noch Medikamente ihm Erleichterung.

Vor einem Jahr lernte Joel die Selbsthilfetechniken der kognitiven Verhaltenstherapie kennen. Nachfolgend schildert er, wie seine Störung begann, wie die Symptome sein Leben bestimmten und wie er schließlich Selbsthilfetechniken einsetzte, um seine Symptome in den Griff zu bekommen.

Ich habe mit 27 geheiratet, und im Jahr darauf kam unsere Tochter zur Welt. Mein Drang, das Baby zu beschützen, war sehr groß. Ich stand Todesängste aus, sie könne am plötzlichen Kindstod sterben oder sich verletzen. Mein Zutrauen in meine väterliche Beschützerrolle war nicht sehr groß.

Eines Abends war ich allein zu Hause, um auf sie aufzupassen. Ich sah mir einen Krimi im Fernsehen an und meine Tochter schlief in ihrer Wiege. Während der Werbung sah ich nach ihr; ich sah jede Nacht drei- oder viermal nach ihr. Plötzlich schoß mir der Gedanke durch den Kopf, ich könnte sie töten, mit einer Schnur erwürgen oder mit einem Messer erstechen. Meine erste Reaktion war: »Ich könnte meinem Kind nie etwas Böses antun.« Aber ich wurde den bösen Gedanken nicht mehr los. Mir wurde schwindelig, mein Herz schlug wie verrückt, meine Beine gaben nach, ich fing an zu zittern. Der Schweiß brach mir aus und ich bekam Durchfall.

Ich stand eine Weile im Badezimmer und versuchte mir klarzuwerden, was eigentlich los war. Ich sagte mir immer wieder, daß ich meiner Tochter nie etwas Böses antun könnte. Ich sah wieder nach ihr, legte meine Hand auf ihren Rücken, um mich zu vergewissern, daß sie noch atmete. Aber ich konnte den schrecklichen Gedanken nicht loswerden. Als ich versuchte, in dieser Nacht zu schlafen, ging mir immer wieder der gleiche Gedanke durch den Kopf: »Du könntest deine Tochter töten. Geh los und töte deine Tochter«, unaufhörlich, immer wieder. Wenn ich damals schon etwas über Zwangskrankheiten gewußt hätte, hätte mir dieser Vorgang vielleicht weniger Angst eingeflößt.

In den nächsten zwei Wochen konnte ich an nichts anderes denken. Drei oder vier Tage war das mein erster Gedanke morgens beim Aufwachen. Ich wurde sehr depressiv, und ich konnte mich nicht aufraffen aufzustehen. Nach einigen Tagen konnte ich wieder zur Arbeit gehen, aber ich brütete immer noch über der Vorstellung, daß ich meine Tochter töten könnte, und daß Gott mir den Befehl erteilte, die Tat zu begehen. Alle möglichen Angstvorstellungen gingen mir durch den Kopf, etwa der Gedanke, daß ich der Satan sei. Ich faßte kein Messer mehr an, und ich vermied es, mit meiner Tochter allein im Haus zu bleiben. Nach etwa zwei Wochen dieser seelischen Höllenqualen hatte ich zwanzig Pfund abgenommen.

Ich habe mit niemand ein Wort darüber gesprochen. Schließlich hielt ich es nicht mehr aus, ich mußte es jemand sagen und sprach mit meiner Frau darüber. Nachdem ich ihr erklärt hatte, was los war und es mir vom Herzen geredet hatte, ging es mir drei oder vier Tage lang gut. Langsam aber sicher kamen die Gedanken wieder: »Du könntest deine Tochter umbringen.« Mein nächster Gedanke war: »Ich werde meiner Tochter nie weh tun.« Ich wiederholte unablässig: »Ich werde meiner Tochter nie weh tun.« Es war ein endloses Ritual.

Meine Symptome verschlimmerten sich im Laufe der Zeit. Ich arbeitete weiter, aber ich weinte oft den ganzen Tag und hatte Schuldgefühle, so gräßliche Gedanken über meine Tochter zu haben. In dieser Zeit las ich einen Zeitungsbericht über eine Frau, die ihre zwei Kinder getötet hatte. Das konnte ich nicht begreifen, daran erinnere ich mich ganz genau. Ich dachte: »Wie kann ein Mensch seine Kinder töten? Was bringt einen Menschen dazu, so etwas zu tun?« Das ging mir tagelang im Kopf herum, und dann war es weg. Ein paar Wochen später schoß mir eines Abends der Gedanke durch den Kopf, daß auch ich verrückt werden könnte wie diese Frau. Der Gedanke, ich könnte verrückt werden und anderen weh tun, erschreckte mich zu Tode.

Zum Glück zwang ich mich, mit meiner Tochter allein zu Hause zu bleiben, weil ich damals schon wußte, daß ich diese grauenhaften Zwangsgedanken nicht verdrängen durfte. Wenn ich mir nicht mehr zutraute, allein auf meine Tochter aufzupassen, würde ich möglicherweise den Mut verlieren und Schlimmeres tun.

Ich liebe meine Tochter über alles und möchte sie beschützen, wie jeder Vater sein Kind. Doch plötzlich kommt dieser Drang, den Menschen zu töten, der einem das Liebste auf der Welt ist, und gleichzeitig hat man die körperliche Reaktion eines schweren Panikanfalls. Es war grauenhaft! Ich weiß nicht, was mir mehr Angst machte: Der Gedanke an den Mord oder meine Panikanfälle. Die Panik kam und ging, aber der Drang, mich oder mein Kind zu töten, verfolgte mich oft den ganzen Tag, ob ich arbeitete oder mich anderweitig beschäftigte.

Wenn meine Frau mich bat, auf das Baby aufzupassen, weil sie in den Supermarkt ging, überfiel mich blitzschnell diese Angst: »Jetzt ist es so weit. Jetzt werde ich die Kontrolle verlieren und meine Tochter töten.« Wenn ich mit der Familie in einem Kaufhaus im zweiten Stock war, kam mir plötzlich der Gedanke: »Ich könnte sie einfach über die Balustrade nach unten werfen.« Diese Gedanken waren sehr erschreckend und quälten mich furchtbar.

Manchmal, wenn ich ein bißchen müde oder gelangweilt war, schossen mir diese Gedanken durch den Kopf. Angenommen, ich setzte mich an den gedeckten Tisch und redete mit meiner Frau und meiner Tochter. Wenn eine kleine Gesprächspause eintrat, schoß mir plötzlich der Gedanke durch den Kopf: »Ich könnte den Arm ausstrecken und sie töten.« Das machte mir Angst und ich fing an zu schwitzen. Ich ging abends möglichst früh zu Bett, weil ich nur im Schlaf von diesen Gedanken erlöst war.

Ich war mir jedes Gedankens genau bewußt, wie meine Ängste von einer Idee zur anderen sprangen. Der vorherrschende und quälendste Gedanke war, daß ich meine Tochter töte, ich mußte aber auch daran denken, daß ich mich oder meine Frau umbringe. Beim Anblick von Schußwaffen bekam ich Angst. Wenn ich einen Polizisten auf der Straße sah, achtete ich nur auf seine Waffe und der Gedanke schoß mir durch den Kopf: »Ich könnte ihm die Waffe aus dem Halfter reißen und mich damit erschießen.«

Schließlich hörte ich von dem Programm gegen Zwangsstörungen am Zentrum zur Behandlung und Erforschung von Angsterkrankungen. Das war etwa zwei Jahre, nachdem die ersten Symptome sich bei mir eingestellt hatten. Ich erinnere mich noch lebhaft an meine erste Sitzung. Ich weinte die meiste Zeit, weil ich so deprimiert war und nicht wußte, was mit mir los war und was ich dagegen tun könnte. Die Therapeutin versicherte mir, daß ich nicht wahnsinnig werde und daß mir kognitive Verhaltenstherapie helfen würde.

In unserer ersten Sitzung versicherte mir die Therapeutin, ich würde meine Tochter niemals töten. Auf diese Beschwichtigung hatte ich immer gewartet. Sie sagte mir auch, daß mir Verhaltenstherapie Hilfe bringen würde und daß viele Leute gute Ergebnisse damit erzielt haben, obwohl manche Patienten auch nicht darauf ansprachen. Ich verließ das Büro mit einem Gefühl, als sei ich bereits geheilt und würde nie wieder Probleme haben, einfach weil jemand mir klare Antworten gegeben hatte. Die wichtigste Antwort war für mich, daß auch andere Leute unter diesen Störungen leiden.

Ich machte meine erste Konfrontationsübung. Die Therapeutin verlangte, ich solle auf Tonband sprechen und Einzelheiten schildern, auf welche Weise ich meine Tochter umbringe. Ich brachte einen einzigen Satz heraus und konnte nicht weitersprechen. Ich konnte mir gar nicht vorstellen, laut auszusprechen, daß ich meine Tochter umbringe. Ich glaubte, wenn ich den Gedanken laut ausspreche, würde ich plötzlich keine Kontrolle mehr über meine Gedanken haben. Es war so wichtig für mich zu glauben, daß ich die Kontrolle behielt. Wenn ich nur sagen könnte: »Dieser Gedanke bedeutet mir nichts«, dann würde ich das Problem besiegt haben. Wenn mich diese Gedanken aber überkamen, glaubte ich, sie nicht kontrollieren zu können; sie würden Wirklichkeit werden. Deshalb konnte ich nach einem Satz nicht weitersprechen.

In der zweiten Sitzung, drei oder vier Tage später, schaffte ich die Übung mit der Tonbandaufzeichnung ein bißchen besser. Ich konnte sagten: »Ich komme nach Hause, verliere die Kontrolle und bringe meine Tochter um.«

Nach der zweiten Sitzung mußte ich als Hausaufgabe auf einer ganzen Seite schriftlich festhalten, wie ich mein Kind töte. Diese Aufgabe war schwer, weil ich den Gedanken, *wie* ich meine Tochter töten würde, nie zugelassen hatte. Die schreckliche Zwangsvorstellung, daß ich meine Tochter töte, hatte ich sofort mit dem Gedanken: »Ich werde es nie tun« zu beschwichtigen versucht. Das war alles. Aber es dauerte immer länger, bis ich mich überzeugen konnte, daß ich meiner Tochter nicht wehtun würde.

Deshalb begann ich mir in der Konfrontationsübung die Situationen vorzustellen, in denen ich meine Tochter töte. Nach der dritten Sitzung war ich in der Lage, einen längeren Bericht darüber zu schreiben. Dann verlangte die Therapeutin von mir, eine drei Seiten umfassende Hausaufgabe übers Wochenende zu schreiben. Ich fürchtete mich vor dem Schreiben und hinterher war ich völlig kaputt. Dadurch war ich aber gezwungen, darüber nachzudenken, und ich fühlte mich, ehrlich gestanden, nach 45 Minuten Schreiben besser. Die Angst war immer noch da, aber ich fühlte mich nicht gezwungen, mir immer wieder einzureden: »Ich werde meiner Tochter nie wehtun. Ich werde meiner Tochter nie wehtun.« Ich hatte nicht das Bedürfnis wie früher, unentwegt zu ritualisieren. Schließlich war ich so weit, daß ich fünf Seiten schreiben konnte.

Meine Geschichten nahmen alle einen ähnlichen Verlauf. Ich kam abends von der Arbeit nach Hause, müde und abgespannt, stieg aus dem Auto, betrat das Haus und verlor einfach die Kontrolle. Ich erstach meine Tochter und danach erstach ich meine Frau. Ich bezog meine Frau deshalb in die Berichte mit ein, weil ich Angst hatte, nicht nur meiner Tochter, sondern auch anderen Leuten Böses anzutun.

Ich hatte auch Angst, mich umzubringen. In manchen Geschichten kam ich nach Haus, stach auf meine Tochter ein, meine Frau schrie und kreischte. Dann stach ich auf sie ein. Meine Tochter flehte: »Papi, bitte tu es nicht.« Meine Frau schrie: »Tu ihr nicht weh, tu ihr nicht weh.« Und ich brüllte: »Ich muß es tun. Ich muß es tun.« Am Ende der Geschichte rammte ich mir selbst das Messer in den Leib, überlebte aber. Die Polizei kam, und man zerrte mich aus dem Haus. Ich hatte meine Familie umgebracht, meine Eltern enttäuscht. Ich war ein Mörder, alle hielten mich für einen Verbrecher. Ich mußte für den Rest meines Lebens ins Gefängnis, aber ich war nicht verrückt. Mich traf die volle Schuld an meinen Verbrechen, und ich wollte sterben, aber man ließ mich nicht sterben.

Ich befürchtete außerdem, Gott würde mir den Befehl geben, meine Tochter zu töten. Die Methode der Verhaltenstherapie sieht vor, seine Ängste so direkt wie möglich zu konfrontieren. Daher fertigte die Therapeutin eine Tonbandschleife von 60 Sekunden Länge an, in der eine Männerstimme ständig wiederholte: »Geh hin und töte deine Tochter. Ich bin Gott.«

Ich hörte mir die Tonbandschleife jeden Abend zu Haus an, eine halbe bis eine Stunde, wenn meine Frau auch zu Hause war.

Eines Abends ging meine Frau einkaufen und ich paßte auf die Kleine auf. Ich zwang mich, das Tonband eine Stunde lang anzuhören, obwohl mir das unendlich schwerfiel. Hinterher hatte ich nie wieder diese Angst, daß Gott mir befiehlt, ich müsse meine Tochter töten. Ich erinnere ich zwar heute noch an diese Gedanken, aber sie jagen mir keine Angst mehr ein.

Heute bin ich der Überzeugung, daß meine Übungen mir etwa 80 Prozent Besserung brachten. Aber ich habe natürlich immer noch schlechte Zeiten. Ich weiß, erst wenn ich den Punkt erreichen und sagen kann, daß die Gedanken mir nichts mehr ausmachen, habe ich die Störung wirklich überwunden. Ich möchte soweit kommen, daß ich überzeugt davon sein kann, daß meine Gedanken und Aktionen nichts miteinander zu tun haben. Das schaffe ich jetzt schon häufig, aber nicht immer.

Bevor ich das Selbsthilfeprogramm durchgearbeitet habe, konnte ich meine Ängste überhaupt nicht konfrontieren. Ich fürchtete, daß mich das eines Tages in den Wahnsinn treiben würde. Heute habe ich mehr Vertrauen. Ich kann meine Ängste konfrontieren, sie nagen nicht ständig an mir. Oft habe ich überhaupt keine Ängste mehr. Gelegentlich überfällt mich die Angst, daß ich meiner Tochter, meiner Frau und mir selbst etwas antun möchte. Hin und wieder machen mir diese Gedanken das Leben schwer. Wenn das geschieht, muß ich mich der Vorstellung stellen. Manchmal schaffe ich es, manchmal nicht. Durch das Programm habe ich erkannt, daß die Angst verschwindet, wenn ich mich einer bedrohlichen Situation stelle und negative Gedanken zulasse.

Wenn mir meine Angststörungen wieder einmal zu schaffen machen, muß ich mich meist eine Stunde damit beschäftigen, bis ich die Dinge wieder unter Kontrolle habe. Wenn ich mich wirklich zwinge, die Gedanken durchzudenken, langweilen sie mich nach etwa dreißig Minuten. Ich lasse die Gedanken noch eine halbe Stunde kommen, selbst wenn sie mir nicht mehr viel anhaben können. Wenn ich mich bemühe, Konfrontation und Vorstellungen eine Stunde durchzuhalten, oder eine halbe

Stunde schriftliche Hausaufgaben zu machen, habe ich die Ängste überwunden. Nach den Übungen bin ich zwar erschöpft, habe aber mein Leben wieder im Griff!

Vor einigen Monaten verreiste meine Frau und ließ unsere kleine Tochter bei mir. Der erste Tag war schlimm. Als ich morgens den Wagen bestieg, um mit meiner Tochter einen Ausflug zu machen, dachte ich: »Ich könnte den Wagen gegen einen Baum fahren.« Dieser Gedanke machte mir große Angst und ich hatte den ganzen Tag damit zu tun, mich und die Kleine zu beschäftigen. Der zweite Tag war etwas einfacher. Ich konnte meine Gedanken besser ordnen und nahm mir vor, mich meinen Ängsten direkt zu stellen. Morgens nach dem Aufstehen beeilte ich mich nicht, das Haus zu verlassen und irgendwelche Leute zu besuchen oder etwas anderes zu unternehmen. Wir blieben zu Hause und spielten ein paar Stunden im Wohnzimmer. Ich stellte fest, daß die Zwänge weniger schlimm waren, wenn ich längere Zeit mit meinem Kind zu Hause verbrachte. Es ist immer die gleiche Lektion: Wenn du dich deinen Ängsten direkt stellst, legt sich der Drang nach etwa einer Stunde.

Vor der Verhaltenstherapie hatte ich das Gefühl, daß alles immer schlimmer und schlimmer und schlimmer wurde. Heute stehe ich morgens auf und weiß sofort, ob es ein guter Tag oder ein schlechter Tag wird. Ich sage mir. »Na gut, wenn das heute ein schlechter Tag ist, dann wird es morgen ein guter Tag werden.« Ich weiß auch, daß der schlimme Tag nicht ganz so schlimm sein wird, wenn ich meine Übungen mache.

Annette

Annette begann schon als Kind Zwangssymptome zu entwickeln. Über zwei Jahrzehnte machte sie sich ständig Sorgen über Tod und unheilbare Krankheiten – Krebs, Gehirntumor, Leukämie, Multiple Sklerose – und suchte ständig Ärzte auf, ließ sich untersuchen und ihre Ängste beschwichtigen. Mit 32 begann sie das Drei-Wochen-Programm. Sechs Jahre später erzählt sie ihre Geschichte.

Die ersten Symptome tauchten bei mir auf, als ich sieben war. Wir waren gerade in ein neues Haus gezogen. Ich entwickelte eine irrationale Angst, daß mit meinen Zähnen etwas Schreckliches passieren würde. Jeder Zahnarztbesuch war mir seit jeher ein Greuel gewesen, schlechte Zähne hatte ich schon als Vierjährige. Das Schlimmste, was mir damals hätte passieren können, wäre gewesen, daß mir alle Zähne ausfielen. Damals hatte ich echte Panik, daß etwas Undefinierbares, Schreckliches geschieht. Nach etwa einem Jahr legte sich diese Angst wieder.

Ein paar Jahre später interessierte ich mich für die medizinischen Fachbücher meines Onkels, der Kinderarzt war, und ich studierte all die schlimmen Krankheiten, die Kinder bekommen können. Mein Onkel mußte mir versprechen, daß ich nie eine solche Krankheit bekomme. Diese Sorgen dauerten viele Jahre. Meine Gedanken machten mir furchtbare Angst und mein Onkel mußte mich ständig untersuchen. Er beruhigte mich und das vertrieb für kurze Zeit meine Sorgen, doch bald setzten die Befürchtungen wieder ein.

Meine Eltern versuchten mich immer vor Krankheit und Schmerz zu bewahren. Ich glaube, das hatte eine negative Wirkung, weil ich nie lernte, mit unangenehmen Dingen fertigzuwerden. In der Grundschule erkrankte eine meiner Schulkameradinnen an Leukämie. Ich war fest davon überzeugt, daß die Ärzte sie gesund machen würden. Aber ihr Zustand verschlimmerte sich und schließlich starb sie. Das versetzte mir einen tiefen Schock. Irgendwie war es wie das Erwachsenwerden: Es gibt keine Garantie und die Ärzte können nicht jedem helfen. Dieser Todesfall hatte eine bleibende Wirkung auf mich.

Als Teenager begann meine Krebsangst. Ich sprach mit allen möglichen Leuten darüber und beobachtete ihre Reaktionen. Wenn jemand sagte: »Ja, auch ich habe davor Angst«, verschlimmerte sich mein Angstzustand. Ich redete mit dem oder der Betroffenen noch einmal, um mich zu beruhigen, daß alles in Ordnung sei. Ich wollte mir Garantien geben lassen, daß ich nicht an Krebs sterben würde, daß mir nichts Schlimmes zustoßen würde.

Es dauerte nicht lange und ich war auf Leukämie, Multiple Sklerose und Gehirntumor fixiert, weil ich Menschen kannte, die diese Krankheiten hatten. Ich fürchtete, diese Krankheiten könnten ansteckend sein. Alle Ärzte versicherten mir, daß dies nicht der Fall sei, aber niemand konnte mir wirklich sagen, aus welchem Grund jemand daran erkrankt. Ich dachte: »Wenn Ihr nicht wißt, wie die Leute diese Krankheiten bekommen, dann könnt Ihr auch nicht hundertprozentig sicher sein, daß sie nicht ansteckend sind.«

Diese Grundängste begleiteten mich mein ganzes Leben. Als ich vor ein paar Jahren in einem Zeitungsartikel über die Theorie las, zwischen Krebs und psychischer Belastung bestehe möglicherweise ein Zusammenhang, glaubte ich, den Verstand zu verlieren. Ich glaube, daß ich selbst Schuld daran hätte, wenn ich Krebs bekäme, weil ich durch meine ständige Krebsangst unter starker psychischer Belastung stand.

Ständig fragte ich Krankenschwestern, meinen Onkel, meinen Vater über diese Krankheiten aus. »Sieht dieser Leberfleck auf meinem Arm nicht gefährlich aus? Kannst du mit Sicherheit sagen, daß es nicht Krebs ist?« Ich stellte die Besuche bei meinem Onkel ein, weil es mir schwerfiel, keine medizinischen Fragen zu stellen. Zugleich dachte ich zwanghaft an all die Dinge, die mit mir nicht in Ordnung waren. Ich war gezwungen, ihn zu fragen, ob ich auch wirklich gesund sei. Es war ein ständiger Kampf: Stelle ich ihm diese Fragen oder sage ich nichts? Dieser Konflikt war zu groß für mich. Es war für mich einfacher, meinen Onkel nicht zu besuchen.

Es gab noch eine andere Frage. Ich dachte mir. »Was ist, wenn dieser Lack eine krebserregende Substanz enthält?« »Was ist, wenn in diesem Haushaltsreiniger Krankheitskeime sind?« Immer gab es einen Leberfleck, ein paar Sommersprossen, ein Wehwehchen, einen diffusen Schmerz, die mir Sorgen bereiteten. Ich wußte zum Beispiel, daß es eine Verbindung gab zwischen Blutergüssen und Leukämie, weil es eine Blutkrankheit ist. Ich drückte so lange an meinem Daumen herum, bis an der Stelle ein kleiner Fleck entstand. Dann rief ich den Arzt an und sagte: »Ich habe meinen Daumen gedrückt und es ist ein blauer Fleck entstanden.« Ständig machte ich mir über so etwas Sorgen und mußte beruhigt werden.

Ich hätte das Wort *Krebs* oder *Leukämie* nie ausgesprochen. Ich hätte dieser Wörter nie buchstabiert, weil das ein schlechtes Omen war. Es brachte mir Unglück.

Es gab nur ein paar Rituale, die mir magischerweise Sicherheit gaben. Wenn ich jemand anfaßte, der mit Krebs ›verseucht‹ war, mußte ich einen ›starken‹ Menschen anfassen, etwa meinen Onkel oder meinen Vater, um mich irgendwie ›beschützt‹ zu fühlen. Manchmal half Waschen, aber ich wusch mir nicht nur die Hände. Um mich sicher zu fühlen, mußte ich alle Kleider waschen, die ich trug, bevor ich mich selbst wusch. Was ich anfaßte, mußte gewaschen werden.

Atomkraft und Radioaktivität wurden zum Problem. Auch chemische Substanzen, die krebserregend wirken. Ich wohnte in der Nähe eines Atomkraftwerkes. Ständig rief ich die Nummer 800 an, um mich zu informieren, wie hoch die Radioaktivität an einem bestimmten Tag war, in welcher Richtung der Wind wehte, um zu entscheiden, ob ich ins Freie gehen konnte. Wenn ich an dem Atomkraftwerk vorbeifahren mußte, schloß ich die Wagenfenster, als könne ich mich dadurch schützen.

Ich las massenweise Informationsmaterial über all diese Befürchtungen. Ich wußte nicht, in welchen Mengen man sich diesen chemischen Substanzen oder Keimen aussetzen durfte, ohne davon verseucht zu werden. Solche Gedanken schwirrten mir andauernd im Kopf herum. Ich konnte keine Ruhe finden, ich hatte keine Perspektive. Wenn mir eine Röntgenaufnahme bevorstand, verlor ich beinahe den Verstand. Unter keinen Umständen ließ ich eine Röntgenaufnahme meiner Zähne machen. Ich erfand Ausreden, sagte beispielsweise, daß ich vermutlich schwanger sei; auf diese Weise mußte ich nicht erklären, warum ich mich nicht röntgen lassen wollte. Ich konnte noch so viele aufklärende Schriften über geringfügige und unschädliche Mengen an Radioaktivität lesen. Ich war davon überzeugt, ich würde davon krank, und niemand sagte mir wirklich die Wahrheit.

Ich gehe gern zum Fischen, aber ich las einen Artikel, daß in den Great Lakes Fische mit Krebsgeschwüren gefangen worden seien. Seitdem untersuchte ich jeden Fisch, den ich fing, sehr sorgfältig. Wenn er eine Unregelmäßigkeit an den Schuppen aufwies, wurde ich ganz nervös. »Wie bekomme ich diesen Fisch vom Haken? Wie kann ich diesen Angelhaken je wieder anfassen?« Deshalb schnitt ich einfach die Schnur durch und warf den Fisch ins Wasser zurück. Haken sind ziemlich teuer. Sie kosten drei, vier, manchmal fünf Dollar. Ich warf eine Menge von ihnen weg! Ich brachte es einfach nicht über mich, sie wieder zu berühren. Einmal fragte ich einen Wildhüter an einem See über diese unregelmäßigen Stellen bei Fischen aus. Aber ich gab mich mit dem, was er mir erklärte, nicht zufrieden. Ich stellte allen möglichen Leuten Fangfragen, um ihnen die Wahrheit zu entlocken, oder um meine Angst zu beschwichtigen. Aber es gelang mir nicht. Keine Antwort konnte mich befriedigen und mochte ich noch so viele Leute fragen.

Ich wußte einfach, daß ich die Krankheit aufschnappen würde. Ich würde krank werden. Ich würde daran sterben, langsam und qualvoll, eine Horrorvision. Ich würde unter furchtbaren Schmerzen sterben. Es gab keinen Ausweg, nichts würde die Krankheit aufhalten können. Wenn ich Krebs bekam, gab es keine Hilfe mehr. Ich würde monatelang qualvoll dahinsiechen.

Am ersten Tag meines Behandlungsprogramms hatte ich ein Gespräch mit meinem Therapeuten und der Leiterin des Behandlungsprogramms. Die Leiterin fragte, wovor ich Angst habe. Ich antwortete: »Leukämie.« Und sie sagte: »Wir müssen uns wohl etwas Leukämieblut besorgen.« In diesem Augenblick wurde mir der Boden unter den Füßen weggezogen. Das Blut erstarrte mir in den Andern. Ich mußte mich festhalten, um nicht umzukippen. Ich weiß noch, wie ich dachte: »Das halte ich nicht aus. Das halte ich auf keinen Fall aus.«

Ich konnte an nichts anderes mehr denken, nur daran, daß ich dieses Blut anfassen mußte. Ich sah meinen Therapeut an und mir wurde klar, daß er sich der Meinung der Leiterin anschloß. Plötzlich wußte ich, daß ich mich in einem feindlichen Lager befand. Ich hatte von Konfrontationstherapie gehört, aber mir war nicht klar, daß das so schlimm sein würde. Irgendwie hatte ich mir vorgestellt, daß ich zu Beginn mit einem Fernglas in ein Krankenzimmer schaue, in dem Leukämiepatienten liegen. Und später würde ich hinter einer Glasscheibe stehen und den Patienten zuwinken. Vielleicht würde ich später das Fenster öffnen und es ganz schnell wieder schließen. Aber ich würde niemals Blut anfassen! Am gleichen Tag rief ich meine beste Freundin an und sagte: »Hol mich bitte am Flughafen ab. Ich komme dich besuchen.« Sie sagte mir, ich dürfe jetzt nicht kneifen. Ich erklärte, was das Behandlungsprogramm von mir verlangte, aber sie beharrte darauf, daß ich bleiben müsse. Sie redete so lange auf mich ein, bis ich zustimmte.

Wir arbeiteten mit der Vorstellungstechnik. Zum Thema Leukämie besprach ich unter anderem ausführlich ein Tonband über die Konsequenzen, vor denen ich mich fürchtete. Die Vorstellungen machten mir große Angst, aber wir übten jeden Tag damit. Bald nachdem ich die gleiche Geschichte sechs- oder siebenmal vormittags und nachmittags angehört hatte, verlor der Inhalt allmählich seinen Schrecken.

Gleichzeitig arbeitete ich an meiner Angst vor Knochenmark. Der Therapeut verlangte von mir, beim Fleischer ein paar Markknochen zu kaufen, mit denen ich im Auto herumfahren mußte. Ich mußte die Knochen anfassen, danach mein Gesicht und meine Kleider berühren. Ich mußte daran riechen und sie berühren. Ich durfte mir tagelang nicht die Hände waschen. Wir gingen sogar zum Essen, ohne daß ich mir vorher die Hände waschen durfte. Ich kam mir total verkommen vor, fühlte mich richtig verdreckt.

Dann mußte ich mit dem Markknochen unter dem Kopfkissen schlafen. Ich fuhr durch Philadelphia mit schmutzigen Händen, bewegte mich unter schmutzigen Menschen und trug ständig die Papiertüte mit den Markknochen bei mir. Nach drei oder vier Tagen machten mir die Markknochen nicht mehr viel aus, weil ich wußte, daß als nächstes die Übung mit dem Leukämieblut dran war. Dagegen war die Arbeit mit den Markknochen ein Kinderspiel.

Am ersten Tag, an dem wir mit Blut übten, stellte mein Therapeut das Fläschchen mit dem Blut auf die Armlehne des Stuhls neben mir. Am nächsten Tag stellte er es auf den Stuhl und schraubte den Verschluß ab. Am Tag darauf mußte ich das Blut berühren. Dann befeuchtete ich meine Hände und mein Gesicht damit. Auch mein Therapeut befeuchtete sich damit. Irgendwie war es nicht so schlimm, weil er es auch machte.

In einer späteren Sitzung füllten wir das Blut in eine Sprühflasche, vermischten es mit Wasser und besprühten meine ganze Wohnung damit. Ich aß ein Sandwich, nachdem ich mir das Blutwasser auf die Hände gesprüht hatte.

Als ich das Blut zum ersten Mal anfaßte, weinte ich, weil ich wußte, daß ich jetzt sterben muß. Ich wußte, ich hatte verloren. Der Kampf war vorbei und ich mußte sterben. Ich hatte soeben das Schlimmste getan, was es auf der Welt gibt. Irgendwie war mir das ein Trost und half mir, es zu überstehen. Es hatte keinen Sinn mehr zu kämpfen, also konnte ich aufgeben. So wie ich lebte, war ich ohnehin schon tot. Ich hatte ständig Angst, und die Leute hielten mich für verrückt. Ich war besessen von Dingen, denen andere Leute überhaupt keine Beachtung schenkten. Das ist kein Leben. Alle anderen waren normal und ich war verrückt.

Nach einer Woche hatte ich meine Angst vor dem Blut verloren. Ich war nicht sicher, ob ich daran sterben würde, aber es machte mir nichts mehr aus. Ein Grund dafür war mein Vertrauen zu meinem Therapeuten. Der zweite, daß ich mit dieser wahnsinnigen Angst nicht mehr leben wollte. Drittens begann ich mir Methoden anzueignen, mit meiner Angst umzugehen. Als ich feststelle, daß es außer meinen Zwangshandlungen andere Formen gab, mit meiner Angst umzugehen, war ich nicht mehr so sicher, daß ich verrückt war. Nicht daß ich aufgehört hätte, diese zwanghaften Gedanken zu haben, weil ich immer noch dachte: »Was ist, wenn ich wirklich Leukämie von dem Blut bekomme?« Doch dann sagte ich mir: »Na und? Daran kann ich jetzt auch nichts mehr ändern. Ich habe es getan. Wenn ich krank werde, kann ich es auch nicht mehr ändern.«

Ich begann, logischer zu denken. »Viele Menschen fassen Blut an. Leute kommen in die Notaufnahme, fahren in Notarztwagen. Keiner von denen gerät in Panik. Ich kann mich beruhigen, es wird mir nichts passieren.« Diese Gedanken halfen mir, nicht so furchtbare Angst zu haben. Ich fing an, das zu glauben, was die übrige Welt auch glaubt.

In der Zeit, als ich das Blut berühren mußte, hatte ich ein großes Bedürfnis, mich zu waschen. Aber ich widerstand dem Zwang, indem ich die Fäuste ballte und mich ständig mit irgendetwas beschäftigte. Ich ging ins Kino, machte lange Busfahrten und hielt mich unter Menschen auf. Ich ging stundenlang spazieren. In einem Bus saß ein Betrunkener, der furchtbar herumtorkelte. Die Leute lachten über ihn, und er wäre fast vom Sitz gefallen. Ich dachte: »Er ist schmutzig und wer weiß, was er für Krankheiten hat?« Aber ich zwang mich, zu ihm hinüberzugehen und ihn wieder aufrecht auf die Bank zu setzen. Hinterher war ich sehr froh, daß ich nicht in Panik geraten bin. Je öfter ich solche Sachen machte, desto weniger geriet ich in Panik. Je weniger ich in Panik geriet, desto stärker fühlte ich mich.

Am schlimmsten war meine Angst, als ich das Blut anfaßte. Doch bald hatte ich nur noch Angst, bevor ich das Blut anfassen mußte, sobald ich es berührte, legte sich die Angst. Ich begriff, daß ich einfach etwas tun mußte, dann war alles nicht mehr so schlimm. Das gab mir Auftrieb. Ich dachte: »Wenn du deine Ängste loswerden willst, dann tu es einfach.« Und ich tat es, und meine Angst verflog. Wenn ich früher versehentlich solche Dinge machte, schoß meine Angst wie eine Rakete hoch. Wenn ich etwas aber mit *Vorsatz* machte, verschwand meine Angst.

In der Zeit, als ich an meiner Angst vor Blut arbeitete, machten wir einen Ausflug zum Atomkraftwerk, um dort ein Picknick zu veranstalten. Das war furchtbar bedrohlich für mich, nicht nur wegen der Radioaktivität. Meine Schulfreundin, die an Leukämie starb, hatte in der Nähe des Kraftwerks gewohnt. Ich war überzeugt, daß sie Leukämie von dem Atomkraftwerk bekommen hatte.

Wir machten an diesem Tag ein Picknick im Schnee. Beide aßen wir ein bißchen von dem Schnee, weil die Radioaktivität mit den Schneeflocken zur Erde fällt. Wir holten auch das Leukämieblut aus dem Kofferraum und stellten das Fläschen in den Schnee. Das Blut war immer in unserer Nähe. Auch wenn wir nichts damit machten, es mußte in unserer Nähe sein.

Dann gingen wir in das Kraftwerk. Mein Therapeut fragte mehrmals, ob wir eine Führung haben könnten, doch der zuständige Mann war nicht abkömmlich. Für mich war natürlich sofort klar, daß keine Führung veranstaltet wurde, weil es einen atomaren Unfall gegeben hatte. Ich war überzeugt davon, mein Therapeut und ich seien Höchstmengen radioaktiver Bestrahlung ausgesetzt und müßten beide sterben. Wenigstens mußte ich nicht allein sterben!

Am Ende des Programms fuhr mein Therapeut mit mir nach Hause; er hatte die kleine Flasche Blut bei sich. Wir gossen das Blut in die Sprühflasche und vermischten es mit Wasser. Dann besprühten wir die ganze Wohnung damit. Er öffnete sogar die Küchenschränke und sprühte es über Teller und Tassen, Töpfe und über mein Silber; er goß sogar eine Portion in den Raumbefeuchter. Es war ekelerregend! Er besprühte die Kaffeekanne und dann tranken wir Kaffee. So lange ich keine Zwangshandlungen beging, war alles okay.

Als ich mit dem Programm fertig war, fühlte ich mich sehr stark. Es ging mir richtig gut. Ich hatte keine Angst mehr. Gelegentlich war ich mißtrauisch, meinte, mein Therapeut müsse sich irren, aber das dauerte nicht lange. Wenn er im Unrecht war, dann war die halbe Menschheit im Unrecht, und wir alle waren dem Untergang geweiht. Jetzt gehörte ich wenigstens der Mehrheit an und ich war wirklich stolz auf mich, daß ich das Programm durchgearbeitet hatte. Ich rief Freunde an und sagte: »Ratet mal, was ich gemacht habe« und berichtete von meinen Heldentaten. Sie sagten Sätze wie: »Mein Gott, den Mut hätte ich nie aufgebracht. Das hätte ich nie im Leben getan.«

Seit meinem Programm sind nun sechs Jahre vergangen. Ich glaube nicht mehr, daß Krebs ansteckend ist. Wenn er es ist, ist er es und wenn nicht, dann nicht. Es spielt keine wirkliche Rolle mehr. Ich habe keine Ängste mehr wegen Leukämie. Ich kann mit Leukämiepatienten arbeiten. Ich denke, ich habe ein gesundes Mißtrauen gegen Radioaktivität. Ich bin gegen Röntgenaufnahmen, gelegentlich müssen sie eben sein. Ich lasse meine Zähne röntgen, wenn nötig. In der Schwangerschaft ließ ich keine Röntgenaufnahmen machen. Ich bin vermutlich vorsichtiger mit Radioaktivität als der Durchschnitt, als Leute, die nie darüber nachgedacht haben, aber ich bin nicht mehr von Angst besessen. Ich sage: »Gut, ist diese Röntgenaufnahme notwendig? Wenn ja, laß' ich sie machen. Und wenn nicht, verweigere ich sie.« Ich würde sagen, mein Zustand hat sich um 90% gebessert.

Eines möchte ich anderen Zwangskranken sagen. Sie müssen so nicht weiterleben. Vermutlich wird die Tendenz zu Symptomen immer da sein, aber es ist unnötig, sich davon beherrschen zu lassen. Wenn die Leute fest genug an das Programm glauben können und sich dazu entschließen, es einfach zu *tun*, die Aufgaben einfach zu *machen*, dann ist die Störung zu beseitigen. Sie können Ihr Leben bewältigen, sobald Sie die Techniken nutzen können, um Probleme unter Kontrolle zu bekommen. Vielleicht kommt das eine oder andere Symptom wieder, aber wesentlich schwächer als zuvor. Ich glaube nicht, daß mich je wieder etwas beherrscht, obwohl ich andererseits weiß, daß ich immer den Hang haben werde, mir Sorgen zu machen. Aber jetzt weiß ich wenigstens, was ich dagegen tun kann. Man schafft es nur, wenn man es *tut*.

Kate

Auch bei Kate traten die ersten Symptome zwanghafter Befürchtungen in jungen Jahren auf – sie war dreizehn. Ihre Ängste beherrschten ihr Leben fünfzehn Jahre lang und umfaßten Wasch-, Kontroll- und Wiederholungszwänge ebenso wie ihre Zwangsgedanken, sich selbst und ihrer Familie Schaden zuzufügen. Sechs Monate, nachdem sie an dem Programm teilgenommen hatte, entstand ihr Bericht über ihre Heilung.

Ich bin neunundzwanzig Jahre alt, verheiratet und habe ein Baby. Meine Zwangsstörung hat mein ganzes Leben zu einem bitteren Kampf gemacht. Sie hat meine persönlichen Beziehungen zerstört und meine Karriere behindert. Ich habe eine Menge Zeit und Energie darauf verwandt, irrationale Gefahren abzuwenden. Einer der Hauptgründe, warum ich Hilfe suchte, war die Angst, die ich um mein Baby ausstand.

Ich bin stolz, trotz dieses Handicaps Erfolg im Beruf zu haben. Aber nur durch dieses Programm und weil ich mit anderen Leuten über mein Problem gesprochen habe, war ich in der Lage, etwas von der Scham abzubauen, die ich immer verspürt habe. Ich bin wirklich sehr glücklich über die Ergebnisse der Therapie. Obwohl ich noch viel zu tun habe, ist es erstaunlich.

Ich hätte nie geglaubt, daß mir irgend etwas helfen würde. Ich habe so viel ausprobiert und nichts hat geholfen.

Meine Symptome setzten ein, als ich dreizehn war, aber ich habe das Gefühl, unterschwellig waren sie schon viel früher da. Als Kind war ich sehr abergläubisch. Wenn ich ein bestimmtes Kleid trug und es passierte mir an diesem Tag etwas Schlimmes, hatte ich Angst, dieses Kleid wieder zu tragen. Ich ließ es einfach im Schrank hängen. Ich glaube, das waren bereits die ersten Anzeichen meiner Zwangskrankheit.

In der High School wich ich jeder Situation aus, die auch nur entfernt mit Gefahr verbunden sein konnte. Ich hatte beispielsweise Angst, in den Wald zu gehen, weil ich Natur mit Filmen in Zusammenhang brachte, in denen Leute im Freien campieren und von einem Wahnsinnigen mit einer Kettensäge umgebracht werden. Statt die Naturschönheiten zu genießen, dachte ich immer: irgendwo lauert ein wahnsinniger Mörder. Beim Anblick eines Messers dachte ich nicht an Gemüseschneiden, sondern daran, daß ich erstochen werde. Diese Zwangsvorstellungen gingen so weit, daß ich fürchtete, jemand mit dem Messer zu erstechen. Ich hatte auch Angst vor Bohrern, weil ich einen Film gesehen hatte, in dem jemand mit einer Bohrmaschine ermordet wurde. Vom Kopf her wußte ich, daß so etwas nicht geschehen würde, aber die Vorstellung machte mir trotzdem Angst.

Ich machte mir plötzlich Sorgen, daß ich etwas tun würde, was mir schadet. Wenn ich mit meinen Freundinnen auf Rummelplätzen war, konnte ich nicht mit diesen Vergnügungsdingern fahren. Im College besuchte ich mit Freunden Disneyland und fuhr mit der Matterhornbahn, einer Achterbahn, die einen künstlichen Berg hinauf und durch Gipstunnels führte. Ich hatte Angst, einem plötzlichen Impuls nachzugeben und aufzustehen, aus dem Wagen geschleudert und zerschmettert zu werden.

Meine zwanghaften Befürchtungen machten mich zu einem sehr abhängigen Menschen, und das war sehr entwürdigend. Ich hatte Ängste, daß ein aus dem Irrenhaus Entsprungener bei uns einbricht und mich umbringt. Oder ein Spion versteckt sich in unserer Wohnung, nimmt mich als Geisel und bringt mich am Schluß um. Wenn ein Flugzeug über mir flog, fürchtete ich, es könne ein Atombombe abwerfen. Wenn mich ein Insekt am Bein stach und die Stelle juckte ein wenig, dachte ich, ich hätte eine Blutvergiftung. Ich lebte in der ständigen Furcht, plötzlich einen Blutsturz zu bekommen. Ich kam mir vor wie im Krieg oder in einem Konzentrationslager, wo man nie weiß, ob man nicht in der nächsten Sekunde umgebracht wird.

Ich war ein Jahr von zu Hause weg im College, fühlte mich aber dort nicht wohl und ging wieder nach Hause zurück. In diesem Jahr bekam ich Akne und der Arzt verschrieb mir Tetracyclin. Ich mußte die Kapseln öffnen und sie mit Organgensaft vermischen, weil ich Angst hatte, die Kapsel im Ganzen runterzuschlucken. Ich fürchtete, jemand könne Gift hineingemischt haben. Wenn ich sie mit dem Orangensaft vermischt und umgerührt hatte, trank ich das Glas nicht ganz aus. Ich stellte mir vor, wenn Gift in der Kapsel war, ich aber nicht alles auf einmal hinunterschluckte, hätte ich eine Überlebenschance. Ich akzeptierte diese Rituale als Teil meines Lebens. Viele Dinge aß ich nicht. Ich hätte nie Lebensmittel von einem Straßenverkäufer gekauft. Ich kaufte nur ganz frische Ware und kochte alles selbst. Ich kaufte keine Bonbons oder verpackte Lebensmittel, weil sie mit Drogen oder Gift vermischt sein konnten. Das alles war schrecklich peinlich und umständlich, und ich versuchte, mein Tun vor anderen zu verbergen.

Trotz dieser Probleme schaffte ich es, einen guten Job zu bekommen, zu heiraten und ein Kind zu haben. Als ich schwanger wurde, verschlimmerten sich meine Zustände erheblich. Ich hatte wahnsinnige Angst, dem Fötus könne etwas zustoßen, daß ich mich kaum mehr getraute, irgend etwas zu essen. Wenn du schwanger bist, sagen dir alle Leute ständig, welche Nahrungsmittel ungesund für dich sind. Ich saugte alles auf wie ein Schwamm. Ich aß kein Fleisch, auch kein Hühnerfleisch wegen der Salmonellengefahr. Eier aß ich ebenfalls nicht wegen der Salmonellengefahr. Vom Kopf her wußte ich, daß man die Nahrungsmittel nur kochen muß, um die Salmonellengefahr zu bannen. Aber ich hatte auch Angst, Hühnerfleisch anzufassen und danach etwas anderes zu berühren, weil ich mich und meine Umgebung mit Salmonellen verseuchen würde.

Bei jeder Mahlzeit hatte ich Angst. Beim Einkaufen mußte ich alles, was ich kaufte, genau untersuchen, denn nun mußte ich nicht nur mich beschützen, sondern auch mein Baby. Mein Mann und ich verbrachten Stunden mit Lebensmitteleinkäufen, und wenn wir nach Hause kamen, warf ich viel davon weg. Wenn ich an einer Büchse Tomaten eine winzige Delle bemerkte, warf ich die Büchse weg aus Angst vor Lebensmittelvergiftung.

Als mein Baby zur Welt kam, hatte ich immer noch diese Angst vor Lebensmittel- und Salmonellenvergiftung. Die größte Angst aber hatte ich davor, die Kontrolle zu verlieren und meinem Kind etwas anzutun. Ich sah eine Fernsehsendung über Psychosen nach der Geburt. Es gibt Frauen, die nach der Geburt ihres Babys psychotisch werden und das Neugeborene töten. Ich fürchtete, auch ich könne psychotisch werden und mein Kind umbringen.

Ich entwickelte eine Menge Rituale mit dem Kind. Ich mußte mir die Hände vier- bis fünfmal waschen, bevor ich es hochnehmen konnte. Beim Windelwechseln mußte ich die Windel immer wieder zurechtzupfen, die Beinchen hochheben und wieder zurechtzupfen. Dann machte ich den Klebeverschluß zu, riß ihn wieder auf, machte ihn wieder zu, bis ich das Gefühl hatte, alles sei in Ordnung.

Am schlimmsten war es, meinen Sohn abends ins Bett zu bringen. Ich legte ihn ins Bettchen, nahm ihn wieder hoch, legte ihn wieder hin, das ging ständig hin und her. Ich deckte ihn zu und mußte die Decke wieder wegziehen und ihn wieder zudecken. Wenn ich ihn endlich ins Bett gelegt und das Zimmer verlassen hatte, konnte ich nicht noch mal in sein Zimmer gehen und nach ihm sehen. Ich bat meinen Mann, nach ihm zu sehen. Wenn ich das Zimmer betrat, fing ich wieder mit diesen Ritualen an. Es dauerte jedesmal eine Viertelstunde, bevor ich das Zimmer wieder verlassen konnte. Wenn ich es also einmal geschafft hatte, das Zimmer zu verlassen, wollte ich nicht wieder zurückgehen.

Nachdem das Baby da war, wurde mir klar, das alles schlimmer geworden war. Mein Mann hatte es nicht leicht. Ich verlangte eine Menge von ihm. Er hatte einen anstrengenden

Beruf und ich wollte nicht, daß er abends ausging, weil ich mit dem Baby nicht alleine bleiben wollte. Das gab eine Menge Schwierigkeiten. Wir suchten gemeinsam eine Therapeutin auf. Ich sprach mit ihr über mein Problem und sie informierte mich über das Behandlungsprogramm. Ich hatte große Angst, bevor ich in die Klinik kam. Es kostete mich eine unendliche Überwindung, gerade dieses Problem anzusprechen, dem ich all die Jahre ausgewichen bin.

Das Programm leuchtete mir ein. Ich war überzeugt davon, daß es bei bestimmten Dingen wirklich half. Andererseits gab es Dinge, die mir äußerst schwerfallen würden. Man erklärte mir die Konfrontationstechniken und sagte, ich müsse aufhören, Zwangshandlungen durchzuführen. Ich sagte: »Natürlich.« Insgeheim aber dachte ich: »Niemals.« Der Therapeut meinte, es könnte sinnvoll sein, in eine Wohngegend zu gehen, in der es starken Drogenkonsum gab; dort müßte ich etwas essen, das auf der Erde gelegen habe. Dieser Teil des Programms klang grauenvoll für mich.

Wie sich herausstellte, schaffte ich jede Aufgabe, die mir gestellt wurde. Ich mußte nie wirklich in eine drogenverseuchte Wohngegend gehen und dort etwas vom Boden hochheben und essen. Aber ich mußte vergleichbare Dinge tun. Es gab einen Mann an der Straßenecke, der Brezeln verkaufte. Er trug eine schmierige Arbeitsschürze und war total heruntergekommen und verdreckt. Ich kaufte ihm eine Brezel ab und aß das ganze Ding. Das war ebenso schlimm wie etwas zu essen, das in einer drogenverseuchten Wohngegend auf die Erde gefallen war. Es war schrecklich für mich, aber ich wurde nicht krank davon.

Ich schätze, meine Besserung liegt bei 75%. Meine Zwangsstörung ist immer noch da und ich weiß, ich werde sie wohl nie ganz los, aber ich weiß auch, daß ich jetzt etwas dagegen tun kann. Ich muß meine Welt nicht immer mehr einengen wie früher. Vor dem Programm glaubte ich, für mich gäbe es keine Hoffnung. Ich dachte, ich könne nichts tun, um meinen Zustand zu verbessern. Meine Einstellung hat sich nach dem Programm total verändert. Ich fühle mich nicht mehr als Opfer meiner Krankheit. Jetzt weiß ich, daß ich die Kontrolle habe.

Die Ängste, daß ich meinem Sohn etwas antun könnte, sind

buchstäblich vorbei. Ich fühle mich im Umgang mit meinem Kind befreit wie nie zuvor. Wenn ich, was ganz selten vorkommt, daran denke, ich könne ihm wehtun, weiß ich, daß das nur dumme Gedanken sind und meine Angst vor diesen Vorstellungen ist wesentlich geringer geworden. Ich kann mein Kind baden. Ich kann nachts nach ihm sehen. Ich berühre sein Gesicht und bin nicht gezwungen, es nochmal zu berühren. Ich war zwei Wochen allein mit ihm, als mein Mann verreist war. Früher hielt ich mich für unfähig, ihn zu versorgen. Heute weiß ich, daß ich ihm eine gute Mutter sein kann, und diese Veränderung ist wundervoll.

Wenn ich momentane zwanghafte Gedanken oder den Drang zum Zwangsverhalten habe, macht mir das keine Angst mehr. Ich nutze diese Augenblicke als Gelegenheit, meine Techniken zu üben. Heute abend, als ich den Wunsch hatte, mit meinem Therapeuten zu sprechen, dachte ich an meine Ängste. Dann sah ich ein Messer auf dem Küchentisch liegen und bekam plötzlich Angst. Ich nahm das Messer in die Hand und hielt es mir an die Brust, als Konfrontationsübung. Dadurch verflüchtigte sich meine Angst.

Ich weiß auch, daß diese Störung – zumindest in meinem Fall – einen zyklischen Verlauf nimmt. Ich denke, es wird immer Zeiten geben, in denen ich mehr Ängste habe als andere, aber ich glaube nicht, daß mein Leben wieder davon beherrscht sein wird.

Eins habe ich gelernt: Die Erwartung der Konfrontationsübung ist schlimmer als die Konfrontation selbst. Natürlich ist jede Übung schwer, aber sie ist machbar. Die Angst legt sich nach einer gewissen Zeit. Das wurde mir im Verlauf des Programms klar. Während einer Übungsstunde stand ich mit meinem Therapeut auf dem Dach eines Hochhauses. Ich sagte: »Ich halte es nicht aus. Ich halte es nicht aus. Ich muß weg von hier.« Er sprach mir Mut zu, sagte: »Bleib hier draußen stehen. Wenn du hier bleibst, legt sich deine Panik.« Und es stimmte tatsächlich. Die Angst legte sich jedesmal. Statt mich wegen meiner Störungen zu schämen, versuche ich wirklich stolz zu sein, mit ihnen fertigzuwerden.

Ich rate jedem Zwangskranken, Hilfe zu suchen. Befolgen

Sie das Programm oder suchen Sie einen Experten auf, der Konfrontationsübungen macht. Das ist die einzig wirksame Methode. Ich halte es auch für wichtig, gemeinsam mit den Konfrontationsübungen Streß-Abbau zu üben. Ich mache heute täglich Entspannungsübungen. Ich bin der Meinung, jeder, der unter Angststörungen leidet, muß lernen, sich zu entspannen.

Gustina

Gustina ist eine 50jährige geschiedene Mutter von zwei erwachsenen Kindern. Vor zwanzig Jahren begann sie Waschzwänge zu entwickeln. Im Verlauf der Jahre kamen neue Zwangsrituale hinzu, bis ihr Leben völlig davon beherrscht war. Gustinas Geschichte ist deshalb von besonderer Wichtigkeit, weil sie die meisten ihrer Zwangsstörungen durch Selbsthilfetechniken ohne professionelle Hilfe besiegen konnte.

1969 hatte ich eine schwere Depression. Damals war ich dreißig und hatte Schwierigkeiten in meiner Ehe und Probleme mit meiner Familie. Vor dieser Zeit waren bei mir keinerlei Anzeichen von Zwangsstörungen zu erkennen: weder in meiner Kindheit noch in meinen Highschooljahren. Doch nach der Depression entwickelte ich den Zwang, mir die Hände zu waschen. Aus Angst, Krankheitserreger einzuschleppen, mußte ich mich waschen. Ich weiß nicht wirklich, wieso ich mir vorstellte, daß meine Hände verseucht waren.

Ich wusch mir nicht ununterbrochen den ganzen Tag die Hände. Zu Beginn hatte es nur mit Essen oder Kochen zu tun. Es machte mir nichts aus, mir die Hände schmutzig zu machen; wenn ich aber essen mußte oder etwas zu Essen vorbereitete, mußte ich mir die Hände immer wieder waschen. Ich konnte nicht logisch denken, denn wenn ich logisch gedacht hätte, hätte ich diese Angst nicht gehabt.

Ich hätte nicht sagen können, daß es die Angst vor Bakterien *an sich* war, also Angst vor Verseuchung. Wenn ich zurückdenke, glaube ich, es war meine Angst, wieder in eine Depression zu verfallen, wenn ich mich nicht wusch. Ich hatte solche entsetzliche Angst davor, wieder depressiv zu werden, denn das ist wirklich die Hölle; und eine zweite Depression hätte ich nicht überstanden. Ich hatte auch Angst, unsicher zu werden. Diese Unsicherheit wollte ich vermeiden. Aber sie wuchs und wuchs. Wenn sie auf einem geringen Maß geblieben wäre, hätte ich sie ertragen, aber sie wuchs ständig an.

Es kam der Zeitpunkt, wo ich Handschuhe beim Putzen trug. Dann mußte ich alles in der Küche von anderen Dingen trennen. Ich hatte mein Fach im Kühlschrank. Niemand durfte meine Sachen anfassen oder benutzen. Bald leerte ich keine Papierkörbe mehr, weil dadurch Staub aufgewirbelt wurde, der das Essen verseuchte. Dann kam der Punkt, an dem ich das Haus nur an einem bestimmten Abend in der Woche putzte, weil ich alles vorher genau vorbereiten mußte. Ich mußte kontrollieren, ob Schränke ordentlich verschlossen waren, um die Nahrungsmittel zu schützen. Ich begann Probleme mit den Ritualen im Badezimmer zu haben. Ich befolgte einen strikten Ablauf, der 35 Minuten dauerte. Nach dem Benutzen des Badezimmers mußte ich meine Hände wiederholte Male waschen. Ich wusch sie über der Badewanne, weil ich dort mehr Bewegungsfreiheit hatte. Das Waschbecken war zu klein. Ich beugte mich so lange über die Badewanne, bis meine Rücken- und Beinmuskeln zu schmerzen begannen.

Jedes Ritual hatte einen präzisen und exakten Ablauf, der unter keinen Umständen unterbrochen oder verändert werden durfte. Wenn das geschah, mußte ich ganz von vorn wieder anfangen. Der Drang war überwältigend. Manchmal hatte ich keine Angst dabei, dann wieder war meine Angst sehr stark.

Es kam so weit, daß ich nicht mehr kochen konnte. Ich aß nichts, was ich vorher mit den Fingern berührt hatte. Jahrelang aß ich keine Kartoffelchips, Brezeln oder belegte Brötchen. Ich erreichte großes Geschick darin, Essen zuzubereiten, ohne es je zu berühren. Fertiggerichte waren da natürlich eine große Hilfe. Ich konnte sogar damit aufhören, mir die Hände beim Vorbereiten einer Mahlzeit zu waschen, da sie ja nicht mehr mit Essen in Berührung kamen. Aber während der übrigen Zeit wusch ich meine Hände häufig, etwa nach Benutzen des Badezimmers.

Vor etwa sechs Jahren hatte ich wieder einen Depressionsanfall. Die Zwangshandlungen verstärkten sich in der Zeit und dehnten sich aus. So hätte ich beispielsweise nie eine Zigarette angefaßt. Ich öffnete ein Paket Zigaretten und zog die erste mit der Silberfolie heraus, die übrigen konnte ich herausschütteln. Ich berührte auch niemals meine Lippen, weil mein Mund zum Essen sauber sein mußte. Ich schützte mich vor allem, was in meine Blutbahn gelangen konnte und vor allem, was ich als Nahrung zu mir nahm.

Um meine Lippen zu säubern, feuchtete ich sie an und wischte sie mit einem Papiertuch ab, bevor ich etwas aß. Das Lippenabwischen vollzog sich nach einem komplizierten Ritual: einmal in diese Richtung, dann wieder in die andere, und so weiter, bis ich zufrieden war. Ich säuberte meine Lippen auch im Büro; verborgen vor fremden Blicken im Hinterzimmer, wo ich einen Vorrat an Papiertüchern aufbewahrte.

Wenn ich morgens aus dem Haus ging und meine Lippen säuberte, bevor ich ging, berührte ich sie den ganzen Tag nicht, bis ich mich auf den Heimweg machte. Wenn ich zu Hause war, konnte ich sie wieder säubern. Wenn ich außer Haus das Gefühl hatte, meine Lippen waren schmutzig und mußten gesäubert werden, blies ich Atemluft aus dem Mund.

Ich möchte einen normalen Tag beschreiben aus der Zeit, als meine Symptome am schlimmsten waren. Als erstes am Morgen mußte ich meine Lippen säubern, weil ich eine Zigarette rauchen wollte. Dann ging ich ins Badezimmer. Dort verbrachte ich eine halbe Stunde. Es ging so weit, daß ich die Zeiten kontrollierte, wie lange ich wozu brauchte, in dem Bemühen, diese Gewohnheit wenigstens um eine Minute pro Tag zu verkürzen. Es wäre wunderbar gewesen, wenn ich ein Ritual in einer Viertelstunde geschafft hätte! Doch beim nächsten Mal mußte ich wieder eine halbe Stunde im Badezimmer verbringen und alle Mühe war vergebens.

Dann trank ich meinen Kaffee. Ich nahm einen Pappbecher und drehte ihn mehrere Male zwischen den Fingern. Ich trank meinen Kaffee nur an einem bestimmten Platz in der Küche: auf dem Hocker an der Küchentheke. Dort trank ich Kaffee und rauchte eine Zigarette. Bei diesem Ritual durfte ich nur eine Zigarette rauchen. Wenn ich Kaffee getrunken hatte, waren meine Lippen wieder beschmutzt und mußten gesäubert werden. Danach ging ich ins Schlafzimmer, um mich anzuziehen. Meine Lippen waren wieder schmutzig, weil ich ein anderes Zimmer betreten hatte, in dem Staub und Schmutz in der Luft herumflogen. Ich säuberte meine Lippen den ganzen Tag, jedesmal, wenn ich einen Raum oder ein Gebäude verließ.

Ich rauchte nicht aus einer Packung Zigaretten an verschiedenen Orten oder an verschiedenen Tagen. Ich nahm immer eine neue Schachtel mit zur Arbeit oder kaufte eine Packung, wenn ich meinen Kaffee unterwegs trank. Aus dieser Packung rauchte ich tagsüber, nahm sie abends aber nicht mit nach Hause. Mit dieser Packung war ich fertig. Hätte ich sie aus dem Büro mit nach Hause genommen, wäre sie unterwegs verseucht worden. Deshalb lagen unangebrochene Päckchen zu Hause. Das war eine ziemlich teure Angelegenheit, ständig halb gerauchte Zigarettenschachteln wegzuwerfen! Anfangs verstaute ich angebrochene Zigarettenschachteln nach einem bestimmten Ritual im Seitenfach meiner Handtasche, die einen Reißverschluß haben mußte. Dieses Ritual ging mir irgendwann auf die Nerven und ich sagte mir. »Pfeif drauf, es lohnt sich nicht. Ich werfe die restlichen Zigaretten weg.« So ist das gekommen.

Vor einigen Jahren sah ich eine Fernsehsendung über Zwangserkrankungen. Damals fing ich an, meine Störung zu verstehen. Ich fand eine Selbsthilfegruppe gegen Zwangsstörungen in meiner Stadt, der ich mich vor eineinhalb Jahren anschloß.

Die Gruppe hatte eine ausgesprochene positive Wirkung auf mich. Jeder von uns setzte sich eigene Ziele und wir trafen uns alle vierzehn Tage. Bei manchen Zusammenkünften waren wir nur drei Leute und dann wieder zehn. Da ich gern Verantwortung trage, übernahm ich den Posten der Sekretärin, ich machte Aufzeichnungen, rief die Leute an und kümmerte mich um dies und das.

Als ich die Arbeit in der Gruppe begann, fragte ich mich: »Will ich gesund werden?« Und ich antwortete: »Ja, ich will. Unbedingt. Und jetzt ist der richtige Zeitpunkt.« Erst mußt du selber den Entschluß fassen, dir helfen zu wollen, dann ist die

Gruppe wunderbar und gibt dir moralischen Rückhalt und Ansporn. Die Gruppe hilft jedem, der weiß, daß es andere Zwangskranke gibt. Sie ist ein ausgezeichneter Ratgeber und ein wichtiger Bezugsrahmen, den man braucht, wenn man sein Selbsthilfeprogramm durcharbeitet.

Wir alle setzten uns Ziele und wir mußten alle diese Ziele befolgen. Ich nahm mir beispielsweise vor, alle zwei Wochen einen großen Problembereich und fünf kleinere Problembereiche aufzugeben. Manchmal schaffte ich in zwei Wochen zwei bis drei große Störungen, fing aber jedesmal mit den leichteren an. Den Anfang machten die Zigaretten. Ich rauchte absichtlich die erste und die letzten beiden, was ich zuvor nicht geschafft hatte. Ich hatte mir angewöhnt, nur zwei Züge von einer Zigarette zu nehmen. Jetzt nahm ich mir vor, so viel von einer Zigarette zu rauchen wie ich wollte.

Noch ein Beispiel: Ich berührte nie meinen Arm oberhalb des Ellbogens, weil diese Partie verseucht war. Das dauerte etwa drei Jahre an. Ich nahm mir jetzt vor, meinen Oberarm wieder zu berühren. Nicht nur an einem bestimmten Tag, sondern immer. Sich eine Aufgabe für einen Tag vorzunehmen ist okay, aber es ist eben nur ein Tag. Ich muß es für den Rest meines Lebens tun. Sobald ich den Entschluß faßte, etwas zu ›entseuchen‹, war es bereits entseucht. Man kann sein Zwangsverhalten nicht nur ein bißchen aufhören; genauso wenig wie man ein bißchen schwanger sein kann. Entweder du bist es, oder du bist es nicht. Wenn ich einmal ein Ritual aufgab, würde es nie wieder einsetzen. Ich mußte mich auf totalen Entzug setzen. Ich konnte nicht weniger tun, etwa eine Gewohnheit einschränken. Das klappte nicht. Ich mußte damit aufhören und zwar total und endgültig.

Ich hatte beispielsweise ein Problem mit Lokalen. Wenn ich tagsüber ein Lokal betreten hatte, konnte ich es später an diesem Tag nicht nochmal betreten. Doch auf dem Heimweg von einem unserer Gruppentreffen beschloß ich, eine Tasse Kaffee in dem Lokal zu trinken, in dem ich schon mittags gegessen hatte. Wenn ich einmal beschlossen hatte, das Ritual zu durchbrechen, ließ ich mich davon nicht wieder einfangen.

Es gab hunderte solcher Muster. Ich atmete durch den

Mund, bis meine Lippen sauber waren. Versuchen Sie das mal und dabei ein Gespräch zu führen! Das ist sehr schwer! Ich konnte mir den Mund nicht beim Essen abwischen, weil die Serviette nicht sauber war.

Ich traf sehr schnelle Entscheidungen, ob ich ein Ritual beendete. Häufig traf ich die Entscheidung in dem Augenblick, an dem ich das Ritual beginnen wollte. Plötzlich schoß es mir durch den Kopf: »Ich höre sofort damit auf.« Ich machte mir keinen Plan, ich erstellte keine Liste, welche Angewohnheit ich heute loswerde und welche morgen. Ich fing mit den kleineren an und wußte, daß ich die wirklich großen auch loswerde. Daran arbeite ich im Augenblick.

Wenn ich in einer Woche an einem bestimmten großen Ritual und an fünf kleinen arbeite, machte ich nichts anderes. Die übrigen Rituale führte ich weiter fort, weil ich nicht alle mit einem Mal loswerden konnte. Dabei wäre ich vermutlich verrückt geworden – es wären zu viele gewesen. Ich mußte mich also auf jeweils fünf beschränken. Ich fing mit den weniger schlimmen an, weil ich irgendwo anfangen mußte. Nach etwa einem Jahr konnte ich die schlimmsten in Angriff nehmen.

Vor einigen Monaten beschloß ich, mich einer Therapiegruppe anzuschließen, die von einem Psychologen geleitet wurde. In der Selbsthilfegruppe gibt es Leute, die weniger motiviert sind als andere. Mit der Zeit schlafft man ein wenig ab; die Leute kommen nicht regelmäßig zu den Sitzungen. Wer in der Therapiegruppe nicht den aufrichtigen Wunsch hat, gesund zu werden, braucht gar nicht erst zu kommen. Die Selbsthilfegruppe war genau richtig, um an meinen weniger schlimmen Ritualen zu arbeiten. Sobald ich mit den großen Schwierigkeiten anfing, wußte ich, daß ich professionellere Hilfe brauchte. Diese Therapiegruppe war auf eine Teilnehmerzahl von vier beschränkt und wir trafen uns alle vierzehn Tage.

In dieser Gruppe arbeitete ich sehr aktiv an meinen Eßstörungen. Da dieses Ritual das schlimmste war, war ihm auch am schwierigsten beizukommen und es war das letzte, wovon ich mich befreien konnte. In der zweiten Therapiewoche zwang der Therapeut mich, meinen Finger so nah an meine Lippen zu führen, wie ich es ertragen konnte, und ich mußte ihn zehn Minuten in dieser Position halten. Das fiel mir sehr schwer, aber ich schaffte es.

In der nächsten Sitzung legte eine der Frauen aus der Gruppe eines von diesen kleinen Pfefferminzkügelchen auf den Fußboden und sagte: »Gustine, iß das.« Das war ziemlich schlimm für mich, obwohl ich wußte, daß nichts dabei war. Ich erinnere mich noch genau an diesen Tag. Es war der 26. November, der Dienstag vor dem Erntedankfest. Ich druckste herum und zierte mich. Schließlich bückte ich mich einfach, hob es hoch und steckte es in den Mund.

Nach der Erfahrung mit dem Pfefferminzbonbon arbeitete ich direkt an meiner Angst, Apfelkuchen mit Eis zu essen und allen anderen großen Bereichen. Früher liebte ich Apfelkuchen mit Eis. Typisch amerikanisch. Vermutlich hielt ich mich die letzten zwanzig Jahre nicht für gut genug, diese Süßspeise zu essen; ich verdiente sie nicht. Das hatte etwas mit meinem Mangel an Selbstbewußtsein zu tun. Damals fürchtete ich, Depressionen zu bekommen, wenn ich Apfelkuchen mit Eis esse. Eines Abends ging ich in ein Lokal, bestellte Apfelkuchen und Eis und aß den ganzen Teller leer. Es war übrigens am selben Abend, an dem ich in der Gruppe das Pfefferminz vom Boden gegessen hatte. Nach der Sitzung ging ich direkt in ein Lokal und bestellte mir Apfelkuchen mit Eis. Ich begleitete eine Frau aus der Gruppe nach Hause. Wir gingen in dieses Lokal. Ich wollte eigentlich nichts essen, weil ich auf Diät war, aber irgendwie hatte ich das Gefühl, jetzt muß es sein. Sobald mein Entschluß feststand, hatte ich überhaupt keine Angst mehr.

Der wirkliche Wendepunkt trat ein, als ich das Pfefferminz vom Fußboden aufhob und in den Mund steckte. Am nächsten Morgen war der Tag vor dem Erntedankfest. Beim Aufwachen dachte ich als erstes daran, was ich getan hatte und daß ich das, was ich erreicht hatte, unter keinen Umständen wieder aufgeben würde. Mir war egal, was passierte, ich würde auf keinen Fall einen Rückzieher machen. Ich war damals arbeitslos, hatte aber irgendwie ein positives Gefühl für meine Zukunft.

An diesem Tag beschloß ich, die Zimmer im ersten Stock zu putzen. Dazu müssen Sie wissen, daß ein Hausputz stets umständliche Vorbereitungen erforderte. Doch an diesem Tag fühlte ich mich stark und beschloß, gründlich zu putzen. Körperlich war ich angespannt wie ein Gummiband. Meine Beinmuskeln schmerzten. Ich konfrontierte natürlich ein echtes Grundproblem, aber der Gedanke, einen Rückzieher zu machen, kam mir nicht einmal in den Sinn. Ich hätte mir sagen können: »Du bist jetzt zu aufgeregt. Vielleicht wäre es besser, den Hausputz zu verschieben, bis du etwas ruhiger geworden bist.« Ich rechnete mit meiner Fähigkeit, mein Zwangsverhalten bewußt von jeder Emotion zu trennen. Unterbewußt war ich bestimmt wahnsinnig angespannt. Bewußt redete ich mir ein, daß ich es schaffen werde. Ich stellte mir vor, die Gruppensitzung am Abend vorher sei wie eine Operation verlaufen. Ich sagte: »Gestern wurde ich operiert und heute liege ich in der Intensivstation. Angenommen, man hat mir die Gallenblase entfernt. Nach einer solchen Operation leide ich ein paar Tage Schmerzen, es ist also eine normale Reaktion. Ich bin auf der Intensivstation und ich werde dieses Problem überwinden.« Ich war fest entschlossen, es durchzustehen und deshalb schaffte ich es auch.

Nachdem ich eine Stunde oder zwei geputzt hatte, mußte ich mich zum Erntedankessen bei meinem Bruder umziehen. Ich erinnere mich, daß ich nervös auf und ab ging, als ich bei ihm ankam. Ich dachte: »Ich habe Wahnvorstellungen. Ich fange an zu zittern. Ich habe Entzugserscheinungen.« Meinem Bruder sagte ich: »Ich bin dabei, eine Menge meiner Rituale aufzugeben, deshalb mußt du Geduld mit mir haben, weil ich unter großem Streß stehe und mir meine Verkrampfung durch Bewegung erleichtern muß.« Er sagte: »Gustina, vergiß nicht, du bist erst einen Tag in deiner Genesung. Es geht dir um einen Tag besser.« Nachdem ich eine Weile bei meinem Bruder war und offen mit Menschen redete, die es gut mit mir meinten, begannen meine Ängste und Unsicherheiten zu schwinden. Das war vermutlich mein schlimmster Tag, weil ich beschlossen hatte, eines der schlimmsten Zwangsverhalten aufzugeben, meine Putzrituale.

Lebensmittel berühren war das schlimmste Ritual, aber auch das wichtigste. Ich war immer der Meinung, daß Mahlzeiten für den Familienzusammenhalt sehr wichtig sind, aber meine

Kinder haben acht Jahre kein gemeinsames Essen mit mir eingenommen. Als sie noch zu Hause wohnten, war das nicht so schlimm, weil ich sie zu anderen Zeiten sehen konnte. Sobald sie ausgezogen waren, war ich hochmotiviert, meine Eßrituale unter Kontrolle zu bekommen, um mit meinen Kindern und Enkeln zusammensein zu können. Der Eßtisch ist für mich etwas, das die Familie zusammenhält. Ich mußte fähig sein, meine Kinder und ihre Familien ganz normal zum Essen einladen zu können, weil ich alleine lebte und meine Familienbindungen erhalten wollte.

Ich schaffte auch dieses Ziel. Vor wenigen Wochen machte ich Gemüsesuppe, ohne mir die Hände dabei zu waschen und ohne die Zutaten an einem bestimmten Tag einzukaufen. Ich putzte und zerkleinerte das Gemüse. Und ich kochte einen großen Topf Gemüsesuppe!

Ich gab mir große Mühe, die erste Mahlzeit ohne meine zermürbenden Rituale zu kochen. Dann rief ich meine Tochter an und lud sie und ihren Mann zum Abendessen ein. Und sie sagte: »Tut mir leid, wir haben keine Zeit.« Aber am nächsten Abend kamen sie. Sie war sehr erstaunt, als ich mich zu ihnen an den Tisch setzte. »Du ißt mit uns?« fragte sie. Ich antwortete: »Na klar. Glaubst du etwa, ich habe den Riesentopf nur für euch gekocht?« Es war nur eine Schüssel Suppe, aber wir aßen sie gemeinsam und ich war entspannt und ohne Rituale. Das war ein großer Schritt für mich.

Ich möchte den Leuten einige Ratschläge geben, die gerade beginnen, sich ihren Problemen zu stellen. Sie müssen versuchen, Ihr Ritualisieren von Emotionen freizumachen. Betrachten Sie es ohne jegliche Emotion, nur als Ritual. Je mehr Sie Energie und Emotion trennen, desto leichter fällt Ihnen der Umgang damit. Wenn Ihr Ritual nicht länger mit Emotionen verbunden ist, gewinnt Ihre Logik die Oberhand. Sie können beispielsweise sagen: »Das ist ein Nahrungsmittel, nichts weiter.« Wenn mir heute etwas nicht ganz in Ordnung zu sein scheint, esse ich es trotzdem.

Sie dürfen nicht vergessen, Ihre Techniken zu üben. Auch wenn ich erkläre, daß ich ein bestimmtes Ritual nicht länger ausführe, bedeutet das nicht, daß ich damit Schluß gemacht habe. Ich arbeite weiter daran und ich werde vermutlich noch sehr lange daran arbeiten. Ich bin heute so weit, daß ich die Hälfte der Dinge vergessen habe, die ich früher getan habe, und hoffentlich vergesse ich den Rest auch noch. Doch bis zu diesem Punkt müssen Sie an Ihren Ritualen arbeiten, weil Sie Ihr Verhaltensmuster einfach zu lange eingeübt und beibehalten haben.

Es gibt Tage, an denen Sie Rückfälle haben und wieder in alte Rituale verfallen. Das bedeutet aber nicht, daß Sie ganz von vorn wieder anfangen müssen. Wenn Sie müde oder einsam oder in einer Streßsituation sind, wird der Drang zu Zwangshandlungen besonders stark sein. Sie dürfen nicht vergessen, daß dies kein Dauerzustand ist, und morgen ist ein neuer Tag. Projizieren Sie Ihre Probleme nicht über den heutigen Tag hinaus.

Ein weiteres Schlüsselelement sind Menschen, die Sie in ihrem Vorhaben unterstützen und begleiten. Für mich war die Selbsthilfegruppe sehr wichtig. Es hat mir viel gegeben, anderen Teilnehmern in der Gruppe zuzuhören, da viele von ihnen durch Verhaltenstherapie gelernt haben. Sie alle waren durchschnittliche, intelligente, gute, anständige Leute, die eben eine Zwangsstörung hatten. Bei manchen Menschen ist es eine bösartige Störung. So schlimm meine Störung auch war, ich funktionierte immer noch. Ich konnte immer noch arbeiten. Ich manipulierte und lavierte zwar, aber ich war immer noch in der Lage, für meinen Lebensunterhalt zu sorgen. Die Gruppe gab mir eine Menge Rückhalt und die Erkenntnis, daß ich nicht der einzige Mensch mit einer Störung war. Ich begreife heute, daß es eine Krankheit ist und kein Verbrechen meinerseits oder eine Frage der Moral. Es hat nichts zu tun mit Moral. Es ist eine Krankheit.

Ich denke, ich bin der lebende Beweis dafür, daß man die Zwänge loswerden kann, aber man muß wirklich den Wunsch haben, daran zu arbeiten. Sie dürfen keine halbherzigen Versuche machen. Sie müssen Ihr Ziel mit großer Entschlossenheit verfolgen. Sie dürfen nicht herumspielen. Wenn Sie in einer Gruppe sind, können Sie nicht einfach sagen: »Vielleicht geh' ich diese Woche hin, vielleicht aber auch nicht.« Sie müssen den festen Vorsatz haben, gesund zu werden. Sie müssen es wirklich wollen. Möglicherweise glauben Sie, ein Ritual los zu sein, doch nach einem Monat ist es wieder da. Sie müssen also wirklich motiviert sein, sonst verlieren Sie den Mut bei kleinen Rückschlägen.

Machen Sie sich auf harte Arbeit gefaßt. Wenn Sie keine rechte Lust haben und nicht wirklich den Wunsch haben, sich zu verändern, geht es Ihr ganzes Leben so weiter. Ich nehme an, daß mir noch etwa zwanzig Jahre auf dieser Erde bleiben, vielleicht ein paar mehr oder weniger. Unter keinen Umständen möchte ich so wie früher leben. Ich habe bereits mein halbes Leben mit Zwangsstörungen zugebracht.

Der Gruppentherapeut sagte einmal zu mir, meine Enkel brauchen nie zu wissen, daß ich Zwangsstörungen hatte. Und das hat mich sehr verblüfft. Er hat recht. Meine Enkelkinder sind noch klein und für mich sind meine Zwangsstörungen aus und vorbei. Sie werden also eine Großmutter erleben, die sich ganz normal verhält, die sich nicht stundenlang in der Küche aufhält oder unfähig ist, das Badezimmer zu verlassen.

Courage ist relativ. Wenn Sie vor nichts Angst haben, können Sie nicht mutig sein. Sie sind nur mutig in bezug auf etwas, das Ihnen Angst macht. Wenn Sie Angst haben, morgens aus dem Bett zu kommen und trotzdem jeden Morgen aufstehen, nenne ich das Mut. Ich habe das durchgemacht, deshalb weiß ich, daß das Aufstehen manchmal eine Menge Mut erfordert. Es ist viel leichter, einfach für immer liegen zu bleiben, Amen.

Ein letztes Wort zur Ermutigung

Wie Sie sehen, haben Shirley, Joel, Annette, Kate und Gustina unter schweren Zwangsstörungen gelitten. Ihre Zwangsgedanken und -handlungen haben ihnen das Leben mit Ängsten und Qualen vergällt. Bevor sie an kognitiven Verhaltenstherapien teilnahmen, war ihnen ein leidvolles Leben ohne Ausweg aus ihren Schmerzen beschieden. Doch alle fanden Wege, um ihr vermeintlich ausweisloses Schicksal zu meistern. Sie haben sich für Handlungsweisen entschieden, die kurzfristig gesehen ihre

Ängste und ihr Unbehagen *erhöhten*, ihnen aber langfristig Erleichterungen brachten.

Es gibt Tausende von Zwangskranken, die ähnliche Erfolgsgeschichten zu berichten wissen. Was ist ihnen allen gemeinsam? Shirley gibt das Wesen ihres Erfolgs so wieder: *...Ich habe mich einfach entschlossen, dieses Verhalten abzulegen. Ich wollte mich nicht länger damit belasten, und das war eigentlich alles.* Diese Einstellung gab ihr die Kraft, das Programm sorgsam durchzuarbeiten. Sie erkannte, wie stark ihr Drang zum Zwangsverhalten war und sie wußte, daß sie nicht gesund werden würde, wenn ihr Wille zur Veränderung nur halbherzig war. Den Kampf gewinnen bedeutete, den *neuen* Plan ihrer Verhaltensweisen hartnäckig einzuhalten.

Immer wieder stellen Zwangskranke unter Beweis, daß sie dramatische Veränderungen in ihrem Leben bewerkstelligen können, wenn sie Ihrem Entschluß treu bleiben, ihre Zwangsgedanken und Zwangshandlungen aufzugeben. Auch Sie können das erreichen, wenn Sie Ihre inneren Kräfte und Ihre Beharrlichkeit mobilisieren.

Es ist nicht nötig, daß Sie Ihr Problem alleine bewältigen. Wenn Sie zögern, das Programm in Angriff zu nehmen, oder wenn Sie nach einigen Wochen aufgeben wollen, suchen Sie Hilfe bei einem Spezialisten, erkundigen Sie sich, ob es in Ihrer Stadt eine Selbsthilfegruppe gegen Zwangsstörungen gibt, oder bitten Sie eine/n gute/n Freund/in, Sie bei der Durchführung des Selbsthilfeprogramms zu unterstützen.

Im Anhang sind einige Adressen in Deutschland aufgeführt, wo Sie weitere Erkundigungen einholen und sich Informationen besorgen können.

Kontaktadressen (Auswahl)

NAKOS – Nationale Kontakt-
und Informationsstelle zur Anregung und
Unterstützung von Selbsthilfegruppen
Albrecht-Achilles-Straße 65
10709 Berlin
Tel.: 030/89 14 00 19

Angstsprechstunde –
c/o Selbsthilfekontaktstelle Gabriele Böhmer
Uhlandstraße 50
60314 Frankfurt/Main
Tel.: 069/44 50 67

Emotions Anonymous – Interessengemeinschaft e. V.
Selbsthilfegruppen für emotionale Gesundheit
EA Kontaktstelle
Hohenheimer Straße 75
70184 Stuttgart
Tel.: 07 11/24 35 33

Psychosomatische Fachklinik
Bad Dürkheim
Kurbrunnenstraße 12
67098 Bad Dürkheim
Tel.: 063 22/60 30

Psychosomatische Klinik
Windach
86949 Windach/Ammersee
Tel.: 081 93/7 20

Psychiatrische Klinik
Universitäts-Krankenhaus Eppendorf
Verhaltenstherapie-Ambulanz
Martinistraße 52
20246 Hamburg

Über die Autoren

Edna B. Foa ist Professorin für Psychiatrie am *Medical College of Pennsylvania* und Leiterin des dortigen Zentrums zur Erforschung und Behandlung von Angststörungen. Sie ist eine international anerkannte Autorität auf dem Gebiet der Psychopathologie und Behandlung von Angststörungen, sowie eine der führenden Wissenschaftlerinnen im Bereich aller Zwangskrankheiten. Dr. Foa hat mehr als hundert Aufsätze in führenden Fachzeitschriften und mehrere Bücher zu diesem Themenkreis verfaßt.

Reid Wilson arbeitet als klinischer Psychologe an einer Privatklinik in Chapel Hill, North Carolina. Dr. Wilson gehört dem Verwaltungsrat der *Anxiety Disorders Association of America* an und war drei Jahre als Programmdirektor der Staatlichen Beratungsstelle über Angststörungen tätig. Sein Buch DON'T PANIC: *Taking control of Anxiety Attacks* wurde in den USA erfolgreich veröffentlicht. Dr. Wilson ist darüber hinaus als Berater für die Luftfahrtindustrie zur Behandlung von Flugängsten tätig.

Mut zum eigenen Selbst
Sei wer du bist

Max Lüscher
Das Harmonie-Gesetz in uns
Ein neuer Weg zu innerem Gleichgewicht und sinnerfülltem Leben

17/1

Außerdem lieferbar:

Gabriela Vetter
Durchbruch zum Leben
Probleme ehrlich anpacken
17/71

John Bradshaw
Mut zur Selbstverantwortung

Sein eigenes Ich finden und sich von der Familie abnabeln

17/73

Udo Weinbörner
Hinter der Tretmühle beginnt das Leben
Lassen Sie sich nicht von Streß, Hetze und Alltagstrott kaputtmachen!
17/87

Wilhelm Heyne Verlag
München

Grundfragen der Psychologie
Praktische Lebenshilfen

Ursula Richter
Einen jüngeren Mann lieben
Neue Beziehungschancen für Frauen
17/89

Manfred Koch-Hillebrecht
Kleine Persönlichkeitspsychologie
Ein Leitfaden
17/90

Linda T. Sanford
Das mißbrauchte Kind
Die Überwindung traumatischer Verletzungen
17/91

Arthur Frank
Mit dem Willen des Körpers
Krankheit als existentielle Erfahrung
17/92

Rita Freedman
Die Opfer der Venus
Vom Zwang schön zu sein
17/93

Anne F. Grizzle
Mutter Liebe Mutter Haß
Die Balance finden zwischen Geborgenheit und Unabhängigkeit
17/94

Cia Criss
Loslassen
Wege aus der Sucht und Abhängigkeit
17/95

Carla Wills-Brandon
Nein sagen lernen
Grenzen setzen, Grenzen respektieren
17/96

Sigrid Steinbrecher
Funkstille in der Liebe
Warum Männer und Frauen aneinander vorbeileben
17/97

Ellie McGrath
Mein Ein und Alles
Ein Plädoyer für das Einzelkind
17/98

Wilhelm Heyne Verlag
München

Therapieführer

Kurz, prägnant und aus kompetenter Sicht werden hier die wichtigsten Therapieformen vorgestellt. Nicht nur für den Laien eine wertvolle Orientierungshilfe, auch der Fachmann findet darin das Wichtigste auf einen Blick.

Bärbel Schwertfeger/Klaus Koch
DER THERAPIEFÜHRER

Die wichtigsten Formen und Methoden
Klassische Psychoanalyse ■ Individualpsychologie
Logotherapie ■ Primärtherapie ■ Verhaltenstherapie
Gestalttherapie ■ Transaktionsanalyse ■ Focusing
Bioenergetik ■ Rolfing ■ Biofeedback ■ Hypnotherapie
Ein Leitfaden

17/25

Anita Bachmann
DER NEUE THERAPIE FÜHRER

Die wichtigsten Formen und Methoden
Farbtherapie ■ Heilen mit Kristallen ■ Aikido
Alexandertechnik ■ Shiatsu ■ Kundalini
Atmen und Tönen ■ Chakra- und Energiebewußtsein
I Ging ■ Reinkarnationstherapie
Transzendentale Meditation ■ Rituale Maskenarbeit
Tarot als Selbsterfahrung
Ein Leitfaden

17/61

Außerdem lieferbar:

Martin Hambrecht
Das Leben neu beginnen
Wenn Therapie zur »Lebensschule« wird
17/74

Wilhelm Heyne Verlag
München